Karl Marx

맑스 엥겔스 저작 선집 제Ⅲ권

칼 맑스
프리드리히 엥겔스

저작 선집

제 III 권

감수 김세균
번역 최인호 외

박종철출판사

우리의 영원한 벗 박종철 동지에게 이 책을 바칩니다.

박종철 출판사가 독자들에게

『6권 저작 선집』(Karl Marx/Friedrich Engels : Ausgewälte Werke in sechs Bänden, Institut für Marxismus-Leninismus beim ZK der SED, Dietz Verlag, Berlin, 1970-1972) 독일어 판의 제3권에는 『자본』 제1권의 발췌가 실려 있다. 그러나 박종철 출판사 편집부는 한국어 판 『저작 선집』의 발간에서 이 글을 제외하기로 하였다. 이는 『자본』 전체(제1-4부)의 새로운 한국어 판 발간이 우리의 이후의 계획에 포함되어 있기 때문이기도 하지만, 『저작 선집』의 나머지 세 권의 발간이라는 일정 때문이기도 하다.

『자본』을 『저작 선집』의 체계(또는 수준)에서 학습하고자 하는 독자들을 위해, 어느 부분들이 독일어 판에 발췌되어 있는지를 목차에 밝히기로 하였다. 소제목들이 없는 장이나 절들은 그 장이나 절 전체가 실려 있는 것이다.

맑스주의 원전을 학습하려는 사람들 사이에서 박종철 출판사의 『저작 선집』이 교과서로 인정받고 있다는 사실은 박종철 출판사 활동의 첫번째 성과이다. 작게 보면 박종철 출판사를 버티게 하는 힘이지만, 그 이상의 의미를 지니고 있음은 독자 여러분 자신도 잘 알고 있으리라 믿는다. 그리고 92년 겨울에 『저작 선집』 제2권이 나온 뒤 제1권에 대한 수요가 부쩍 늘어났다는 사실은 우리에게는 매우 고무적인 것이었다.

시작이 반이라고들 한다. 1991년 4월에 제1권이 나오면서 남았던 그

반의 반을 이제 마쳤다. 1권과 2권 사이의 시간이 너무 길었던 것에 대한 변명을 하자면, 재정적 어려움으로 인한 외도였다. 이제 어떠한 일이 있더라도 1994년이 지나기 전에 『저작 선집』을 완간하겠다고 독자 여러분께 약속한다. 아울러 우리가 이 약속을 지킬 수 있으려면 독자 여러분들의 도움이 있어야 한다는 것 또한 밝혀 두는 바이다.

1993년 5월
박종철 출판사

목 차

부 록

도판 목차

일 러 두 기

1. 대본

(1) 본 『저작 선집』은 독일 사회주의 통일당 중앙 위원회 부속 맑스-레닌주의 연구소가 편집한 『칼 맑스 · 프리드리히 엥겔스 6권 저작 선집』 (Karl Marx/Friedrich Engels : Ausgewählte Werke in sechs Bänden, Institut für Marxismus-Leninismus beim ZK der SED, Dietz Verlag, Berlin, 1970-1972)의 번역본이다.

(2) 『6권 저작 선집』 중 맑스와 엥겔스가 독일어 이외의 언어로 쓴 저작 및 논문의 번역 과정에서 대본으로 삼은 것은 영어 판 『전집』(Karl Marx/Frederick Engels : Collected Works, Progress Publishers, Moscow, 1975)과 막시밀리앙 루벨이 편집한 불어 판 『저작집』(Karl Marx, Œuveres, édition par Maximilien Rubel, Gallimard, 1965)이다. 단, 편집은 독일어 판을 따랐다.

(3) 번역에서 참고본으로 삼은 것은 『맑스 · 엥겔스 전집』(Karl Marx/Friedrich Engels : Gesamtausgabe, Berlin, 1975), 『맑스 · 엥겔스 저작집』(Marx/Engels : Werke, Berlin, 1956), 『맑스 · 엥겔스 8권 선집』(マルクス＝エンゲルス 8巻 選集, 大月書店, 1974)이다.

2. 주

(1) 대본의 편집자 후주는 여기서도 후주로 처리하였다.

(2) 각주는 맑스, 엥겔스의 것과 역자의 것이 있다. 역자의 것은 주 끝에 '(역자)'라고 표시하였다. 그 이외의 것은 모두 맑스, 엥겔스의 것이다. 각주는 수록 저작 혹은 논문별로 1), 2), 3)…의 일련 번호를 매겼다.

3. 부호 사용

(1) 괄호

'( )'는 맑스와 엥겔스가 사용한 것이다.

한글에 붙인 '[ ]'는 역자가 보충을 위해 붙인 것이다.

제목과 원어에 붙인 '[ ]'는 독일어판 편집자가 붙인 것이다.

(2) 맞줄표

긴맞줄표(——)는 맑스와 엥겔스가 사용한 것이다.

짧은 맞줄표(− −)는 역자가 사용한 것이다.

(3) '『　』'와 '「　」'

　　'『　』'는 저작과 신문을 의미하고, '「　」'는 논문과 기사를 의미한다.

(4) 따옴표

　　큰 따옴표("　")는 맑스와 엥겔스가 다른 저작으로부터 인용했다는 것이 확실한 경우에, 작은 따옴표('　')는 일반적 강조나 풍자로 보이는 경우에 사용하였다.

4. 강조

대본의 이탤릭 체는 고딕으로, 명조 격자체는 명 조 전 각 띄 어 쓰 기로, 이탤릭 격자체는 고 딕 전 각 띄 어 쓰 기로, 이탤릭 볼드체는 **견출 명조**로 처리하였다. 단, 강조된 원문이 한글에 병기될 때에는 원문을 따로 강조하지 않았다.

5. 기타

(1) 원문 병기

　　맑스와 엥겔스가 독일어 이외의 언어로 중간 중간에 쓴 것이나 풍자, 대구, 특수한 어휘 등은 원문을 병기하였다. 한자를 밝힐 필요가 있는 것은 한자를 병기하였다.

(2) 외국어 표기

　　인명과 지명은 해당 시기의 해당 지역의 언어에 가깝게 표기하는 것을 원칙으로 하였다. 신문, 저작, 논문 등의 원문 철자는 찾아보기 이외에는 따로 밝히지 않았다.

(3) 후주나 각주에 나오는 인용 문헌의 면 표시는, 『저작 선집』 제1-3권과 『1844년의 경제학 철학 초고』의 경우만 박종철 출판사에서 출판한 것에 따른 것이며 나머지는 모두 독일어 판에 표시된 것 그대로이다.

(4) 번역자는 저작 및 논문 끝에 밝혀 두었다.

ADDRESS

AND

PROVISIONAL RULES

OF THE

WORKING MEN'S
INTERNATIONAL ASSOCIATION,

ESTABLISHED SEPTEMBER 28, 1864,

AT A PUBLIC MEETING HELD AT ST. MARTIN'S HALL, LONG ACRE, LONDON.

———

PRICE ONE PENNY.

———

PRINTED AT THE "BEE-HIVE" NEWSPAPER OFFICE,
10, BOLT COURT, FLEET STREET.
1864.

국제 노동자 협회 발기문 및 임시 규약의 초판의 표제면

칼 맑스

국제 노동자 협회

발기문

1864년 9월 28일
런던 롱 에이커의 세인트 마틴 홀에서 개최된
공개 집회에서 창립[1]

노동자 여러분!

1848-1864년의 기간 동안 근로 대중의 빈곤이 감소하지 않았다는 것은 분명한 사실이지만, 그럼에도 불구하고 이 기간은 공업 및 상업의 진보라는 면에서 보면 역사상 그 유례를 찾아볼 수 없는 것이었습니다. 1850년에 정보에 매우 밝은 영국 중간 계급의 한 기관지는 예언하였습니다 : 만일 영국의 수출입이 50% 정도 증가한다면 영국의 빈궁이라는 것은 사라질 것이라고 말입니다. 그러나 이게 웬일입니까! 1864년 4월 7일에 재무상 글래드스턴은, 영국의 총수출입이 1863년도에 443,955,000 파운드에 달했다는 보고로 자신의 의회 청중들을 황홀하게 만들었습니다! "그리 오래되지 않은 1843년도의 영국 무역 총액의 거의 세 배에 달하는 놀랄 만한 액수!" 그럼에도 불구하고 그는 '가난'에 대하여 웅변을 토하였습니다. 그는 이렇게 외쳤습니다. "생각해 보라, 빈곤의 경계선에서 헤매고 있는 자들을!", "오르지 않은 임금"을, "열이면 아홉은 생존을 위한 투쟁에 지나지 않는 인생!"을.[2] 그러나 그는, 북부에서는 기계 때문에 남부에서는 목양지 때문에 점차 밀려나고 있는 아일랜드 인민에 대해서는 아무것도 언급하지 않았습니다. 그런데 저 불행한 나라에서는 양마저도 줄어들고 있습니다 —— 인간만큼 빠른 속도로 줄어드는 것은 아니지만 그것은 사실입니다. 그는 상류 인사 10,000명의 대표자들이 돌연히 겁에 질려 이제 막 누설하였던 것을 되풀이하지는 않았습니다. 교살 강도들[3]로 인한 공포가 절정일 때, 상원은

10

15

20

마침내 유형과 징역에 관한 조사 위원회를 임명하였습니다. 그 보고서는 1863년의 방대한 청서[4]에 실려 있는데, 공식적인 수치와 사실에 의해 증명된 것은 범죄를 저지른 인간 쓰레기들이, 즉 잉글랜드와 스코틀랜드의 갈레선船 노예들이 잉글랜드나 스코틀랜드의 농부들보다 훨씬 덜 들볶이고 훨씬 더 좋은 음식을 대접받고 있다는 것입니다. 그러나 이것이 전부는 아닙니다. 아메리카 내전[5]으로 인해 랭카셔와 체셔의 공장 노동자들이 거리로 내던져졌을 때,[6] 바로 그 상원은 가장 싸고 가장 손쉬운 형태로 공급되면서도 평균하면 "굶주림으로 인한 질병들을 피하기에"("to avert starvation diseases") 간신히 족한 탄소와 질소의 최소량을 조사하라는 임무를 지닌 한 의사를 모든 공업 지대들로 파견하였습니다. 의료 전권 위임자 스미스가 알아낸 진상은 28,000 그레인의 탄소와 1,330 그레인의 질소가 평균적인 성인을 정확히 굶주림으로 인한 질병들의 수준 이상으로 유지시킬 수 있는 주당 할당량이라는 것, 그리고 이러한 분량은 극도의 곤궁이라는 압박으로 면직 노동자들을 쇠약하게 만들었던 그 보잘것없는 영양분과 대략 일치한다는 것이었습니다.[1] 그러나 이제 귀를 기울여 보십시오! 배웠다는 바로 그 의사는 후에 다시 추밀원(Privy Council) 의무관으로부터 노동자 계급 가운데 더 가난한 층의 영양 상태를 조사할 것을 위임받았습니다. 그의 조사 결과는 지난해 회기에 의회의 명령으로 발간된 「공중 보건 상태에 관한 제6차 보고서」에 실려 있습니다. 의사가 발견한 것은 무엇이겠습니까? 평균적으로 볼 때 견직공들, 재봉 여공들, 장갑 제조공들, 양말 제조공들과 그 밖의 노동자들은 해를 거듭할수록, 실업 상태에 있는 면직 노동자들의 저 곤궁한 할당량도, "굶주림으로 인한 질병들을 간신히 피하기에 족한" 탄소와 질소의 저 양만큼도 전혀 얻지 못하고 있다는 것이었습니다.

---

1) 물의 구성 요소들과 몇몇 무기물들을 제외하면 탄소와 질소가 인간의 음식물을 구성한다는 것으로 독자들의 주의를 돌릴 필요는 없을 것이다. 물론 인간의 유기체에 영양분을 주기 위해서는 이러한 단순한 화학적 구성 요소들이 식물성이나 동물성 물질의 형태로 공급되어야 한다. 예를 들어 감자는 주로 탄소를 포함하고 있는 반면에, 밀로 만든 빵은 탄소 함유물과 질소 함유물을 적당한 비율로 포함하고 있다. [1864년의 영어 판에 붙인 맑스의 주]

공식 보고서에서 인용해 보기로 하겠습니다. "뿐만 아니라 조사된 농업
주민 가족들과 관련하여 알게 된 것은, $1/5$ 이상은 탄소 함유 음식물의 추정
최소량보다, $1/3$ 이상은 질소 함유 음식물의 추정 최소량보다 더 적게 얻는다
는 것, 그리고 버크셔, 옥스포드셔, 서머세트셔의 세 개의 주 지방의 평균적
인 음식물에 포함된 질소 함유 음식물의 양은 불충분하다는 것이다." 공식
보고서는 다음과 같이 덧붙이고 있습니다. "음식물의 결핍은 견디어 내기가
매우 어렵다는 것, 그리고 음식물의 현저한 부족은 대체로 모든 종류의 결핍
사태가 선행한 뒤에야 비로소 나타난다는 것을 고려해야 한다. 청결조차도
우선은 비용이 들고 힘이 들 것이며, 비록 자존심 때문에 청결을 유지하려고
시도한다 해도 그러한 시도는 모두 굶주림의 고통을 가중시킨다는 것을 의미
할 것이다……특히 여기서 말하고 있는 가난이라는 것이 게으름으로 인한
자업자득의 가난이 아니라는 것을 생각한다면, 이것은 가슴 아픈 일이다 ; 그
것은 어쨌든 근로 주민의 가난인 것이다. 정말이지, 하찮은 음식물 할당량을
얻기 위한 노동이 사실 대부분 지나치게 연장되고 있다."

「보고서」는 놀랍고도 확실히 예기치 못했던 사실을 인용하고 있습니다.
"연합 왕국의 4개 지역" —— 잉글랜드, 웨일즈, 스코틀랜드, 아일랜드 ——
"가운데서" 가장 부유한 지방인 "잉글랜드의 농업 인구의 영양 상태가 단연
코 가장 형편없다"는 것입니다 ; 그러나 버크셔, 옥스포드셔, 서머세트셔의
빈곤한 날품팔이 농업 노동자들조차도 런던의 숙련 수공 노동자들의 대다
수에 비하면 영양 상태가 더 좋다는 것입니다.

이것은 자유 무역의 천년 왕국이었던 1864년에 의회의 명령으로 발간
된 공식적인 진술인데, 당시 영국의 재무상은 하원에 다음과 같이 알렸습니
다.

"영국 노동자들의 평균적인 처지는, 우리가 알기에 어떤 나라나 어떤
시대에서도 그 유례를 찾아볼 수 없을 정도로 개선되었다."[2]

이 공식적 찬사는 보건에 관한 공식적인 보고서의 다음과 같은 기탄
없는 언명과는 불협화음을 내는 것입니다 :

"한 나라의 공중 보건이라는 것은 그 나라 대중의 건강을 의미하는 것인데, 만일 그 최하 계층에 이르기까지 보건이 최소한이라도 보장되어 있지 않다면 그 대중이 어떻게 건강할 수 있겠는가?"

자신의 눈앞에서 춤추고 있는 국가적 부의 진보에 관한 통계에 눈이 먼 재무상은 미친 듯이 열광하면서 다음과 같이 외치고 있습니다 :

"1842년부터 1852년까지 나라의 조세 수입은 6 퍼센트 가량 증가하였다 ; 1853년부터 1861년까지의 8 년 동안에는 1853년의 것을 기준으로 할 때 20 퍼센트 가량 증가하였다. 이 사실은 거의 믿을 수 없으리 만큼 경이적이다!" 글래드스턴 씨는 다음과 같이 덧붙이고 있습니다. "부와 힘의 이 놀랄 만한 증대는 전적으로 유산 계급에게만 국한된 것이다!"[7]

만일 여러분들이, 저 "전적으로 유산 계급에게만 국한된 부와 힘의 이 놀랄만한 증대"가 파괴된 건강과 더럽혀진 도덕과 정신적 황폐의 그 어떠한 조건 아래에서 근로 계급들에 의해 생산되었으며 또 생산되고 있는가를 알려거든, 최근의 「공중 보건 상태에 관한 보고서」에 나타나 있는 날염공, 재단사, 여자 재봉사 등의 직장에 대한 서술을 읽어 보십시오! 「아동 고용에 관한 위원회의 1863년 보고서」를 참조하십시오. 거기서 여러분들은 무엇보다도 다음과 같은 것을 읽게 될 것입니다 :

"하나의 계급으로서의 도공陶工들은 남녀를 불문하고 하나의 퇴화된 주민을 의미하는데, 그들은 육체적으로나 정신적으로나 퇴화되어 있다" ; "건강하지 못한 아동은 자기 차례가 되면 건강하지 못한 부모가 되고, 그 종족 Race의 점진적 열등화는 불가피하다." 그런데, 그럼에도 불구하고 "도공 지구의 주민의 퇴화(degenerescence)는 인접 농촌 지역으로부터의 지속적인 보충과 더 건강한 종족과의 통혼으로 인해 늦춰지고 있다!"

트레먼히어 씨가 정리한 『제빵공들의 불평』에 관한 청서에 눈을 돌려 보십시오! 그러면, 공장 감독관들의 보고서에 기입되어 있고 등기소 소장의 일람에 의해 명백해진 역설 앞에서 그 누가 몸서리치지 않겠습니까. 음식

할당량이 굶주림으로 인한 질병의 수준을 겨우 웃돌게 유지되는 랭카셔 노동자들의 건강은 면화 부족으로 인하여 그들이 면직 공장에서 때때로 쫓겨난 결과 더 좋아졌으며, 공장 노동자의 자식들의 사망율은 아이들의 어머니들이 이제 마침내 아이들에게 아편 혼합제 대신에 젖을 먹일 수 있게 되었기 때문에 감소되었다는 역설 앞에서 말입니다.

동전을 다시 뒤집어 보도록 합시다! 1864년 7월 20일에 하원에 제출된 소득세 및 재산세 목록은, **50,000 파운드 스털링과 50,000 파운드 스털링 이상**의 연간 소득을 올리는 사람이 1862년 4월 5일부터 1863년 4월 5일까지 열세 명 늘어났다는 것, 다시 말하면 이들의 수가 이 한 해 동안 67명에서 80명으로 증가되었다는 것을 보여 주고 있습니다.

같은 목록에는, 잉글랜드와 웨일스의 전체 농업 노동자 대중에게 해마다 분배되는 총수입보다 많은 **2천5백만 파운드 스털링**의 수입을 삼 천 명 가량의 사람이 해마다 자기들끼리 나누어 갖는다는 사실이 폭로되어 있습니다!

1861년도 센서스를 펼쳐 보십시오. 그러면 여러분들은 1851년에는 16,934명이었던 잉글랜드와 웨일스의 남자 토지 소유자의 수가 1861년에는 15,066명으로 감소했다는 것을, 따라서 토지 소유의 집중이 10년 동안 11퍼센트 가량 증가했다는 것을 발견할 것입니다. 만일 이 나라에서 소수의 수중으로의 토지 집중이 이런 속도로 진전된다면, 토지 문제(the land question)는 아프리카 속주屬州의 절반이 6명의 신사층의 소유라는 것을 발견하고 네로가 미소 짓던 로마 제국 시대처럼 매우 현저하게 단순해질 것입니다.

우리가 이러한 "거의 믿을 수 없으리 만큼 경이적인 사실들"을 이렇듯 길게 논하는 것은, 영국이 상업과 공업의 유럽을 이끌고 있으며 사실상 세계 시장에서 그것을 대표하고 있기 때문입니다.[2] 몇 달 전에 루이-필립의 망명한 아들 가운데 한 사람은 영국 농업 노동자들에 대해, 혈색이 더 나쁜 해협 저편의 그들 동지들에 비하면 그래도 처지가 더 나은 편이라며 공공연히 축하의 말을 했습니다. 사실, 다른 지방색을 지니고 있고 더 작은 규모

5

10

15

20

25

---

2) 영어 판에는 '있으며 사실상 세계 시장에서 그것을 대표하고' 가 없다. (역자)

이기는 하지만 영국의 사정들은 대륙의 모든 산업 선진국들에서도 반복되고 있습니다. 1848년 이래 이 모든 나라들에서는 전대 미문의 공업 발전과 꿈도 못 꿀 수출입 증대가 있었습니다. 이 모든 나라들에서 실로 "부와 힘의 놀랄 만한 증대"는 "전적으로 유산 계급에게만 국한된" 것이었습니다. 이 모든 나라들에도 영국에서와 마찬가지로 소수의 노동자 계급의 경우에는 실질 임금의 증가, 즉 화폐 임금으로 구입할 수 있는 생활 수단의 증가가 있긴 했지만, 대부분의 경우에는 화폐 임금의 증가가 복지의 실질적 증대를 뜻하는 것은 아니었습니다. 이는 가령 런던의 구빈원이나 고아원의 수용인들의 1차적 생활 수단에 드는 비용이 1852년의 7 파운드 스털링 7 실링 4 페니에서 행정 연도 1861년에는 9 파운드 스털링 15 실링 8 페니로 되었어도 그들이 거의 나아지지 않은 것과 마찬가지입니다. 어디서나 노동자 계급의 대다수는, 그들보다 위에 있는 계급들이 사회적 비중이 높아지는 것과 적어도 같은 정도로 매우 몰락했던 것입니다. 기계의 개량도, 화학상의 발견도[3], 생산에서의 과학의 응용도, 교통 수단의 개선도, 새 식민지도, 이민도, 시장의 개척도, 자유 무역도, 또 이 모든 것을 합친 것으로도 근로 대중의 빈곤을 제거하지는 못한다는 것, 오히려 현재와 같은 잘못된 토대 위에서는 노동 생산력의 온갖 새로운 발전이 사회적 대립을 심화시키고 사회적 적대를 격화시키는 것으로 나아갈 수밖에 없다는 것, 이것은 오늘날 유럽의 모든 나라들에서 편견으로부터 자유로운 정신의 소유자 누구에게나 증명되고 있고 바보의 천국을 설교하는 데 이해가 걸린 꾀바른 요설가들에 의해서만 부정되고 있는 하나의 진리입니다. 경제적 진보의 이 "황홀한 시대" 동안 굶어 죽는 것은 대영 제국의 수도에서는 거의 제도의 수준으로 올라 섰습니다. 세계 시장 연감[4]에는 이와 동일한 시기가 산업 및 상업 공황이라고 불리는 사회적 흑사병의 더욱 잦은 반복, 더욱 광범위해진 규모, 더욱 치명적인 결과 등으로 표시되어 있습니다.

1848년의 혁명들의 실패 이후 대륙에서는 노동자 계급의 모든 당 조직 및 당 기관지들이 권력의 철권에 의해 파괴되었고, 노동자들의 가장 선진적

---

3) 영어 판에는 '화학상의 발견도'가 없다. (역자)
4) 영어 판에는 '세계 연감'으로 되어 있다. (역자)

인 아들들은 자포자기 상태에서 대서양 건너의 공화국으로 피신하였으며,
단명한 해방의 꿈은 열광적 산업주의와 도덕적 노쇠와 정치적 반동의 시기
앞에서 녹아 없어졌습니다. 오늘날과 마찬가지로 당시 뻬쩨르부르그 내각
과 우호 동맹을 맺고 있던 영국 내각의 외교적 개입에 의해 적지 않게 촉진
된 대륙 노동자 계급의 실패는 곧 해협 이쪽에도 그 전염병적인 영향을 퍼   5
뜨렸습니다. 대륙에서의 노동자 운동의 몰락5)은, 영국 노동자 계급을 거세
했으며 자신들의 책무에 대한 그들의 신념을 꺾어 버린 반면에 토지 귀족과
화폐 귀족의 이미 다소 동요되었던 확신을 회복시켜 주었습니다. 이미 공식
적으로 통고되었던 양보들은 고의적으로 뻔뻔스럽게 철회되었습니다. 새로
운 금金 산지의 발견은 곧 뒤이어 엄청난 이민을 불러일으켰으며, 영국 프   10
롤레타리아트의 대오에는 메워질 수 없는 틈이 생겨났습니다. 그들의 대표
자들 가운데 예전에는 적극적이기 그지없던 다른 사람들은 더 많은 일자리
와 순간적인 임금 인상이라는 미끼에 매수되어 "현실적 처지를 고려"하였습
니다.6) 차티스트 운동[8]을 유지하거나 새롭게 하려는 시도는 완전히 수포로
돌아갔으며 노동자 계급의 모든 기관지 조직들은 대중의 냉담 속에서 하나   15
하나 죽어 갔던바, 사실 영국 노동자 계급이 정치적 무력 상태와 이토록 타
협한 것은 일찍이 본 일이 없습니다. 영국의 노동자 계급과 대륙의 노동자
계급 사이에 행동의 공유가 없었다면, 오늘날에는 어쨌든 패배의 공유가 있
는 셈입니다.

    그렇다 하더라도 1848년에서 1864년까지의 기간에 밝은 면7)이 전혀   20
없었던 것은 아닙니다. 여기서는 두 가지 커다란 사건만을 지적해 보도록
하겠습니다.

    경탄할 만큼 끈기 있게 수행된 30년에 걸친 투쟁 이후, 영국 노동자
계급은 토지 귀족과 화폐 귀족 사이의 일시적 분열을 이용하여 10 시간 법
을 관철시키기에 이르렀습니다.[9] 이 조처를 통해 공장 노동자들에게 주기   25
를 원했던 육체적, 도덕적, 정신적인 막대한 이익은 공장 감독관의 보고서

---

5) 영어 판에는 '대륙에서의 형제의 참패'로 되어 있다. (역자)
6) 영어 판에는 '정치적 비관자들'이 되었습니다'로 되어 있다. (역자)
7) 영어 판에는 '이것을 보상할 특징들'로 되어 있다. (역자)

에 반년마다 기록되고 있음이 발견되며, 오늘날 모든 면에서 인정받고 있습니다. 대다수의 대륙 정부들은 영국의 공장법을 다소 변경하여 받아들이고 있으며, 영국의 의회 자체도 그것의 시행 범위를 해마다 넓힐 것입니다. 그러나 그 실천적 의의 이외에도, 노동자들을 위한 이 조처의 결과에는 다른
5   커다란 의미[8]가 있습니다. 중간 계급은 자신들의 과학의 가장 악명 높은 기관을 통해, 우어 박사나 시니어 교수나 그 밖에 그와 비슷한 부류의 현자들을 통해, 노동 시간의 모든 법적 제한은 영국의 공업에 조종을 울릴 것이 틀림없으며 그 공업이라는 것은 흡혈귀처럼 사람의 피, 그것도 어린이의 피를 빨아 먹어야 한다는 것을 예언해 왔고 또 마음껏 증명해 왔습니다. 그
10   옛날에 아동의 살해는 몰록 종교의 신비한 의식이었습니다만, 그러나 그것은 특별히 엄숙한 경우에만 실행된 것으로서 아마 1년에 한 번 정도 있었을 뿐만 아니라 몰록이 특별히 가난한 사람의 자식들만을 좋아했던 것도 아니었습니다.

노동 시간의 법적 제한을 둘러싼 투쟁은, 그것이 가위 눌린 탐욕 이외
15   에도 사실상 커다란 논점을, 즉 중간 계급의 정치 경제학을 이루는 수요 공급 법칙의 맹목적 지배와 노동자 계급의 정치 경제학을 이루는 사회적 통찰과 예견에 의한 사회적 생산의 통제 사이의 논점을 건드리면 건드릴수록 더욱 치열해졌습니다. 10 시간 법은 따라서 단순히 위대한 실천적 성과인 것이 아니라 원칙의 승리였습니다. 처음으로 중간 계급의 정치 경제학이 명명
20   백백하게 노동자 계급의 정치 경제학 앞에서 굴복했던 것입니다.

자본[9]의 정치 경제학에 대한 노동의 정치 경제학의 훨씬 더 위대한 승리가 닥쳐왔습니다.

우리는 협동 조합 운동, 특히 몇몇 대담한 "일손들"(hands)에 의해 이루어진 협동 조합 공장을 두고 말하는 것입니다. 이 위대한 실험들[10]의 가
25   치는 아무리 과대 평가해도 지나치지 않습니다. 논의가 아닌 행위를 통해 그것들은 다음과 같은 것을 증명하였습니다. 대규모로 이루어지며 또 현대

---

8) 영어 판에는 '놀랄 만한 성공을 드높이는 그 무엇인가'로 되어 있다. (역자)
9) 영어 판에는 '소유'로 되어 있다. (역자)
10) 영어 판에는 '이 위대한 사회적 실험들'로 되어 있다. (역자)

과학의 진보와[11] 조화를 이루는 생산은 '일손' 계급을 고용하는 주인 (masters) 계급이 존재하지 않아도 이루어질 수 있다는 것 ; 열매를 맺으려 면 노동 수단이 노동하는 사람 자신을 지배하는 수단이나 노동하는 사람 자 신을 혹사시키는 수단으로서 독점되어서는 안 된다는 것, 그리고 노예 노동 이나 농노 노동과 마찬가지로 임금 노동 또한 과도적이고 낮은 단계의 사회 적[12] 형태일 뿐이며, 자발적인 손과 건전한 정신과 즐거운 마음으로 근로가 수행되는 연합된 노동 앞에서 사라져 버릴 운명이라는 것. 영국에서는 협동 조합 제도의 씨앗이 로버트 오웬에 의해 뿌려졌습니다 ; 대륙에서 시도된 노 동자들의 실험들은 사실, 1848년에 발명되지는 않았지만 소리 높이 선포되 었던 이론에 매우 근접한 실천적 출구[13]입니다.

　　동시에 1848년에서 1864년까지의 경험은 노동자 계급의 총명한 지도 자들이 1851년과 1852년에 영국의 협동 조합 운동과 관련하여 주장했던 다 음과 같은 것[14]을 의심할 여지 없이 증명하였습니다. 아무리 원칙상 탁월하 고 실천상 유익하다 하더라도 협동 조합식 노동이 개별 노동자들의 우연적 인 노력이라는 협소한 영역에 제한된다면, 기하 급수적으로 자라나는 독점 의 성장을 억제할 수 없으며, 대중을 해방시킬 수 없으며, 심지어 그들의 빈곤이라는 짐을 눈에 띄게 덜어 줄 수도 없다는 것입니다. 그럴듯하게 이 야기하는 귀족들과 부르주아-박애주의적 말꾼들과 싸늘한 몇몇 정치 경제 학자들이, 예전에는 자신들이 그 맹아 상태에서 숨통을 끊으려 시도한 바 있고 몽상가의 유토피아라고 비웃은 바 있으며 사회주의자들의 이단이라고 유죄 판결을 내린 바 있는 바로 그 협동 조합 제도에게 아첨하는 것은 바로 이런 이유 때문일 것입니다. 근로 대중을 해방시키려면 협동 조합 제도는 국민적 규모에서의 발전과 국민적 수단에 의한 추진을 필요로 합니다. 그러 나 토지 귀족들과 자본 귀족들은 자신들의 경제적 독점의 방어와 영구화를 위해 언제나 자신들의 정치적 특권들을 이용할 것입니다. 노동의 해방을 추

───────────────

11) 영어 판에는 '간절한 부탁들과'로 되어 있다. (역자)
12) 영어 판에는 '사회적'이라는 말이 없다. (역자)
13) 영어 판에는 '이론의 실천적 귀결'로 되어 있다. (역자)
14) 영어 판에는 '노동자 계급의……주장했던'이 없다. (역자)

진하는 대신에 그들은 그 길에다 자신들의 가능한 모든 장애물들을 실어 나를 것입니다. 파머스턴 경이 지난 번 의회 회기에 아일랜드 소작인들의 권리의 옹호자들에게 다음과 같이 비웃으면서 외쳤을 때, 그는 가슴 깊이 품었던 것을 털어놓았던 것입니다 : "하원은 토지 소유자들의 의회이다!"[10]

5   정치 권력을 전취하는 것은 따라서 이제 노동자 계급의 커다란 의무입니다. 노동자들은 이것을 이미 파악하고 있는 것으로 보이는데, 왜냐하면 영국과 프랑스와 독일과 이딸리아에서 동시적인 부흥이 보이고 노동자 당의 재조직을 위한 동시적인 시도들이 일고 있기 때문입니다. 성공의 한 요소를 그들은 가지고 있습니다. 그것은 數입니다. 그러나 수는, 결합이 10 그들을 단결시키고 지식이 그들을 지도할 때에만 무게를 지닙니다. 형제적 유대가 서로 다른 나라들의 노동자들을 결합시켜야 하고 또 해방을 위한 그들의 모든 투쟁에서 굳게 함께 있도록 그들을 고무해야 합니다. 과거의 경험은, 그러한 유대의 경시가 어떻게 항상 그들의 분산된 시도들의 공동의 좌절에 의해 징계받는가를 보여 주었습니다. 여러 나라의 노동자들이 1864 15 년 9월 28일에 런던의 세인트 마틴 홀에서 개최된 공개 집회에 모여 국제 協會의 설립에 박차를 가한 것은 이러한 의식에 근거한 것입니다.

또 하나의 확신이 저 집회에 혼을 불어넣었습니다.

노동자 계급의 해방이 서로 다른 민족들의 협력[15]을 필요로 하는 것이라면, 범죄적 목적을 추구하며 민족적 편견에 의해 움직이며 약탈 전쟁에서 20 인민의 피와 재산을 탕진하는 따위의 대외 정책으로 어찌 저 위대한 과업이 이루어지겠습니까? 노예 제도의 영구화와 선전을 위한 대서양 저편의 십자군 원정[16]으로부터 서유럽을 구한 것은 지배 계급의 슬기가 아니라 그들의 범죄적 어리석음에 대한 영국 노동자 계급의 영웅적 항거였습니다.[11] 유럽의 상류 계급들이 러시아에 의한 영웅적 폴란드의 암살과 까프까즈 산악 요 25 새들의 노획을 뻔뻔스러운 동조, 위선적인 동정, 또는 천치 같은 무관심으로 방관하였다는 것 ; 머리는 성 뻬쩨르부르그에 있고 손은 유럽의 모든 내각에 있는 이 야만적인 강국이 저항도 받지 않고 엄청난 침해를 행하도록

---

15) 영어 판에는 '자신들의 형제적 협력' 으로 되어 있다. (역자)
16) 영어 판에는 '대서양 저편의 치욕적인 십자군 원정' 으로 되어 있다. (역자)

허가를 받았다는 것은 노동자 계급에게 다음과 같은 임무를 가르쳐 주었습
니다. 국제 정치의 비밀에 정통할 것, 각각의 자국 정부의 외교 활동을 감
시하며 필요하다면 그것을 저지할 것[17] ; 만약 예방하는 것이 불가능하다면
힘을 합하여 동시에 탄핵하고, 사인私人들의 관계를 규제해야 할 도덕과
정의의 단순한 법칙들을 민족들 교류의 지고의 법칙으로 삼아 시행하도록   5
할 것.

　　이와 같은 대외 정책을 위한 투쟁은 노동자 계급의 해방을 위한 일반적
투쟁에 포함되는 것입니다.

　　만국의 프롤레타리아여, 단결하라!

1864년 10월 21일에서 　　　　　　　　　　　　　맑스·엥겔스 저작집,
27일 사이에 써어짐. 　　　　　　　　　　　　　　　제16권, 5-13면.
출전 :『사회-민주주의자』제2호와 제3호,
1864년 12월 21일자와 30일자.

　　　　　　　　　　　　　　　　　　　　　　　　김태호 번역

---

17) 영어 판에는 '자신들의 수중에 있는 모든 수단들을 동원하여 저지할 것'으
　　로 되어 있다. (역자)

칼 맑스

국제 노동자 협회

임시 규약[12]

노동자 계급의 해방은 노동자 계급 스스로에 의하여 전취되어야 한
다 ; 노동자 계급의 해방을 위한 투쟁은 계급적 특권과 독점을 위한 투쟁이
아니라 평등한 권리 및 의무와 모든 계급 지배의 폐지를 위한 투쟁을 의미
한다 ;

노동하는 인간이 노동 수단들의, 즉 생활 원천들의 독점자에게 경제적
으로 예속되어 있다는 것이 모든 형태의 노예 상태의 근저에 놓여 있
다 —— 모든 사회적 빈곤, 정신적 피폐, 정치적 종속의 근저에 놓여 있
다 ;

노동자 계급의 경제적 해방은 따라서 모든 정치 운동이 하나의 수단으
로서 종속되어야 할 위대한 목적이다 ;

이 위대한 목적을 이루기 위한 모든 노력은 지금까지 각국의 다양한
노동 부문 사이의 연대의 부족으로, 그리고 서로 다른 나라들의 노동자 계
급들 사이의 형제적 유대의 부재로 실패해 왔다 ;

노동의 해방은 국지적이거나 일국적인 것이 아니라 하나의 사회적인
문제로서, 그것은 현대 사회에 존재하는 모든 나라들을 포괄하는 것이며 그
해결은 가장 선진적인 나라들의 실천적이고 이론적인 협조에 달려 있다 ;

유럽의 가장 산업화된 나라들에서의 노동자 계급의 현재의 부흥은 새
로운 희망을 불러일으키고 있는 한편, 과거의 오류들에 다시 빠져 드는 것

과 관련하여 엄숙히 경고하고 있으며, 여전히 연결되어 있지 못한 운동들의
즉각적인 결합을 요청하고 있다 ;

이상의 것들을 고려하여,

그리고 이러한 이유 때문에, 1864년 9월 28일에 런던의 세인트 마틴
홀에서 개최된 공개 집회의 결의에 의해 권한을 부여받은 위원회의 아래 서   5
명 위원들은 국제 노동자 협회를 창설하기 위해 필요한 조치들을 취해 왔
다.

우리는, 이 국제 협회와 그것에 가맹한 모든 단체 및 회원들이 진리와
정의와 도덕을 인종이나 신앙이나 국적에 관계 없이 서로에 대한, 그리고
모든 인간에 대한 행동의 기준으로 삼을 것을 천명한다.   10

우리는, 자기 자신을 위해서뿐만 아니라 자신의 의무를 다하는 모든
인간을 위해서도, 인간과 시민으로서의 권리를 요구하는 것이 인간의 의무
라고 주장한다.[13] 의무 없이는 권리도 없으며, 권리 없이는 의무도 없다.

그리고 바로 이러한 정신으로 우리는 아래와 같은 국제 협회의 임시
규약을 작성했다 :   15

1. 본 협회는 서로 다른 나라들에 존재하며 다음과 같은 동일한 목적
을 추구하는 노동자 결사들 사이의 연락과 협력을 매개하는 중앙을 제공하
기 위해 설립되었다 : 노동자 계급의 보호와 진보와 완전한 해방.

2. 결사의 명칭은 다음과 같다 : 국제 노동자 협회.

3. 1865년에 벨기에에서 일반 노동자 대회를 개최한다.[14] 대회는 국   20
제 협회에 가입해 있는 노동자 결사의 대표자들로 구성된다. 대회는 노동자
계급의 공통된 열망을 유럽에 공표해야 하며, 국제 협회의 최종 규약을 결
정해야 하며, 협회의 성공적 운영을 위해 요구되는 방책들을 심의해야 하
며, 나아가 협회의 중앙 평의회를 임명해야 한다. 일반 대회는 해마다 한
번 소집된다.   25

4. 중앙 평의회는 런던을 소재지로 하며, 국제 협회에서 대표되는 서
로 다른 나라 소속의 노동자들로 구성된다. 중앙 평의회는 의장, 회계, 총
서기, 각국 담당 통신 서기 등등과 같이 업무 처리에 필요한 직책들을 소속
평의원들 가운데서 선출한다.

5. 연례 회의에서 일반 대회는 중앙 평의회의 연례 업무에 대해 공식 보고를 받는다. 중앙 평의회는 해마다 대회에 의해 임명되며 평의원의 수를 추가할 권한을 갖는다. 긴급한 경우에, 중앙 평의회는 정규 연례 회기 이전에 일반 대회를 소집할 수 있다.[15]

6. 중앙 평의회는 서로 다른 협력 단체들 사이에 국제적인 매개를 이루어, 한 나라 노동자들이 모든 다른 나라들에 있는 자신들 계급의 운동에 대해 정보를 지속적으로 제공받을 수 있도록 한다 ; 유럽 각국의 사회 상태에 대한 조사가 동시에, 그리고 공동의 지도 아래에서 이루어질 수 있도록 한다 ; 한 사회에서 제기된 공통의 관심사의 문제들이 모든 사회에서 의제로 올려질 수 있도록 한다 ; 예를 들면 국제 분쟁의 경우와 같이 즉각적인 실제적 조치가 필요할 때, 협회에 가입해 있는 결사들의 행동이 동시적이고 단일할 수 있도록 한다. 적절하다고 보일 때는 언제든지 중앙 평의회는 서로 다른 나라들이나 지역들의 결사들에 대해 안건 발의권을 갖는다.[16]

7. 각국의 노동자 운동의 성공은 단결과 결합의 힘에 의하지 않고는 확보될 수 없는 한편, 국제 중앙 평의회의 유용성은 그것이 노동자 단체들의 적은 수의 전국적인 중앙들을 상대해야 하느냐 아니면 많은 수의 작고 연결되어 있지 못한 지역 결사들을 상대해야 하느냐에 주로 달려 있기 때문에 —— 국제 협회의 회원들은 그들 각국의 연결되어 있지 못한 노동자 결사들을 중앙의 전국적 기관에 의해 대표되는 전국적 조직체들과 연결시키는 데 최대의 노력을 기울여야 한다. 그렇지만 이러한 조항의 적용이 각국의 특별한 법률들에 의해 좌우될 것이라는 것, 법률상의 장애를 별도로 한다면 어떠한 독립적인 지역 결사들도 런던 중앙 평의회와의 직접적인 통신을 방해받지 않는다는 것은 자명하다.

8. 제1차 대회가 개최될 때까지는 1864년 9월 28일에 선출된 위원회가 임시 중앙 평의회로서 활동하여, 서로 다른 나라들의 노동자 단체들을 연결하며, 연합 왕국에서 회원들을 모집하며, 일반 대회의 소집을 위한 예비 조치들을 취하며, 대회에 상정될 주요 문제들을 전국적 결사들 및 지역 결사들과 토의한다.[17]

9. 국제 협회의 각 회원들은 한 나라에서 다른 나라로 거주지를 옮길 경우 협회에 가입한 노동자들의 형제적 지원을 받는다.

　10. 형제적 협력의 항구적인 유대로 단결되어 있는 한, 국제 협회에 가입해 있는 노동자 결사들은 그들의 현행 조직을 온전히 보존할 것이다.[18]

1864년 10월 21일에서
27일 사이에 써어짐.
출전 :「국제 노동자 협회의 발기문과
임시 규약. 1864년 9월 28일
런던 롱 에이커의 세인트 마틴 홀에서 개최된
공개 집회에서 창립」. 런던, 1864년.

영어 원문으로부터 번역.

　　　　　　　　　　　　　　　　　　　　　맑스·엥겔스 저작집,
　　　　　　　　　　　　　　　　　　　　　　제16권, 14-16면.

　　　　　　　　　　　　　　　　　　　　　　김태호 번역

칼 맑스

아메리카 합중국 대통령
에이브러햄 링컨에게[19]

보십시오.

5 우리는 당신이 대다수의 지지로 재선된 데 대해서 아메리카 인민에게 축하를 보내고자 합니다!

노예 소유자의 권력에 대한 저항이 당신의 첫 당선의 신중한 표어였다고 한다면, 노예제에 죽음을!은 당신의 재선의 의기 양양한 전투 구호입니다.

10 아메리카 판 티탄 족 투쟁[5]이 터진 초기부터 유럽의 노동자들은, 자신들 계급의 운명이 성조기에 달려 있다는 것을 본능적으로 감지하였습니다. 저 끔찍한 대서사시의 발단이 되었던 준주淮州 획득 투쟁[1]은, 광막한 처녀지를 이주민의 노동과 결혼하도록 할 것인지 아니면 노예 감독의 발 아래 유린되도록 할 것인지를 결정하는 투쟁이 아니었습니까?

15 300,000명의 노예 소유자들의 과두 지배가 세계 연대기에서 처음으로 무장 반란의 깃발에 감히 노예제라는 말을 써넣었을 때 ; 1세기 남짓 전에 위대한 민주주의 공화국이라는 사상이 처음으로 솟아났던 그 땅에서 최초

---

1) 캔자스 주와 네브래스카 주를 자유 주로 할 것인지 노예 주로 할 것인지를 둘러싸고 남부와 북부 사이에 1854년에 벌어진 투쟁을 말한다. 주민의 투표에 의해 결정되어야 한다는 법안이 의회에서 통과되자, 무장 시위가 벌어졌고, 캔자스 주에는 두 개의 정부가 들어서는 일까지 발생하였다. (역자)

의 인권 선언[20]이 등장하여 18세기 유럽 혁명에 최초의 충격을 가져다 주었을 때 ; 반혁명파가 체계적 철저함을 지닌 채 "구헌법 성립 시기의 지배 이념"을 폐기한다면서 득의 양양하여, "노예제가 유익한 제도라고 —— 그 것도 노동과 자본의 관계라는 커다란 문제의 유일한 해결책이라고 주장하며" 후안무치하게도 인간에 대한 소유권이 "새로운 건물의 초석"[21]이라고   5
선언했을 때 ; 그때 유럽의 노동자들은 남부 연합파[22] 귀족에 대한 상류 계급의 광란적 지지에 경각심을 느끼기에 앞서, 노예 소유자들의 반란이 노동에 대한 소유의 전반적 십자군 원정에 대해 경종을 울릴 것이라는 사실과 노동하는 인간들의 미래에 대한 희망 이외에 그들이 과거에 쟁취한 것들까지 바다 저편의 이 거대한 투쟁으로 말미암아 위기에 처해 있다는 사실을   10
즉각 깨달았습니다. 그랬기에 이들 유럽 노동자들은 도처에서, 면화 공황[6]이 그들에게 가져다 준 고통을 끈기 있게 참아 내었던 것이며, 그들 위에 있는 '배웠다는' 계급들이 그렇게도 열렬히 획책했던 친노예제적 간섭에 열광적으로 저항했던 것이며, 유럽의 대부분에서 이 대의를 위해 혈세를 지불하였던 것입니다.
15

북부의 정치 권력의 진정한 담지자들인 노동자들이, 노예제가 그들 자신의 공화국을 더럽히는 것을 허용하고 있던 한 ; 이들 노동자들이, 흑인들은 자신들이 동의하지 않았는데도 주인들의 물건으로 되고 판매되고 마는 데 비해 백인 노동자들은 스스로 자신을 판매하고 스스로 자신의 주인을 선택할 수 있는 지고의 권리를 가지고 있다면서 득의 양양해 있던 한 —— 그   20
러한 한에 있어서, 그들은 진정한 노동의 자유를 획득할 수도 없었고 해방 투쟁을 벌이고 있는 유럽의 형제들을 지원할 수도 없었습니다. 그러나 진보를 가로막던 이러한 장해물은 내전의 피바다에 의해 씻겨 가 버렸습니다.

유럽의 노동자들은, 아메리카의 독립 전쟁이 중간 계급의 권력을 신장하는 새로운 시대를 열어제친 것처럼, 아메리카의 노예제 반대 전쟁이 노동   25
자 계급의 권력을 신장하는 새로운 시대를 열어제치리라는 것을 확신하고 있습니다. 그들은, 노동자 계급의 신실하고 확고한 아들인 에이브러햄 링컨이 쇠사슬에 묶여 있던 종족을 구해 내기 위한, 그리고 사회 세계를 개조하기 위한 유례없는 투쟁을 통해 조국을 이끌 운명을 짊어지게 되었다는 사실을 다가올 시대의 전조로 간주하고 있습니다.

20

국제 노동자 협회 중앙 평의회의 이름으로 서명 :

르 뤼베, 프랑스 담당 통신 서기 ; F. 리프쯘스끼(폴란드) ; 에밀 홀또르쁘 (폴란드) ; J. B. 보께 ; H. 융, 스위스 담당 통신 서기 ; 모리소 ; 조지 W. 윌 러 ; J. 드누알 ; P. 보르다주 ; 르 루 ; 딸랑디에 ; 주르뎅 ; 뒤뽕 ; R. 그레이 ; D. 라마 ; C. 세따치 ; F. 솔루스뜨리 ; P. 알도브란디 ; D. G. 바냐띠 ; G. P. 폰 따나, 이딸리아 담당 통신 서기 ; G. 레이크 ; J. 버클리 ; G. 호웰 ; J. 오즈 본 ; J. D. 스텐즈비 ; J. 그로스미스 ; G. 에카리우스 ; 프리드리히 레스너 ; 볼 프 ; K. 카우프 ; 하인리히 볼레터 ; 루드비히 오토 ; N. P. 한젠(덴마크) ; 칼 팬 더 ; 게오르크 로흐너 ; 페터 페터젠 ; 칼 맑스, 독일 담당 통신 서기 ; A. 딕 ; L. 월프 ; J. 위틀록 ; J. 카터 ; W. 모건 ; 윌리엄 델 ; 존 웨스턴 ; 피터 폭스 ; 로 버트 쇼 ; 존 M. 롱메이드 ; 로버트 헨리 사이드 ; 윌리엄 C. 윌리 ; 블락무어 ; R. 하트웰 ; W. 피존 ; B. 류크래프트 ; J. 나이애스

G. 오저, 평의회 의장
윌리엄 R. 크리머, 명예 총서기

1864년 11월 22일에서
29일 사이에 쎄어짐.
출전 :『사회-민주주의자』제3호,
1864년 11월 30일자.

맑스 · 엥겔스 저작집,
제16권, 18-20면.

최인호 번역

칼 맑스

P. -J. 프루동에 관하여[23]

[J. B. v. 슈바이처에게 보내는 서한]

1865년 1월 24일, 런던

존경해 마지 않는 귀하!

프루동에 대한 상세한 평가를 요구하신 귀하의 편지를 어제 받았습니다. 시간이 없는 관계로 당신의 희망을 충족시켜 줄 수가 없군요. 더구나 저의 수중에는 그의 저서가 하나도 없습니다. 그렇지만 당신에 대해 제가 선의를 갖고 있음을 보여 드리기 위해 서둘러 간단한 개요를 써 보내는 바입니다. 당신은 후에 보충할 수도 첨가할 수도 삭제할 수도 있을 것입니다. 10
요컨대 임의로 다루어도 좋습니다.

프루동의 초기 시론들을 저는 더 이상 기억하고 있지 못합니다. '세계어Langue universelle'에 관한 학교 숙제 같은 그의 저작[24]은, 해결을 위한 가장 초보적인 예비 지식도 갖추고 있지 못한 문제들에 그가 얼마나 거리낌없이 달려들었는가를 보여 주고 있습니다. 15

그의 최초의 저작 『소유란 무엇인가?』는 무조건적으로 그의 가장 우수한 저작입니다. 비록 새로운 내용은 없다 할지라도 낡은 것을 말하는 방식이 새롭고 대담하다는 점에서 이것은 획기적인 저작입니다. 그가 알고 있던 프랑스 사회주의자들 및 공산주의자들의 저작에서는 당연하게도 '소유propriété'는 다양하게 비판되어 있었으며 그뿐 아니라 공상적으로 '폐지' 20
되어 있기도 하였습니다. 이 저술 속에서 프루동이 생-시몽 및 푸리에와 맺고 있는 관계는 포이에르바하가 헤겔과 맺고 있는 관계와 대략 유사합니다.

헤겔에 비하면 포이에르바하는 극히 빈약합니다. 그럼에도 불구하고 헤겔 이후에 있어서 포이에르바하는 획기적이었습니다. 왜냐하면 포이에르바하는 헤겔이 신비적 박명薄明 속에 내버려두었던 몇 가지 점들, 기독교적 의식에게는 불쾌한 것이겠지만 비판의 진보를 위해서는 중요한 몇 가지 점들에 5 강세를 두었기 때문입니다.

이렇게 표현해도 된다면, 프루동의 이 저작에는 아직 억센 근육적 문체가 지배하고 있습니다. 그리고 이 문체가 이 저작의 주요한 공적이라고 저는 보고 있습니다. 사람들이 알고 있다시피, 다만 낡은 것의 재생일 뿐인 지점에서조차 프루동은 독자적으로 그것을 발견합니다 ; 그가 말하는 것은 10 그 자신에게는 새로운 것이었으며 또 새로운 것이라고 간주되고 있습니다. 정치 경제학상의 '지성소至聖所'를 침범하는 도발적 반항, 부르주아적 상식을 조롱하는 데 사용되는 기지 넘치는 역설, 촌철 살인의 비판, 신랄한 풍자, 현존하는 것의 추악성과 관련하여 여기저기서 엿보이는 깊고 진정한 격분의 감정, 혁명적 진지함 —— 이러한 모든 것들에 의해『소유란 무엇인 15 가?』는 짜릿한 감동을 주었으며 처음 출판되었을 당시에 커다란 충격을 주었던 것입니다. 엄밀하게 과학적인 정치 경제학사에서라면 이 저술은 별로 언급할 가치가 없을 것입니다. 그러나 이러한 종류의 센세이션을 불러일으키는 저술들은 소설의 경우와 마찬가지로 과학에 있어서도 그 나름의 역할을 합니다. 예컨대 '인구'에 관한 맬더스의 저술을 보십시오. 그 저술의 초 20 판을 보자면 그것은 '센세이션을 불러일으키는 소책자' 이외의 아무것도 아니며, 게다가 처음부터 끝까지 표절입니다. 그럼에도 불구하고 이 인류에 대한 비방문은 얼마나 엄청난 충격을 주었습니까!

저의 수중에 프루동의 책이 있다면, 몇 개의 실례를 들어 그의 초기의 수법을 쉽사리 보여 드릴 수 있을 것입니다. 그 자신이 가장 중요하다고 간 25 주하는 단락들에서 그는 이율 배반을 다루는 칸트의 논법 —— 칸트는 그 당시 프루동이 번역서를 통해 알고 있던 유일한 독일 철학자입니다 —— 을 그대로 모방하고 있습니다. 그리하여 사람들은, 그 또한 칸트와 마찬가지로 이율 배반의 해결을 인간 오성의 '피안에' 있는 어떤 것, 즉 그 자신의 오성에게는 계속적으로 불명료한 상태로 남아 있는 어떤 것으로 여기고 있다는 인상을 강하게 받게 됩니다.

얼른 보기에 하늘을 온통 뒤흔들어 놓을 것 같은 문체에도 불구하고, 사람들은 이미 『소유란 무엇인가?』 속에서 모순을 보게 됩니다. 프루동이 한편으로는 프랑스 분할지 농민의(후에는 소부르주아의 petit bourgeois) 관점과 눈으로 사회를 비판하며 다른 한편으로는 사회주의자들로부터 전수받은 척도를 사회에 갖다 대고 있다는 모순말입니다.

이미 그 표제 자체가 이 저술의 결함을 보여 주는 것이었습니다. 문제가 아주 그릇되게 제기되었기 때문에, 올바른 해답이 주어질 수 없었습니다. 고대의 '소유 관계들'은 몰락하여 봉건적 소유 관계들로 대체되었으며, 봉건적 소유 관계들은 몰락하여 '부르주아적 소유 관계들'로 대체되었습니다. 이처럼 역사 자체가 과거의 소유 관계들을 비판했던 것입니다. 본래 프루동이 다루었던 것은 현존의 현대 부르주아적 소유였습니다. 현대 부르주아적 소유란 무엇인가 하는 문제는 '정치 경제학'의 비판적 분석을 통해서만 답해질 수 있습니다. 그리고 이 정치 경제학이라는 것은 저 소유 관계들 전체를 의지 관계들로서의 그것의 법률적 표현에 있어서가 아니라 그 실재적 형태에 있어서, 즉 생산 관계들로서 포괄하는 것입니다. 그러나 이 경제적 관계들 전체를 '소유', 즉 *la propriété* 라는 일반적 법률적 관념 속으로 엮어 넣었기 때문에, 프루동은 브리소가 이미 1789년 이전에 이와 유사한 한 저술에서 동일한 말로써 내놓은 다음과 같은 대답을 넘어설 수 없었습니다 : "소유는 절도이다La propriété c'est le vol."

이로부터 나오는 결론은 기껏해야, '절도'에 관한 부르주아적 법률 관념들은 부르주아 자신의 '정직한' 벌이에도 타당하다는 것뿐입니다. 다른 한편 소유에 대한 폭력적 침해로서의 '절도'는 소유를 전제로 하고 있기 때문에, 프루동은 진정한 부르주아적 소유에 관한 망상들, 자기 자신에게도 불명확한 온갖 종류의 망상들 속으로 엉켜 들어가고 말았습니다.

내가 빠리에 체재하고 있을 때인 1844년에 저는 프루동과 개인적 교제 관계를 맺었습니다. 내가 여기서 이 사실을 언급하는 이유는, 그의 '궤변 Sophistication'—이것은 영국인들이 거래 품목의 위조를 일컬을 때 쓰는 말입니다—에 대해 저 자신에게도 일정 정도 책임이 있기 때문입니다. 종종 밤을 새워 가면서 진행된 긴 토론 과정에서 저는 그에게 헤겔주의를 감염시켰는데, 이것은 그에게 아주 해로운 것이 되고 말았습니다. 왜냐하면 독일어를 몰랐던 탓에 그로서는 그것을 제대로 연구할 수 없었기 때문입니다. 내가 시작해 놓은 일은, 내가 빠리에서 추방 당한 이후에 칼 그륀 씨가 계속하였습니다. 게다가 칼 그륀 씨가 독일 철학의 교사로서 저보다 뛰어난 점이 있었다면 그것은 그 자신이 이 철학을 전혀 이해하지 못했다는 점뿐입니다.

5

그의 두번째 주요 저작 『빈곤의 철학, 등등』이 출판되기 직전에 프루동은 아주 상세한 편지를 통해서 자신이 직접 이 책의 출판을 저에게 알려 왔습니다. 그 편지에는 특히 다음과 같은 말이 써어 있었습니다 : "당신의 엄밀한 비판을 고대합니다 J'attends votre férule critique." 그럼에도 불구하고,

10 얼마 안 있어 이 엄밀한 비판이 그의 머리 위에 (저의 저술 『철학의 빈곤, 등등』(빠리, 1847년)에서) 모종의 방식으로 떨어지자 그와 저의 우정은 영원히 끝나 버리고 말았습니다.

이상에서 말한 것으로 미루어 당신도 알게 되었겠습니다만, 엄밀히 말해 프루동의 『빈곤의 철학, 혹은 경제적 모순들의 체계』를 통해서 비로소 다음

15 과 같은 문제에 대한 해답이 주어졌습니다 : '소유란 무엇인가?' 사실상 그는 이 저술이 출판된 이후에 비로소 경제학 연구를 시작하였습니다 ; 자신이 제기한 문제에 대한 대답은 욕설로써가 아니라 오직 현대 '정치 경제학'의 분석을 통해서만 마련될 수 있다는 사실을 발견한 것입니다. 동시에 그는 경제학적 범주들의 체계를 변증법적으로 서술하고자 하였습니다. 해결할 수

20 없는 칸트의 '이율 배반' 대신에 헤겔의 '모순'이 전개 수단으로 등장해야 했던 것입니다.

두 권으로 된 그의 두꺼운 저작에 대한 평가에 대해서는, 저의 반박서를 참조하지 않으면 안 됩니다. 저는 그 반박서에서 특히 다음과 같은 점들을 지적하였습니다. 즉, 프루동이 과학적 변증법의 비밀에 얼마나 정통하지

25 못하였는가 ; 다른 한편 그는, 경제학적 범주들을 물질적 생산의 일정한 발전 단계에 조응하는 역사적 생산 관계들의 이론적 표현으로 이해하는 대신에 이러한 범주들을 선재적인 영원한 이념으로 만들어 버림으로써 얼마나 사변 철학의 환상들을 공유하고 있는가, 그리고 이러한 우회로를 통해서 그가 어떻게 또다시 부르주아 경제학의 관점으로 되돌아가고 있는가 하는 점들을 지

적하였습니다.[1]

저는 계속해서 다음과 같은 점들, 즉 그가 비판하려고 했던 '정치 경제학'에 대해 그가 가지고 있던 지식은 완전히 결함투성이었으며 부분적으로 심지어 학생 수준에 불과하였다는 점, 또한 스스로 해방의 물질적 조건들을 만들어 내는 운동인 역사적 운동에 대한 비판적 인식을 과학의 원천으로   5
삼는 대신에 그는 '사회 문제의 해결'을 위한 정식을 선험적으로a priori 고안하는 데 쓰이는 이른바 '과학'이라는 것을 공상주의자들과 함께 추구하고 있다는 점 등을 지적하고 있습니다. 그러나 주로 지적되고 있는 것은, 전체의 기초인 교환 가치에 대한 프루동의 이해가 얼마나 불명료하고 그릇되며 어설픈 수준에 머물러 있는가 하는 점입니다. 더구나 그는 리카도의   10
가치론에 대한 공상주의적 해석을 새로운 과학의 기초라고 보고 있으며, 그 점 또한 거기에 지적되어 있습니다. 저는 그의 일반적 관점에 대해서 다음과 같이 총괄적으로 평가하고 있습니다 :

"모든 경제적 관계는 좋은 측면과 나쁜 측면을 가지고 있다 ; 이것이 프루동 씨가 자기 모순에 빠지지 않는 유일한 점이다. 그는 좋은 측면이 경   15
제학자들에 의해 제시되는 것을 보고 나쁜 측면이 사회주의자들에 의해 고발되는 것을 본다. 그는 경제학자들에게서 영원한 관계들의 필연성을 빌려온다 ; 그는 사회주의자들에게서 (빈곤 속에서 낡은 사회를 전복할 혁명적인 파괴적 측면을 보는 대신에)[26] 빈곤 속에서 빈곤만을 보는 환상을 빌려온다. 그는 과학의 권위에 의존하고자 하면서 양자의 견해에 다 찬성한다.   20
그에게 있어 과학은 보잘것없는 규모의 과학적 정식으로 환원된다 ; 그는 정식을 추구하는 인간이다. 이리하여 프루동 씨는 정치 경제학과 공산주의를 비판했다는 것에 대해 우쭐해 한다 —— [그러나] 그는 양자의 아래에 서 있다. 경제학자들보다 아래에 있는 것은 그가 마법의 정식을 손안에 쥐고

---

1) "현재의 관계들 —— 부르주아적 생산 관계들 —— 이 자연적인 것이라고 말함으로써 경제학자들은 이런 관계야말로 부의 생산과 생산력의 발전이 자연 법칙에 따라 수행될 수 있도록 하는 그러한 관계라는 것을 이해시키려 하는 것이다. 따라서 이 관계들 그 자체는 시대의 영향으로부터 독립적인 자연 법칙들이다. 그것들은 항상 사회를 규제해야 하는 영원한 법칙들이다. 그리하여 역사는 존재해 왔지만, 더 이상은 존재하지 않는다." (나의 저술 113면.[25])

있는 철학자로서 순수 경제학적 세목들로 파고드는 것을 면제받을 수 있다
고 믿기 때문이다 ; 사회주의자들보다 아래에 있는 것은 비록 사변적으로나
마 부르주아적 지평선을 넘어설 용기도 통찰력도 부족하기 때문이다……
그는 과학인으로서 부르주아들과 프롤레타리아들을 초월하길 원한다 ; [그
러나] 그는 자본과 노동 사이에서, 정치 경제학과 공산주의 사이에서 끊임
없이 동요하는 소부르주아에 불과하다."[2]

   이 평가가 아무리 가혹하게 들린다 할지라도, 저는 지금도 이 평가의
하나하나의 말들에 대해 책임지지 않을 수 없습니다. 그러나 이와 동시에
유념해야 할 사실이 있으니, 제가 프루동의 저서를 소부르주아petit
bourgeois 사회주의 법전이라고 선언하고 그것을 이론적으로 증명하였을
당시 프루동은 아직 정치 경제학자들에 의해 그리고 동시에 사회주의자들
에 의해 초과격 혁명가로서 이단시되고 있었다는 것이 그것입니다. 또한 이
런 까닭에 저는 그 후 그가 혁명을 '배반하였다' 는 절규가 터져 나왔을 때에
도 이에 동조하지 않았던 것입니다. 애초부터 자기 자신에 의해 그리고 타
인에 의해 오해되고 있던 그가 그러한 근거 없는 기대를 충족시켜 주지 못
했다고 해서 그것이 그의 죄가 될 수는 없습니다.

   『소유란 무엇인가?』와 대비할 때 『빈곤의 철학』에서는 프루동의 서술 방
식이 가지고 있는 모든 결함들의 흉한 모습들이 금방 눈에 들어옵니다. 종
종 그 문체는 프랑스 인들이 과장ampoulé이라고 부르는 형태를 띠고 있습
니다. 갈리아적인 지성의 날카로움이 상실되었다 싶으면 여지없이 독일 철
학적이고자 하는 과장된 사변적 잠꼬대가 등장합니다. 길거리의 잡상인처
럼 자기 것이 최고라고 우겨대는 허풍스러운 논조, 언제 들어도 심한 불쾌
감을 불러일으키는 '과학' 에 관한 주절거림과 그릇된 과시 등은 듣는 이의
귀를 끝도 없이 괴롭힙니다. 이 책의 어떤 구절들을 보면, 첫 저술을 관통
하고 있던 진지한 열정은 불을 뿜는 열변이 체계적으로 도입됨에 따라 그
때 그때의 열광으로 바뀌고 맙니다. 게다가 독창적 자기 사상에 대해 자연
히 생기게 마련인 자부심이 이미 꺾여 버린 후 이제 과학의 졸부가 되어 가
지고서는, 자신에게 없는 속성과 자신이 갖고 있지 못한 능력을 뽐내야 한

---

2) 같은 책, 119, 120면.[27]

다고 망상하고 있는 이 독학자의 졸렬하고 불쾌하기 그지없는 학자연한 태도. 또 그 다음으로, 프랑스 프롤레타리아트를 위해 맡은 실천적 역할로 볼 때 존경받아 마땅한 까베와 같은 인물에게는 무례하고 난폭한 —— 날카롭지도 못하고 심원하지도 않으며 또한 그릇된 —— 공격을 가하는 반면, 예컨대 엘베시우스가 다음과 같이 특징 짓고 있는 엄숙주의를 세 권으로 된   5
지루하기 그지없는 두꺼운 책 속에서 시종 일관 설교해 대는 희극적 진지함이 그 의의의 전부인 뒤느와이에(물론 '추밀원 고문관' 입니다) 같은 인물에게는 얌전한 태도를 취하는 그 소부르주아적 근성 : 'On veut que les malheureux soient parfaits' (사람들은 불운한 사람들에게 완전한 인간이 되라고 요구한다).   10

　2월 혁명[28]은 실제로 프루동으로서는 매우 거북한 시기에 일어났습니다. 왜냐하면 그는 혁명이 일어나기 불과 몇 주일 전에 "혁명의 시대"는 영원히 지나갔다는 것을 반박할 여지 없이 증명하였기 때문입니다. 국민 의회에서의 그의 행동은, 현존의 관계들에 대한 그의 몰이해를 보여 주는 것이었음에도 불구하고, 많은 칭송을 들을 만한 것입니다.[29] 6월 폭동[30] 이후   15
라는 시점에서 이것은 아주 용감한 행동이었습니다. 국민 의회에서의 그의 행동은 또 다른 긍정적 결과를 가져왔습니다. 프루동의 동의에 반대하는 연설—이 연설은 후에 단행본으로 출판되었습니다—을 하는 와중에, 띠에르 씨는 프랑스 부르주아지의 이 정신적 지주가 서 있는 초석이란 것이 어린이용 교리 문답서 수준에 불과한 것임을 전 유럽에 증명하고 말았던 것입니다.   20
다. 띠에르 씨에 비해 프루동은 사실상 대홍수 이전의 거인에 필적할 만큼 자신의 키를 키우게 되었습니다.

　'무상 신용crédit gratuit'의 발견과 이 무상 신용에 기초한 '인민 은행 (banque du peuple)'이 프루동의 최후의 경제학적 '업적'입니다. 저의 저술『정치 경제학의 비판을 위하여』(제1분책, 베를린, 1859년) (59-64면)[31]에서   25
증명되어 있다시피, 그의 견해의 이론적 기초는 부르주아 '정치 경제학'의 초보적 원리, 즉 화폐에 대한 상품의 관계를 오해한 데서 비롯된 것이며, 또 한편 그 실천적 상부 구조는 훨씬 더 이전에 있었던 훨씬 더 훌륭한 구상들을 단순히 울거 먹은 것에 불과합니다. 신용 제도는, 예를 들어 18세기 초

엽과 그 후 다시 19세기 초엽에 영국에서 한 계급의 수중에서 다른 계급의
수중으로 재산을 이전시키는 데 기여한 것과 꼭 마찬가지로, 일정한 경제적
및 정치적 상황하에서는 노동 계급의 해방을 촉진하는 데 기여할 수 있다는
것은 조금도 의심할 여지가 없는 자명한 사실입니다. 그러나 이자를 낳는 자
5 본을 자본의 주요 형태라고 간주하는 것, 게다가 신용 제도의 특수한 적용인
이른바 이자의 폐지를 사회 개조의 토대로 삼고자 하는 것은 완전한 시정
잡배적 환상입니다. 우리가 17세기 영국 소부르주아 층의 경제학적 대변자들에
게서 실제로 이미 더 상세히 전개되어 있는 모습을 하고 있는 이 환상을 보
게 되는 것도 바로 이러한 연유에서입니다. 이자를 낳는 자본에 관한 프루
10 동과 바스띠아의 논쟁(1850년)[32]은 『빈곤의 철학』보다 훨씬 저급합니다. 그
는 심지어 바스띠아에게까지 논파당하는 지경에 이르러, 논적에게 한 방 먹
을 때마다 우스꽝스러운 비명을 지르고 있습니다.

　　　몇 년 전에 프루동은 '조세'에 관한 현상 논문[33] ── 로잔느 정부가
공모한 것이라고 믿고 있습니다 ── 을 썼습니다. 여기에서 천재성은 그
15 마지막 흔적까지 사라지고, 가장 순수한 소부르주아petit bourgeois tout pur
이외에 아무것도 남아 있지 않게 됩니다.

　　　프루동의 정치적 및 철학적 저술들에 관해 말하자면, 경제학적 노작들
속에 나타난 것과 똑같은 모순에 가득 찬 이중적 성격이 그 모든 저술들에
나타납니다. 게다가 그 저술들은 국지적-프랑스적 가치밖에 가지고 있지 않
20 습니다. 그렇지만 프랑스의 사회주의자들이 18세기의 부르주아적 볼떼르주
의와 19세기 독일의 무신론적 입장에 비해 종교성이라는 점에서 우월한 자
신들의 상태가 그들 자신에게 걸맞는 것이라고 생각하던 그러한 시기에, 종
교나 교회 등등에 대한 프루동의 공격은 대단한 국지적 가치를 가지는 것입
니다. 뾰뜨르 대제가 야만을 통해 러시아의 야만을 거꾸러뜨렸다고 한다면,
25 프루동은 공문구를 통해서 프랑스의 공문구적 습성을 타파하기 위하여 할
수 있는 모든 노력을 기울인 것입니다.

　　　'쿠데타'에 관한 그의 저술은 단순히 악서일 뿐만 아니라 비열한 저술
이라고 보아야 할 것입니다. 이러한 비열함은 물론 그의 소부르주아적 관점
에 완전히 조응하는 것입니다. 이 저술에서, 그는 루이 보나빠르뜨에게 추
파를 던지고 있으며 실제로 보나빠르뜨를 프랑스 노동자들이 받아들일 만

한 인물로 만들려고 노력하고 있습니다. 폴란드를 반대한 그의 마지막 저술도 역시 악서일 뿐만 아니라 비열한 저술인바, 이 저술에서 그는 짜르의 영광을 위하여 크레틴 병적인 후안무치를 드러내고 있습니다.[34]

사람들은 프루동을 흔히 루쏘와 비교해 왔습니다. 이보다 더 그릇된 생각은 있을 수 없습니다. 오히려 그는 니꼴라 랭게와 유사합니다. 그렇더라   5
도 니꼴라 랭게의 『민법 이론』은 아주 천재적인 저서입니다.

프루동은 본래부터 변증법에 기울어져 있었습니다. 그러나 그가 당도한 곳은 궤변일 뿐이었는데, 그 까닭은 그가 진정으로 과학적인 변증법을 전혀 이해하지 못했기 때문입니다. 사실 이것은 그의 소부르주아적 관점과 관계가 있습니다. 소부르주아는 역사 서술가 라우머와 마찬가지로 이런 측   10
면과 저런 측면으로 이루어져 있습니다. 그의 경제적 이해들에 있어서도 그러하고, 따라서 그의 정치, 그의 종교적, 과학적, 예술적 견해들에 있어서도 그러합니다. 그의 도덕에 있어서 그러하며 또 모든 점에서 in everything 그러합니다. 소부르주아는 살아 있는 모순입니다. 그런데 소부르주아가 프루동처럼 재기 있는 인간일 경우에, 그는 자기 자신의 모순들을 가지고서   15
노는 법을 터득하게 되며, 이 모순들을 그때 그때의 사정에 따라 때로는 파렴치하고 때로는 화려한 기묘하고 떠들썩한 역설로 만들어 버리는 법을 터득하게 됩니다. 과학상의 협잡꾼적 행위와 정치상의 순응적 태도는 이와 같은 관점과 불가분하게 연결되어 있습니다. 남아 있는 추동력은 단 하나, 주체의 허영심뿐입니다. 허영심에 차 있는 모든 사람들과 마찬가지로, 중요한   20
것은 목전의 성공과 순간의 평판뿐입니다. 그리하여 예를 들면 루쏘 같은 인물로 하여금 외견상의 타협까지 포함한 현존 권력과의 일체의 타협을 항상 거부하게 만들었던 단순한 도덕적 절개는 필연적으로 사라지고 맙니다.

아마도 후세의 사람들은 프랑스 민족의 최근의 단계를 특징지어, 루이 보나빠르뜨는 그 단계의 나뽈레옹이었고 프루동은 그 단계의 루쏘-볼떼르   25
였다고 말할지도 모르겠습니다.

그런데 이 인물이 죽자마자 그 즉시 저에게 염라 대왕의 역할을 맡긴 데 대해 이제 당신 자신은 전적으로 책임을 지셔야 할 것입니다.

삼가 올림

칼 맑스

출전 : 『사회-민주주의자』   맑스 · 엥겔스 저작집,
제16, 17, 18호,   제16권, 25-32면.
1865년 2월 1, 3, 5일자.

최인호 번역

프리드리히 엥겔스

프로이센의 군사 문제와

독일의 노동자 당

[발췌][35]

Die

preußische Militärfrage

und die

deutsche Arbeiterpartei.

Von

Friedrich Engels.

Hamburg.

Otto Meißner.

1865.

[소책자 「프로이센의 군사 문제와 독일의 노동자 당」] 초판의 표제면

군사 문제에 관한 토론은 지금까지 순전히 정부와 봉건 당파를 한편으로 하고 자유주의적 부르주아지와 급진적 부르주아지를 다른 한편으로 하여 그 둘 사이에서만 이루어져 왔다. 위기가 닥쳐오고 있는 지금이야말로 노동자 당도 의견을 피력해야 할 때이다.

논쟁의 중심 사안이 되어 있는 군사적 사실을 비판함에 있어 우리는   5
목하의 사실적 상황으로부터 출발할 수밖에 없다. 독일과 유럽에서의 상황이 현재와 같은 상태로 존속하는 한, 우리는 프로이센 정부에게 프로이센적 관점이 아닌 다른 관점에서 행동하라고 요구할 수 없다. 마찬가지로 우리는 부르주아적 반대파에게 그들 자신의 부르주아적 이해라는 관점으로부터 출발하지 말라고 요구할 수도 없다.   10

반동과 부르주아 계급 사이의 모든 문제들에서 본래의 분쟁 바깥에 서 있는 노동자 당은 그러한 문제들을 완전히 냉정하고 공평하게 다룰 수 있다는 이점을 가지고 있다. 노동자 당만이 그 문제들을 과학적으로 다룰 수 있고, 또 마치 이미 지나간 과거의 문제들인 양 역사적으로 다룰 수 있으며, 또 마치 이미 시체가 된 문제들인 양 해부학적으로 다룰 수 있다.   15

Ⅱ

독일 부르주아지 전체 가운데 가장 발전한 부분이라는 점에서 그들을 대표할 권리를 갖고 있는 프로이센 부르주아지는, 용기가 부족한 덕분에 겨우 그 정치적 존재를 유지하고 있다. 이러한 용기의 부족은 그 용감하지 않은 계급 자신의 역사에서조차 필적할 만한 경우를 찾아보기 어려운 것이며, 오직 동시대에 일어난 국외의 사건들에 의해서만 일정 정도 변명되는 것이다. 1848년 3월과 4월에 프로이센 부르주아지는 지배권을 쥐고 있었다 ; 그러나 노동자 계급의 최초의 독자적인 움직임이 시작되자마자 부르주아지는 즉각 공포에 휩싸였고, 자신들이 노동자의 힘을 빌어 거꾸러뜨렸던 바로 그 관료, 바로 그 봉건 귀족의 비호 아래로 다시 피난하였다. 만토이펠의 시대는 불가피한 결과였다. 마침내 —— 부르주아적 반대파의 손을 빌리지 않고서 —— '새로운 시대' [36]가 왔다. 예상치도 않았던 행운이 부르주아들의 머리를 어지럽게 하였다. 헌법 수정이 거듭됨으로써, 관료와 봉건 귀족에 대해 굴복함으로써(봉건적인 주·군 신분제 의회[37]의 부활에 이르기까지), 이 입장에서 저 입장으로 끊임없이 퇴각함으로써, 그들은 자신들이 점하게 된 위치를 완전히 망각하였다. 그들은 이제 자신들이 다시 지배권을 쥐게 되었다고 믿고서, 그들 자신이 적대 세력들을 부활시켜 두었다는 것을 완전히 망각하였다. 이 적대 세력들은 부활한 이후 힘을 얻어 1848년 이전과 꼭 마찬가지로 국가의 실권을 장악하였다. 이때 군대의 재편이라는 것이 불붙은 폭탄처럼 이들 사이로 뛰어들었다.

부르주아지는 정치 권력을 획득하는 두 가지 길만을 갖고 있다. 부르주아지는 병사 없는 장교들의 군대이고 이 병사들은 오직 노동자들로부터만 충원될 수 있기 때문에, 이들 부르주아지는 노동자들과의 동맹을 확보하든지 아니면 자신들 위에서 자신들과 대립하고 있는 세력들로부터, 특히 왕권으로부터 정치 권력을 부분적으로 사들이든지 해야 한다. 영국과 프랑스의 부르주아지의 역사는 이것들 이외의 어떤 다른 길도 존재하지 않음을 보여 주고 있다.

그런데 프로이센 부르주아지는 —— 그것도 아무런 이유도 없이 —— 노동자들과 진실된 동맹을 맺을 의욕을 완전히 상실한 상태에 있었다. 1848년 당시 아직 초보적 발전 상태와 초보적 조직 상태에 있던 독일의 노동자 당은 극히 싼 조건으로 부르주아지를 위해 일할 용의를 갖고 있었으나, 부르주아지는 프롤레타리아트의 아무리 미미한 독자적 운동이라도 이를 봉건 귀족이나 관료보다 더 두려워하였다. 그들에게는, 예속을 대가로 사들인 평온이 심지어 자유를 수반하는 투쟁의 단순한 전망보다도 더 바람직한 것으로 여겨졌다. 그때 이후로 노동자들에 대한 이러한 성스러운 공포는 부르주아들 사이에서 하나의 전통으로 되었고, 마침내 슐쩌-델리취 씨가 저축 장려 운동을 개시하는 지경에까지 이르렀다[38]. 이 저축 장려 운동의 목적은 다음과 같은 것을 노동자들이 깨닫게 하는 데 있었다. 일생 동안 그리고 후 5
손들에 이르기까지 부르주아지에 의해 산업적으로 착취받는 것보다 더 큰 행복은 노동자들에게 있을 수 없다는 것 ; 또 온갖 종류의 산업 조합을 통해서 부수입을 얻고 그리하여 자본가들에게 임금 삭감의 가능성을 가져다 줌으로써 노동자들 스스로 이 착취에 협력해야 한다는 것. 현재 기병 중위들과 나란히 산업 부르주아지가 독일 국민 가운데서 가장 무지한 계급이라는 10
것은 확실한 사실이지만, 그럼에도 불구하고 독일인처럼 정신적으로 발달되어 있는 민족에게 그러한 저축 장려 운동이란 애초부터 지속적 성공의 전망을 가질 수 없는 것이었다. 부르주아지 가운데서 비교적 분별력이 있는 사람이라면, 이러한 운동으로는 아무것도 이루어질 수 없었다는 것, 노동자들과의 동맹이 다시 실패로 돌아갔다는 것을 깨달아야 했다. 15

정부를 상대로 해서 정치 권력을 놓고 값을 흥정하는 것만이 남았는데, 이 정치 권력의 대금은 현금 —— 당연히 인민의 주머니로부터 거두어들인 —— 이었다. 국가 안에서 부르주아지가 가지고 있는 현실적 권력의 핵심은 바로 다음과 같은 것에, 그것도 아주 엄격한 조건이 붙은 다음과 같은 것에 있었다 —— 조세 동의권. 그러므로 여기에 전력을 기울여야 했다. 그 20
리고 흥정에 아주 밝은 계급이 이런 부분에서 유리하다는 것은 틀림없는 사실이었다.

그러나 그렇지 않았다. 프로이센의 부르주아적 반대파는 —— 특히 17세기와 18세기의 영국의 고전적인 부르주아 계급과는 정반대로 —— 사태를 다음과 같이 이해하였다 : 대금을 지불하지 않고 권력을 사들이겠다. 25

순수하게 부르주아적인 관점에서 볼 때, 그리고 군대 재편이 제안될 때의 상황을 충분히 고려할 적에, 부르주아적 반대파의 올바른 정책은 어떤 것이었을까? 부르주아적 반대파는 만토이펠의 굴욕 —— 그리고 사실 이 굴욕에 있어 그들이 관여한 바라고는 전혀 없었다 —— 으로부터 힘을 얻어 의기 양양해 있었지만, 그들이 그 계획의 실제적 실시를 저지할 만한 힘을 가지고 있지 않았다는 것은 확실하며, 또 실제로 이 계획은 실행에 옮겨졌다. 그들은 다음과 같은 사실을 알아야 했다. 아무런 성과 없이 회기가 끝나 버릴 때마다 실제로 현존하고 있는 새로운 제도를 폐지하기가 점점 더 어려워진다는 것 ; 그러므로 정부가 의회의 동의를 구하기 위해 제공하는 권력의 양은 해가 갈수록 점점 더 적어지리라는 것을 알아야 했다. 그들은, 자신들이 장관을 임면할 만한 힘을 가지려면 아직 멀었다는 것, 그러므로 분쟁이 길어지면 길어질수록 점점 더 타협 의사가 없는 장관들이 그들을 상대하게 되리라는 것을 알아야 했다. 마지막으로 그들은, 사태를 극단으로까지 몰고 가지 않는 것이 무엇보다도 그들 자신에게 이로운 일이라는 것을 알아야 했다. 왜냐하면 독일 노동자들의 발전 상태로 보아 정부와의 심각한 충돌은 필연적으로 독립적 노동자 운동을 불러일으킬 것이 틀림없으며, 그리하여 또한 극단적인 경우에는 다음과 같은 딜레마가 부르주아적 반대파 앞에 나설 것이 틀림없기 때문이다 : 이번에는 1848년보다 훨씬 더 불리한 조건들에서이긴 하지만 노동자들과 동맹을 맺든지, 그렇지 않으면 정부 앞에 무릎을 꿇고서 다음과 같이 말하든지 : 아버지, 죄를 범하였나이다 pater, peccavi![1]

그러므로 진보당 계열의 자유주의 부르주아지[39]는 군대 재편 및 그것과 불가분의 관계에 있는 평시 편제의 증원을 공평하고 객관적인 시험에 회부해야 했다. 그랬을 경우 아마도 그들은 대략 우리와 동일한 결론에 도달했을 것이다. 이때 그들은, 그 계획이 정당하고 유용한 요소들을 그렇듯 많이 품고 있는 한, 자신들로서는 개혁의 잠정적 실시를 저지할 수 없으며 다만 그 최종적 확정을 지체시킬 수 있을 뿐이라는 사실을 잊지 말아야 했다. 그러므로 그들은 무엇보다도 이 재편에 대해서 처음부터 노골적으로 적대적인 태도를 취하지 않도록 조심해야 했다 ; 반대로 그들은 이 재편과 그것을 위해 가결될 돈을 이용하여, 그 대가로 '새로운 시대'로부터 최대한 많은 등가물을 사들여야 했다. 즉, 9백만 내지 천만에 달하는 새로운 세금을 되도록 많이 그들 자신을 위한 정치 권력으로 바꾸어야 했다.

그리고 이와 관련하여 해야 할 일들은 아직도 많았다! 거기에는 언론

---

1) 누가 복음 15장 21절. (역자)

과 결사권에 관한 만토이펠의 온갖 입법이 있었다 ; 거기에는 절대 군주제
로부터 그대로 물려받은 전체 경찰 권력과 관리 권력이 있었다 ; 권한 쟁의
를 통한 재판의 거세 ; 주·군 신분제 의회 ; 무엇보다도 만토이펠 치하에서
횡행했던 헌법 해석이 있었고 이에 대항해서 헌법의 새로운 운용을 확립해
야 했다 ; 관료제를 통한 도시 자치의 위축 ; 이 밖에도 수백 가지의 것들이   5
더 있는데, 그것들은 같은 처지의 다른 나라의 부르주아지라면 두당 1/2 탈
러의 증세로 기꺼이 사들였을 것이고, 어느 정도 적절히 행동했더라면 모두
손에 넣을 수 있었던 것들이다. 그러나 부르주아적 반대파는 그렇게 생각하
지 않았다. 언론과 결사 및 집회의 자유와 관련해서 말하자면, 만토이펠의
법률이 확립해 놓은 척도는 부르주아들이 흡족하게 느낄 만한 정도의 것이   10
었다. 그들은 별다른 방해를 받지 않고 온건하게 정부에 대항한 시위를 벌
일 수 있는 상태였다 ; 어떠한 자유의 확대이든지 간에 그것은 그들보다는
노동자들에게 더 많은 이익을 가져다 주는 것이었다. 그리고 부르주아지는
노동자들에게 자유를 주어 독자적 운동을 할 수 있게 만드느니 차라리 정부
로부터 그들 자신에게 더 많은 강제가 가해지도록 하는 편을 택했다. 경찰   15
권력 및 관리 권력의 제한과 관련하여 취한 태도도 마찬가지였다. 부르주아
지는 '새로운 시대'의 내각이 이미 관료를 굴복시켰다고 믿었던 한편, 이
관료가 노동자에 대해서 자유로이 손을 쓰는 것에 대해 만족해 하였다. 그
들은 관료가 그 어떤 친부르주아 내각보다도 훨씬 더 강력하고 활기차다는
것을 완전히 망각하였다. 그리고 그들은, 만토이펠의 몰락과 함께 부르주아   20
들의 천년 왕국[40]이 도래하였으며 이제 일 페니히도 지불하지 않고 부르주
아의 전일적 지배라는 익은 곡식을 거두어 들이는 일만이 남았다고 상상하
였다.

　　그렇지만 1848년 이래 몇 년 동안 그렇게 많은 돈을 써 버리고 그렇게
국가 채무를 늘리고 그렇게 세금을 올려 놓은 이 마당에, 그렇게 많은 돈을   25
가결해야 한단 말인가! —— 신사분들, 당신들은 세계에서 가장 젊은 입헌
국가의 의원들이다. 그리고 당신들은 입헌주의가 세계에서 가장 비싼 정부
형태라는 사실을 모르는가? 과거의 채무를 —— 내가 죽은 뒤에 홍수가 지
건 말건après moi le déluge —— 끊임없이 새로운 채무를 통해 메우고,
그리하여 십 년 사이에 백 년의 재원을 미리 끌어 쓴 보나빠르뜨주의보다

훨씬 더 비싼 것이 입헌주의라는 사실을 모르는가? 당신들의 눈앞에 아직도 아른거리고 있는 족쇄 채워진 절대주의의 황금 시대는 결코 다시 오지 않는 다.

그렇지만 한번 가결된 조세의 계속적 징수와 관련한 헌법의 조항들은 어떻게 되는가? —— '새로운 시대'가 돈을 요구할 때 얼마나 부끄러워했는 가는 만인이 알고 있다. 반대 양보를 문서로 확인받는 대신에 재편 비용을 경상 예산에 집어 넣었다고 해서 그다지 헛된 일을 한 것은 아니다. 문제로 되는 것은, 이 지출을 메울 새로운 세금의 승인이었다. 이 부분에서는 인색 하게 굴 여지가 있었으며, 또 이렇게 인색하게 굴기에는 새로운 시대의 내 각보다 더 적합한 내각을 기대하기 어려웠다. 어쨌든 사람들은 예전에 갖고 있던 정도의 지배권을 아직 갖고 있었으며, 또한 다른 영역에서 새로운 권 력 수단을 장악해 두고 있었다.

그렇지만 반동의 주요한 도구인 군대를 강화한다면, 그것은 반동의 강 화가 아니겠는가? —— 이 점이 진보당 계열의 부르주아들이 해결 불가능한 자기 모순으로 빠져 드는 영역이다. 그들은 독일의 뻬에몬떼[41] 역할을 하 라고 프로이센에게 요구하고 있다. 그러기 위해서는 강력한 전투력을 갖춘 군대가 필요하다. 그들이 가지고 있는 내각은 이와 동일한 의도를 속에 감 추고 있는 새로운 시대의 내각, 요컨대 현재 상황에서 가질 수 있는 최고의 내각이다. 그들은 이 내각에 대해 강화된 군대를 거부하고 있다. —— 그들 은 매일, 아침부터 저녁까지 프로이센의 명예, 프로이센의 위대함, 프로이 센의 세력 신장을 입에 올리고 있다 ; 그러나 그들은 프로이센에 대해, 1814 년 이래 다른 열강들이 그들 나라들에서 이루어 놓은 수준에 정확히 비례할 뿐인 정도의 군대 강화를 거부하고 있다. —— 이러한 모든 행동은 무엇 때 문인가? 그것은 그들이, 이러한 강화가 반동만을 이롭게 할 뿐이며 몰락한 장교 귀족을 일으켜 세울지 모른다고, 요컨대 쿠데타로 입헌주의 전체를 파 묻어 버릴 수 있는 힘을 봉건적이고 관료적-절대주의적인 당파에게 가져다 줄지 모른다고 두려워하기 때문이다.

진보당 계열의 부르주아들이 반동을 강화시키려 하지 않은 것이 옳은 일이었다고 하고, 군대가 반동의 가장 확실한 엄호 세력이라는 것도 옳다고 해 두자. 그렇다 하더라도, 평온한 시대에 프로이센이 겪은 그 어떤 내각보다 더 친부르주아적인 내각에 의해 제안된 바로 이 재편이라는 기회 이상으로 군대를 의회의 통제하에 둘 수 있는 좋은 기회가 있었던가? 일정한 조건 하에서 군대의 강화를 인정할 용의가 있음을 표명했더라면, 곧바로 사관 학교 문제와 귀족 우대 문제, 그리고 그 밖의 모든 문제 거리들을 일소하고 장교단에 한층 부르주아적인 성격을 부여할 담보를 요구할 수 있지 않았겠 5 는가? '새로운 시대'는 다음의 한 가지 부분만은 확실히 그렇게 하겠다는 용의를 가지고 있었다 : 군대의 강화는 의회를 통과해야 한다. '새로운 시 대'가 재편을 밀수입할 때 우회로를 이용했다는 사실은 기껏해야 이 '새로 운 시대'가 의원들에 대해 양심의 가책을 느꼈으며 그들을 두려워했다는 것 을 증명했을 뿐이다. 이 점을 양손으로 꼭 붙들어야 했다 ; 부르주아지에게 10 있어 이러한 기회는 백 년에 한 번 올까 말까 한 것이었다. 진보당 계열의 부르주아들이 사태를 구두쇠의 눈으로 이해하지 않고 대투기꾼의 눈으로 이해했다면, 이 내각으로부터 모든 것을 조금씩 사들일 수 있지 않았겠는 가!

　그리고 게다가 재편이 장교단 자체에 몰고 올 실천적 결과들이 있다! 15 배가된 대대를 지휘할 장교들을 물색하지 않으면 안 되었다. 이제 사관 학 교로는 턱없이 부족하게 되었다. 사람들은 예전과 같은 평시에는 전혀 볼 수 없을 정도로 관대해졌다 ; 사람들은 학생과 사법관 시보 및 모든 교육받 은 젊은이들에게 다름아니라 상품賞品 으로 중위직을 내놓았다. 재편 이후 의 프로이센 군대를 다시 본 사람은 장교단이 전과 달라졌다는 것을 한눈에 20 알게 되었다. 이것은 소문에 근거해서 하는 이야기가 아니라 우리가 실제로 본 것에 근거해서 하는 이야기이다. 중위들 특유의 방언은 뒷전으로 밀려났 고 젊은 장교들은 그들의 본래 모국어를 사용하였다. 그들 젊은 장교들은 결코 어떤 폐쇄적 카스트의 일원이 아니었으며, 1815년 이래 그 어느 때보 다 더 모든 교양 있는 계급과 국가의 모든 지방들을 대표하고 있었다. 이렇 25 듯 여기에는 사건들의 필연성에 의해 진지가 획득되어 있었다 ; 남은 문제 가 있다면 그것은 이 진지를 고수하고 이용하는 것뿐이었다. 진보당 계열의 부르주아들은 이렇게 하는 대신에 이 모든 것을 무시하였고, 이 장교들이 전부 귀족 출신의 사관 학교 생도인 것처럼 계속 말하였다. 그러나 1815년 이래 프로이센에서 지금처럼 부르주아 장교들이 많았던 적은 결코 없었다.

덧붙여 말해 두자면 우리는, 슐레스비히-홀슈타인 전쟁[42] 때에 프로이센의 장교들이 적 앞에서 취한 민활한 행동은 이러한 신선한 혈액의 주입에 힘입은 것이라고 본다. 과거의 하급 장교 집단들만 있었더라면 자기 책임 아래 행동을 감행하는 일이 이처럼 빈번하지는 않았을 것이다. 이런 점에서, 성과의 '혁혁함'에 중대한 영향을 미쳤던 것이 재편이라고 보는 정부의 견해는 옳다 ; 그 밖의 점에서, 재편이 덴마크 인들의 간담을 서늘하게 하는 것이었는가는 우리에게 분명하지 않다.

마지막 중요 사항 : 평시 군대의 강화에 의해 쿠데타가 용이해지는 것은 아닌가? —— 군대가 쿠데타를 일으키는 도구라는 것, 그리고 또한 그 어떠한 군대의 강화이든지 간에 쿠데타의 실행 가능성을 높인다는 것은 완전히 옳다. 그러나 대국이 되기 위해 필요한 군사력은 쿠데타 전망의 짙고 옅음에 의거하는 것이 아니라 다른 대국의 군대의 크기에 의거해서 정해진다. A라고 말했다면 B라고도 말해야 한다. 프로이센의 대의원으로 위임받은 이상, 프로이센의 위대함과 유럽 내에서의 대국으로서의 지위를 기치로 내건 이상, 그 수단이 마련되어야 한다는 데 대해서도 동의해야 하며 이 수단이 없는 한 프로이센의 위대함이니 대국으로서의 지위니 하는 말들은 모두 어불성설이다. 쿠데타를 일으키는 것을 용이하게 하지 않고는 이 수단이 마련될 수 없다면, 진보당의 신사분들은 더욱더 곤란한 지경에 처한다. 그들이 1848년에 우스꽝스럽도록 비겁하고 졸렬한 행동을 취하지 않았더라면, 쿠데타의 시대는 아마 오래 전에 지나갔을 것이다. 그러나 현재의 상황에서 그들로서는, 결국에 가서 군대의 강화를 이러저러한 형태로 승인하고 쿠데타에 대한 의심을 가슴에 품고 있는 것 외에 별 다른 도리가 없다.

그럼에도 불구하고 이 문제에는 또 다른 측면이 있다. 첫째로, 이 쿠데타 도구의 승인에 관해 '새로운 시대'의 내각과 교섭하게 되었다는 것은 비스마르크 내각과 교섭하는 경우와 비교할 때 훨씬 더 잘된 일이었다. 둘째로, 국민 개병 의무의 실제적 실시로 나아가면 나아갈수록 프로이센 군대가 쿠데타를 위한 도구에 더욱더 부적합한 것으로 된다는 것은 두말하면 잔소리다. 일단 인민 대중 전체 사이에 자치에 대한 갈망과 이에 반항하는 모든 분자들에 맞선 투쟁의 필요성이 번지게 되면, 그 즉시 20-21세의 젊은 이들 또한 틀림없이 운동에 휩쓸리게 될 것이고, 따라서 이 젊은이들의 손을 빌어 쿠데타를 수행한다는 것은 봉건적이고 절대주의적인 장교들이 지휘한다 한더라도 더욱더 어려운 일로 될 수밖에 없을 것이다. 국내의 정치적 교양이 심화될수록, 입대한 신병의 분위기는 더욱더 불온한 것으로 되어갈 것이다. 정부와 부르주아지 사이의 현재의 투쟁조차 이미 이에 대한 증거를 제공해 놓고 있다.

셋째로, 2 년의 복무 기간은 군대 증원에 대한 충분한 대항책이다. 군대의 강화가 정부에게 쿠데타의 물질적 수단을 증대시켜 주는 것과 같은 정도로, 2 년이라는 복무 기간은 쿠데타의 도덕적 수단을 감소시킨다. 복무 3년째가 되면 절대주의적 교의의 끊임없는 주입과 명령 복종의 습관은 복무기간 동안 일시적으로 병사들에게서 어느 정도 결실을 거둘 수 있다. 병사 개인이 군사적으로 거의 더 배울 것이 없게 되는 복무 3년째가 되면, 이미 우리 나라의 국민 개병 의무자들은 프랑스-오스트리아의 제도하에서 오랫동안 복무한 병사들과 어느 정도 비슷하게 된다. 이러한 고참 병사들은 직업 군인들의 특징들 가운데 몇 가지를 가지게 되고, 그런 한에서 어떤 경우든 간에 이들을 이용하기란 신병보다 훨씬 더 용이하다. 쿠데타라는 관점에서 볼 때, 복무 3년차의 병사들을 제대시킨다는 것은 60,000 내지 80,000 명의 입대를 확실히 상쇄할 것이다.

그러나 또 다른 결정적인 사항이 있다. 우리는, 동원을 하지 않고 그저 평시 편제하의 군대를 가지고서도 쿠데타를 일으킬 수 있는 상황이 도래할 수 있다는 사실 —— 이 점에 대해서 우리는 우리의 부르주아지를 너무 잘 알고 있다 —— 을 부인할 생각이 없다. 그러나 그러한 일은 일어날 것 같지 않다. 대규모의 쿠데타를 일으키기 위해서는 거의 언제나 동원이 이루어져야 될 것이다. 그리고 그래야 국면이 일변한다. 평시 프로이센 군대는 사정 여하에 따라서 정부의 손아귀에 있는 순전히 국내 사용용 도구로 될 수 있다 ; 그러나 전시 프로이센 군대는 결코 그렇지 않다. 먼저 평시 편제하의 보병 대대를, 그 다음으로 전시 편제하의 보병 대대를 볼 기회를 가진 적이 있는 사람은 병사들의 태도 전체, 집단 전체의 성격 등에 얼마나 큰 차이가 있는가를 잘 알고 있다. 소년의 때도 벗지 못한 채 입대했던 사람들이 이제 어른이 되어 다시 군대에 돌아간다 ; 요컨대 그들은 자존심, 자신감, 단호함, 견실함 등을 갖추고 있는바, 이러한 것들은 대대 전체에 이롭

게 작용한다. 장교들에 대한 사병들의 관계, 사병들에 대한 장교들의 관계
도 마찬가지로 전혀 달라진다. 대대는 군사적으로는 아주 강력해지지만, 정
치적으로는—— 절대주의적 목적을 위해서는—— 전혀 신뢰할 수 없는 것
으로 되어 버린다. 사람들은 대대의 이러한 변화를 슐레스비히 진주進駐
에서 목도할 수 있었던바, 이때 프로이센의 병사들은 도처에서 정치적 시위
들에 공공연히 가담하고 전혀 정통적이지 않은 자신들의 의견을 거리낌없
이 표명하여 영국 신문의 통신원들을 매우 놀라게 하였다. 우리는 이러한
결과—— 절대주의적 목적을 위한 동원군의 정치적 부패—— 가 나온 것
은 주로 만토이펠 시대와 '가장 새로운' 시대의 덕택이라고 본다. 1848년에
는 상황이 완전히 달랐다.

재편 전이나 후나 프로이센 병역 제도의 가장 좋은 측면들 가운데 하
나는 바로 다음과 같은 것이다 : 프로이센은 이러한 병역 제도로는 평판이
안 좋은 전쟁을 수행할 수 없고 또 시간을 끌 가능성이 있는 쿠데타를 일으
킬 수 없다. 왜냐하면 비록 평시 군대가 소규모의 쿠데타에 사용된다고 하
더라도, 최초의 동원이 이루어지고 최초의 전쟁 위험이 나타나는 즉시 '성
과' 전체가 다시 한 번 위태로운 지경에 빠질 가능성이 농후하기 때문이다.
전시 군대에 의해 재가되지 않는다면, 평시 군대가 '내부의 뒤펠'[43]에 대
한 공략에서 영웅적 행동을 전개한다고 해도 그 의의는 얼마 가지 못할 것
이다 ; 게다가 이 재가를 미루면 미룰수록, 그것을 얻어내기는 더욱더 어려
워질 것이다. 반동적 신문들은 의회에 대립하여 '군대'가 진정한 인민의 대
표자라고 선언하였다. 이 신문들이 말하는 군대란 물론 장교들만을 가리키
는 것이었다. 『십자 신문』의 신사분들이 동원군을 필요로 하는 쿠데타를 일
으키게 되었을 때, 이들은 이 인민의 대표자의 행동을 보고 틀림없이 대경
실색할 것인바, 여기에 내기를 걸어도 좋다.

그러나 결국 여기에도 쿠데타를 막을 수 있는 주요 담보는 없다. 그것
은 다음과 같은 점에 있다 : 어떠한 정부도 쿠데타를 통해서는, 정부의 신규
조세와 신규 공채를 승인해 줄 의회를 소집할 수 없다 ; 그리고 또 설사 승
인 의사가 있는 의회를 만들어 놓는다 하더라도, 이러한 의회의 의결에 신
용을 제공해 줄 은행가는 유럽에 한 사람도 없다. 대부분의 유럽 국가들에

서는 상황이 이와 다를 수도 있을 것이다. 그러나 어쨌든 프로이센은, 1815
년의 약속들과 1848년에 이르기까지 돈을 얻기 위해 수없이 쓴 무익한 책
략들 이래, 의회의 적법한 불가침의 의결이 없는 한 어느 누구도 단 일 페
니히도 빌려 줄 수 없다는 평판을 얻고 있다. 아메리카의 남부 연합파[22]에
게도 돈을 빌려 주었던 라파엘 폰 에어랑어 씨조차도 프로이센 정부에 현금   5
을 쉽사리 위탁할 것 같지는 않다. 프로이센은 자신이 이런 지경에 빠진 데
대해 오직 절대주의의 고루함에 그 원인을 돌려야 할 것이다.

　　부르주아지의 강력함은 다음과 같은 점에 있다 : 재정 궁핍 상태에 빠
지게 되면 —— 그리고 늦건 빠르건 정부가 이런 상태에 빠지리라는 것은
확실하다 —— 정부는 부르주아지에게 직접 돈을 의뢰하지 않을 수 없게 된다.   10
이 경우에 정부가 돈을 의뢰하는 상대는 부르주아지의 정치적 대표 기관이
아니라 정부를 상대로 이윤이 많이 남는 장사를 하려 하는 대금융업자인바,
전자는 자신의 존재 이유가 지불에 있다는 것을 결국 알게 되는 반면에 후
자는 모든 사적 개인의 신용 능력에 갖다 대는 척도와 같은 척도를 정부의
신용 능력에 갖다 대며 프로이센 국가가 병사들을 많이 필요로 하는가 적게   15
필요로 하는가에 대해서는 전혀 관심을 두지 않는다. 이 신사분들은 3개의
서명이 있는 어음만을 할인해 주며, 이 어음에 국가의 서명 외에 상원의 서
명만 있을 경우, 즉 하원의 서명이 없거나 허수아비 하원의 서명이 있을 경
우를 융통 어음 사용이라고 간주하여 거래를 거절한다.

　　여기에서 군사 문제가 끝나고 헌법 문제가 시작된다. 어떤 오류와 혼   20
란에 의해서건 간에 부르주아적 반대파는 확실히 지금 다음과 같은 입장에
처해 있다 : 그들은 투쟁을 통해서 군사 문제를 극복해 내야 하며, 그렇지
않으면 그들이 아직 지니고 있는 나머지 정치 권력마저 상실하고 만다. 정
부는 이미 부르주아적 반대파의 예산 승인권을 위태로운 처지에 가져다 놓
았다. 그럼에도 불구하고 정부가 조만간 의회와 화해해야 한다면, 이 시기   25
가 도래할 때까지 그저 참고 견디는 것이 최선의 정책이지 않을까?

　　분쟁이 이왕 이 정도까지 진행된 마당에 있어서 —— 무조건적으로 그
렇다. 수락 가능한 기초 위에서 이 정부와 협정을 맺을 수 있을지 여부는
심히 불확실하다. 부르주아지는 자신의 힘을 과대 평가함으로써, 자신들이
국가 안에서 결정적 요소인가 아니면 아무것도 아닌 존재인가 하는 문제를

이 군사 문제를 통해 확인해야만 하는 처지에 빠졌다. 만약 그들이 승리한다면, 동시에 그들은 영국 하원이 가지고 있는 것과 같은 장관 임면권을 장악하게 된다. 만약 그들이 패배한다면, 그들이 입헌적 방식으로 그 어떤 의의를 획득하는 것은 더 이상 불가능하게 된다.

그러나 그러한 인내심을 기대할 수 있다고 전망하는 사람은 우리 독일 시민들을 잘 모르는 사람이다. 정치적 문제들에서의 부르주아지의 용기는 항상, 주어진 나라의 부르주아 사회에서 그들이 점하는 비중에 정비례한다. 독일에서 부르주아지가 가지고 있는 사회적 권력은 영국의 그것보다, 그리고 심지어 프랑스의 그것보다 훨씬 더 미미하다 ; 독일의 부르주아지는 영국의 부르주아지처럼 낡은 귀족과 동맹을 맺지도 않았고, 프랑스의 부르주아지처럼 농민과 노동자의 도움을 받아 낡은 귀족을 타파하지도 않았다. 독일에서 봉건 귀족은 지금도 여전히 하나의 세력, 부르주아지에 적대적이며 게다가 정부들과 연합해 있는 세력이다. 현대 부르주아지의 모든 사회적 권력의 토대인 공장제 공업은 독일에서 1848년 이래 엄청나게 진보하였다. 그럼에도 불구하고 독일에서의 공장제 공업의 발전은 프랑스와 영국에서의 발전에 비할 바가 못 된다. 영국에서, 그리고 또한 프랑스에서조차 빈번히 목도되는 개별 신분들로의 자본 집적은 독일에서는 뜸한 편이다. 우리 나라 부르주아지 전체의 소부르주아적 성격은 이런 데서 연유한다. 그들이 생활하는 관계들, 그들이 형성할 수 있는 시야는 협소한 성질의 것들이다 ; 그들의 사유 방식 전체가 마찬가지로 협소하다고 하더라도 놀랄 것은 전혀 없다! 이런 마당에, 사태를 극단으로까지 몰고 갈 만한 용기가 어디서 나오겠는가? 프로이센 부르주아지는, 자신들의 산업적 활동을 위해서 자신들이 얼마만큼 정부에 의존하는지를 잘 알고 있다. 면허와 행정 감독은 마치 악령처럼 그들을 짓누르고 있다.[44] 신규 사업을 시도할 때마다 정부는 이를 훼방 놓을 수 있다. 그런데 하물며 정치적 영역에서야! 군사 문제와 관련한 분쟁이 진행되는 동안에 부르주아 의회는 다만 부정적인 태도만을 취할 수 있다. 의회는 순전히 수세적인 입장만 취할 수 있는 처지에 있다 ; 그런데도 정부는 헌법을 자기 멋대로 해석하고 자유주의적 관리들을 견책하며 자유주의적 도시 선거를 취소하는 등 공격의 고삐를 늦추지 않고 있다. 정부는 시민들에게 신민으로서의 처지를 똑똑히 깨닫게 하기 위해 관료 권력의 모

든 힘을 집중하고 있으며, 사실상 차례차례 진지를 접수하여 만토이펠조차
점하지 못한 지위를 장악하고 있다. 그 사이에 예산 없는 지출과 징세가 조
용히 진행되고 있으며, 군대 재편은 그것이 존속하는 해마다 새로운 힘을
얻고 있다. 요컨대 장래에 기대되는 부르주아지의 최후의 승리는 해마다 혁
명적 성격을 띠어 가고 있으며, 모든 영역에서 날마다 늘어나고 있는 정부   5
의 국부적 승리는 점점 더 기정 사실의 자태를 띠어 가고 있다. 여기에 덧
보태어 부르주아지와 정부로부터 완전히 독립적인 노동자 운동이 있다. 이
운동은 부르주아지의 멱살을 붙잡고서, 아주 귀찮으시겠지만 노동자들에게
대폭 양보하든지 아니면 결정적 순간에 노동자들 없이 행동해야 할 것을 각
오하든지를 선택하라고 강요한다. 이런 상황하에서 프로이센 부르주아지가   10
끝까지 버틸 만한 용기를 가질 수 있겠는가? 프로이센 부르주아지는 1848
년 이래 놀랄 정도로 개선되었음 —— 그들 자신이 말하는 의미에서 —— 에
틀림없다고도 볼 수 있겠지만, 이번 회기의 개시 이래 진보당 내에서 매일
토로되는 타협의 갈망은 이를 증명하지 못하고 있다. 우리는 부르주아지가
이번에도 주저하지 않고 자기 자신을 배신하지 않을까 염려한다.   15

Ⅲ

"그런데 이러한 군대 재편에 대한, 그리고 그에 따라 일어난 정부와
부르주아적 반대파 사이의 분쟁에 대한 노동자 당의 입장은 무엇인가?"

노동 계급이 자신들의 정치적 활동을 완전히 전개하자면, 오늘날 분열
되어 있는 독일의 개별 국가들이 제공하는 것보다 훨씬 더 넓은 장을 필요   20
로 한다. 프롤레타리아트에게 있어서 소국 분립주의는 운동의 장해물이 될
지언정, 정당화될 리 만무한 존재이며 진지한 사고의 대상으로 될 리 만무
하다. 독일의 프롤레타리아트는 제국 헌법, 프로이센의 선두적 지위, 삼분
방식[45], 그 밖에 이와 유사한 것들과는 그것들을 일소하기 위해서인 경우
를 빼놓고는 결코 관계하지 않을 것이다 ; 프로이센 국가가 대국으로서 명   25
맥을 유지하기 위해서 얼마나 많은 병사들을 필요로 하는가의 문제는 프롤
레타리아트에게는 아무래도 좋은 문제이다. 재편에 의해 군비 부담이 어느

정도 늘어나는지 늘어나지 않는지는 계급으로서의 노동자 계급에게는 별로 부담이 되지 않을 것이다. 이와는 반대로 노동자 계급에게 있어, 국민 개병 의무가 완전히 실행될 것인지 아닌지 하는 문제는 아무래도 좋은 문제가 결코 아니다. 무기를 다루게 된 노동자들이 많아지면 많아질수록 더 좋은 것이다. 국민 개병 의무는 보통 선거권의 필수적이고 당연한 보완물이다 ; 이것은 유권자들로 하여금 모든 쿠데타 기도에 반대하는 자신들의 결의를 손에 든 무기로 관철시킬 수 있게 해 준다.

국민 개병 의무를 점점 철저하게 실시하는 것이야말로 프로이센의 군대 재편과 관련하여 독일의 노동자 계급이 관심을 기울이는 유일한 사항이다.

다음의 문제가 더욱 중요하다 : 이로부터 생겨난 정부와 의회 사이의 분쟁에 노동자 당은 어떤 입장을 취해야 하는가?

현대의 노동자, 즉 프롤레타리아는 산업 대혁명의 산물이며, 이 혁명은 특히 최근 백 년 사이에 모든 문명 국가들에서 우선 공업의, 또한 그 다음에는 농업의 생산 방식 전체를 완전히 변혁시켰으며, 이 혁명의 결과 생산에는 다음의 두 계급만이 관여하게 되었다 : 노동 수단, 원료, 생활 수단을 소유한 자본가 계급, 그리고 노동 수단도 원료도 생활 수단도 가지지 못한 채 자신들의 노동으로써 자본가들로부터 가까스로 생활 수단을 매입해야만 하는 노동자 계급. 따라서 현대의 프롤레타리아트는 자신들에게 적대적으로 맞서서 자신들을 착취하는 단 하나의 사회 계급과만 직접 관계한다 : 자본가 계급, 즉 부르주아 계급. 영국처럼 이 산업 혁명이 완전히 수행된 나라들에서 노동자는 현실적으로도 자본가와만 관계한다. 왜냐하면 농촌에서도 대차지 농업가는 자본가 이외에 아무것도 아니기 때문이다 ; 또 자신의 소유지의 지대를 먹을 뿐인 귀족은 노동자와는 어떠한 사회적 접촉점도 절대적으로 가지지 않기 때문이다.

독일처럼 이 산업 혁명이 이제 막 수행되기 시작한 나라들에서는 사정이 이와 다르다. 이런 나라들에는 봉건 초기 및 봉건 후기 상태의 사회적 요소들이 아직 대거 보존되어 있다. 이 사회적 요소들은 말하자면 사회라는 용액(medium)을 흐리게 하는바, 영국의 발전 수준의 특징을 이루는 단순 명료한 고전적 성격을 독일의 사회 상태로부터 빼앗아 간다. 여기에서 우리

는, 나날이 현대화되어 가는 공기 속에서 그리고 완전히 현대적인 자본가들
과 노동자들 사이에서 놀랄 정도로 오래된 태고의 화석들이 살아 있는 채로
돌아다니는 모습을 목격하고 있다 : 봉건 영주, 영주 재판소, 시골 융커, 태
형笞刑, 참사관, 관구 지도관, 동업 조합, 권한 쟁의, 행정 처벌권 등등.
그리고 우리는 정치 권력을 둘러싼 투쟁에서 이 모든 살아 있는 화석들이   5
부르주아지에 대항하여 힘을 규합하는 모습을 목격하는바, 이들 부르주아
지는 자신들의 재산에 의해 새로운 시대의 가장 강력한 계급이 되어 새로운
시대의 이름으로 이 화석들에게 정치적 지배권을 인도하라라고 요구하고 있
다.

　　현대의 대공업은 부르주아지와 프롤레타리아트 이외에 양자 사이에 위   10
치하는 일종의 사이 계급, 즉 소부르주아 층을 만들어 낸다. 이들 가운데
일부는 이전의 반쯤은 중세적인 성외 시민층의 잔존자들로 구성되어 있으
며, 다른 일부는 어느 정도 출세한 노동자들로 구성되어 있다. 이들은 상품
생산보다는 상품 분배에서 자신들의 지위를 발견한다 ; 소매업이 이들의 전
문 분야이다. 과거의 성외 시민층은 가장 안정된 사회 계급이었음에 반해   15
현대의 소부르주아 층은 가장 동요가 심한 사회 계급이다 ; 파산은 그들에
게 있어 하나의 제도로 되어 있다. 그들은 소규모 자본의 소유에 의해 부르
주아지의 생활 처지를 공유하는 한편, 그 존립의 불안정함에 의해 프롤레타
리아트의 생활 처지를 공유한다. 그들의 사회적 존재와 마찬가지로 그들의
정치적 입장도 모순에 가득 차 있다 ; 그렇지만 일반적으로 그들을 가장 정   20
확히 표현하는 것은 '순수 민주주의' 이다. 그들의 정치적 사명은 부르주아
지를 재촉하여 낡은 사회의 잔재에 맞서서, 특히 부르주아지 자신의 나약함
과 비겁함에 맞서서 투쟁하도록 하는 것, 그리고 자유들 —— 언론의 자유,
결사 및 집회의 자유, 보통 선거권, 지방 자치 —— 을 쟁취하도록 돕는 것
이다. 이 자유들은 부르주아적 본성을 가지는 것들임에도 불구하고 소심한   25
부르주아지는 그것들 없이 그런대로 잘해 나갈 수 있는 반면, 노동자들은
이 자유들 없이는 결코 자신들의 해방을 쟁취할 수 없다.

　　낡은 태고 사회의 잔재와 부르주아지 사이의 투쟁이 진행되는 과정에
서는, 이 서로 싸우는 양자가 프롤레타리아트에게 눈을 돌려 지원을 요청하
는 순간이 어떤 경우에도 반드시 찾아온다. 보통 이 순간은 노동자 계급이

스스로 움직이기 시작하는 순간과 일치한다. 몰락해 가는 사회의 봉건적이고 관료적인 대표자들은 자신들과 함께 노동자의 유일한 적이요 흡혈귀인 자본가들과 싸우러 나서자고 노동자들에게 호소한다 ; 부르주아들은 노동자들에게, 자신들 양자는 다같이 새로운 사회적 시기를 대표하며 따라서 몰락해 가는 낡은 사회 형태와 대립한다는 점에서 어쨌든 같은 이해를 가지고 있다는 사실을 가리켜 보이고 있다. 이때를 전후하여 노동자 계급은 자신들이 독자적 이해와 독자의 독립된 미래를 가지는 독자적인 계급이라는 사실을 점차 깨닫게 된다 ; 그리고 이와 동시에, 영국과 프랑스와 독일에서 차례로 대두되었던 다음의 문제가 나타난다 : 싸우는 그들 양자에 대해 노동자 당은 어떤 입장을 취해야 할 것인가?

이 문제는 무엇보다도 노동자 당, 즉 노동자 계급 가운데 자기 계급의 공통적 이해를 의식하게 된 부분이 계급의 이익을 위해 어떤 목표를 두고 노력할 것인가에 의존할 것이다.

알려져 있는 것처럼, 독일의 최선진 노동자들은 다음과 같은 요구를 내걸고 있다 : 연합한 노동자들에게 국가 자본을 인도하여 공동의 책임으로 자본가들 없이 생산을 경영하게 함으로써 노동자들을 자본가들로부터 해방시키는 것 ; 그리고 이러한 목적을 관철하기 위한 수단으로서 다음과 같은 것을 내걸고 있다 : 보통 직접 선거권에 의해 정치 권력을 획득하는 것.

그런데 다음의 사실은 너무나 명백하다 : 흔히 반동이라고 불리곤 하는 봉건적-관료적 당파도, 또한 자유주의적-급진적 부르주아 당파도 이러한 요구들을 자진해서 승인하는 쪽으로 기울지 않을 것이다. 그러나 프롤레타리아트는 독자적 노동자 당이 형성되는 순간부터 하나의 세력으로 되며, 또한 하나의 세력으로서 감안될 수밖에 없다. 서로 적대하는 양 당파도 이것을 잘 알고 있으며 따라서 일정한 순간에는 겉으로만이든 실질적으로든 노동자들에게 양보하는 쪽으로 기울게 될 것이다. 노동자들은 어느 쪽으로부터 최대의 양보 조치들을 얻어낼 수 있는가?

반동 당파는 이미 부르주아들과 프롤레타리아들에게 있어 눈엣가시 같은 존재이다. 반동 당파의 힘은 현대의 사회적 발전이 다시 억제되거나 아니면 적어도 지체되는 데 근거한다. 그런 일이 일어나지 않는 한, 모든 유산 계급들은 자본가들로, 모든 피억압 계급들은 프롤레타리아들로 점차 바

뀌어 가고 그에 따라 반동 당파는 저절로 소멸해 버린다. 따라서 반동 당파
는, 만약 그들이 일관되다면 당연히 프롤레타리아를 지양하려 한다. 단, 연
합체를 향해 나아감으로써가 아니라, 현대 프롤레타리아들을 다시 쭌프트
직인이나, 완전히 혹은 반쯤 농노적인 소농으로 되돌림으로써. 이러한 변화
가 우리 프롤레타리아들에게 도움이 되겠는가? 설사 그런 일이 있을 수 있   5
다 하더라도, 우리 프롤레타리아들이 다시 쭌프트 장인과 '자애로우신 영
주'의 아버지 같은 가르침 아래로 돌아가기를 원하겠는가? 결코 아니다. 노
동자 계급이 이전의 모든 겉보기만의 소유와 겉보기만의 특권으로부터 분
리되고 자본과 노동 사이의 노골적 대립이 생겨남으로써야 비로소, 공통의
이해를 가진 단 하나의 거대한 노동자 계급, 하나의 노동자 운동, 하나의   10
노동자 당 등의 존재가 일반적으로 가능하게 되었다. 게다가 역사를 그렇게
되돌린다는 것은 전혀 불가능하다. 오늘날의 증기 기관, 방적 기계와 직조
기계, 증기 경운기와 탈곡기, 철도와 전신과 증기 인쇄기 등은 그러한 얼토
당토않은 퇴보를 허용하지 않는다. 반대로 이것들은 봉건적이고 쭌프트적
인 상태의 모든 잔재를 서서히 가차없이 타파하고, 전래의 모든 사소한 사   15
회적 대립을 자본과 노동의 세계사적 대립으로 해소시켜 버린다.

　이에 반해, 부르주아지는 상술한 현대 사회의 거대한 생산력들과 교류
수단을 모든 측면에서 증진시켜 최고 수준으로 높인다는 것, 그 신용 조직
들을 통해 전래의 생산 수단들, 특히 토지 소유를 슬쩍 자기의 것으로 만들
어 버린다는 것, 모든 생산 부문을 현대적 수단들을 사용해 경영한다는 것,   20
봉건적 생산들과 봉건적 관계들의 모든 잔재를 타파한다는 것, 이렇게 하여
사회 전체를 자본가 계급과 무산 노동자 계급의 단순한 대립으로 환원시켜
버린다는 것 이외에 다른 어떤 역사적 지위도 갖고 있지 않다. 사회적 계급
대립의 이와 같은 단순화가 진행되는 것과 같은 비율로 부르주아지의 힘도
성장하지만, 프롤레타리아트의 힘, 계급 의식, 승리할 수 있는 능력 또한   25
이보다 더 큰 비율로 성장해 나간다 ; 부르주아지의 이러한 세력 증대를 통
해서만 프롤레타리아트는 점차 다수, 즉 국가 내의 압도적 다수로 되는데,
이것은 영국에서 이미 목도되고 있다. 그러나 독일에서는 아직 전혀 그렇지
않은바, 독일에서는 농촌의 온갖 종류의 농민들과 도시의 소장인, 소상인
등등이 여전히 프롤레타리아트에 비해 우세하다.

따라서 : 반동의 승리는 언제나 사회적 발전을 방해하며, 노동자가 승리할 수 있는 시기를 늦추는 법이다. 반동에 대한 부르주아지의 승리는 언제나 한편으로는 동시에 노동자들의 승리이기도 한바, 그것은 자본가 지배의 종국적 붕괴에 기여하고 노동자들이 부르주아지에게 승리할 시기를 더욱 앞당긴다.

1848년의 독일의 노동자 당의 위치와 현재의 위치를 비교해 보자. 독일에는, 1848년 이전에 독일의 노동자 당을 창설하기 위한 초기의 착수 작업에 협력했고 혁명 후에도 정세가 허락하는 한 이 당의 확장에 힘을 보탠 고참 전사들이 아직 충분히 있다. 그들 모두는, 저 격동의 시대에 있어서조차 노동자 운동을 일으키고 유지하며 반동적-쭌프트적 분자들을 이 운동으로부터 배제하는 데에 얼마만큼의 노력이 필요했던가, 또한 몇 년 후 노동자 운동 전체가 얼마나 깊이 재차 침체의 늪에 빠졌던가를 잘 알고 있다. 오늘날 노동자 운동이 말하자면 저절로 발흥하였다고 한다면, 그 원인은 어디에 있는가? 그것은 1848년 이후 독일의 부르주아 대공업이 전대 미문의 진보를 이루었기 때문이며, 이 대공업이 소장인 무리뿐만 아니라, 자본가와 노동자 사이에 위치한 그 밖의 사이에 있는 사람들을 절멸시켜 노동자 대중을 자본가와 직접 대립시켰기 때문이다. 요컨대 이 대공업이, 이전에는 전혀 없었거나 미미한 규모로만 존재하였던 프롤레타리아트를 현저히 많이 만들어 냈기 때문이다. 노동자 당과 노동자 운동을 필연으로 만든 것은 바로 이러한 공업적 발전이다.

이렇게 말한다고 해서, 반동파가 노동자들에게 양보하는 것이 상책이라고 생각하는 순간이 도래할 수 없다는 이야기를 하는 것은 아니다. 그러나 이 양보는 언제나 완전히 독특한 종류의 것이다. 이 양보는 전혀 정치적 성질을 가지고 있지 않다. 봉건적-관료적 반동파는 선거권을 확대하지도 않을 것이고, 언론과 결사 및 집회의 권리를 해방시켜 주지도 않을 것이며, 관료의 권력을 제한하지도 않을 것이다. 그들이 하는 양보란 언제나 직접 부르주아지에 대항하기 위한 것이며, 결코 노동자의 정치적 힘을 증대시키지 않는 종류의 것이다. 영국에서 공장 노동자들을 위한 10 시간 법[9]이 공장주들의 뜻에 반하여 실시된 것은 이와 같은 것이다. 프로이센에서 공장에서의 노동 시간에 관한 규정 —— 현재로서는 단지 서류상으로만 존재한다—— 의 엄수, 나아가 노동자의 단결권 등등을 정부에 요구할 수 있으며 경우에 따라서는 획득할 수도 있는 것은 이와 같은 것이다. 그러나 반동파 측의 이 모든 양보들에도 불구하고 다음의 사실에는 변함이 없다[fest] stehend. 이러한 양보들은 노동자 측으로부터의 그 어떤 반대 급부가 없더라도 획득되는 것들이며, 부르주아에게 쓴맛을 보여 줌으로써 이미 반동파의 목적은 달성된 셈이므로 이러한 양보들은 당연하며, 노동자들은 그것들을 고마워 할 의무도 없거니와 결코 고마워 하지도 않는다는 것이다.

그런데 최근 대단한 성공을 거둔 뒤 어떤 사람들 사이에서 매우 유행하고 있는 반동파의 한 종류가 있다 ; 오늘날 사람들이 보나빠르뜨주의라고 부르는 종류의 것이 그것이다. 보나빠르뜨주의는, 도시에서는 고도의 발전 단계 위에 있으면서도 농촌에서는 숫자상으로 소농들에게 압도당하고 있는 노동자 계급이 거대한 혁명적 투쟁에서 자본가 계급과 소부르주아 계급 및 군대에 패배한 나라에서의 필연적 국가 형태이다. 프랑스에서 벌어진 1848 년 6월의 대투쟁[30]에서 빠리 노동자들이 패배했을 때, 동시에 부르주아지도 이 승리를 거두는 데에 모든 힘을 다 써 버렸다. 두 번 다시 그러한 승리를 감당할 힘이 자신들에게 남아 있지 않다는 것을 그들은 깨닫고 있었다. 그들은 명목상으로는 아직도 지배하고 있었지만, 그러나 지배하기에는 아무래도 너무 허약했다. 선두에 선 것은 진정한 승리자인 군대였는데, 이 군대는 자신의 주된 공급원이었던 계급에, 즉 요컨대 도시의 폭도들이 평온을 어지럽히는 것을 원치 않았던 소농에 지지 기반을 두고 있었다. 이 지배 형태는 말할 것도 없이 군사적 전제 정치였으며, 이 지배 형태의 당연한 우두머리는 혈통상 군사적 전제 정치의 상속자인 루이 보나빠르뜨였다.

노동자들과 자본가들에 대해 보나빠르뜨주의가 취하는 태도의 특징은, 이들 양자가 서로 공격하는 것을 방해한다는 것이다. 다시 말하면, 보나빠르뜨주의는 노동자들의 거센 공격으로부터 부르주아지를 지켜 주고 양 계급 사이의 사소한 평화적 다툼들을 조장하면서, 어쨌거나 양쪽 모두로부터 정치 권력을 모조리 빼앗아 간다. 결사권의 부재, 집회권의 부재, 언론 자유의 부재 ; 관료적 억압하에 있는 관계로 반대파의 선출이 거의 불가능하게 되어 있는 보통 선거권 ; 경찰 국가인 프랑스에서조차 유례를 찾아보기 힘든 경찰 체제. 게다가 부르주아지의 일부와 노동자의 일부가 직접 매수된다 ; 전자는 소자본가의 돈을 대자본가의 주머니로 옭아내는 대규모의 신용 사기에 의해 매수된다 ; 후자는 대규모 토목 공사에 의해 매수되는바, 이 토 목 공사는 본래의 독자적인 프롤레타리아트 외에 정부에 종속되어 제정주 의적 경향을 띠는 인위적 프롤레타리아트를 대도시에 집중시킨다. 마지막
5 으로, 겉보기만의 영웅적인 전쟁에 의해 국민적 긍지가 부추겨진다. 그러나 이 전쟁은 항상 유럽의 상급 당국자로부터 허가를 받아 그때 그때의 공동의 속죄양을 상대로 해서 수행되는, 그것도 승리가 처음부터 보장되어 있는 조 건에서만 수행되는 전쟁이다.

이러한 정부하에서 노동자들과 부르주아지는 기껏해야 자신들 양자가
10 투쟁을 멈추고 휴식을 취하게 되리라고, 공업이 —— 그 밖의 사정이 순조 롭다면 —— 강력히 발전하리라고, 따라서 더 격렬한 새로운 투쟁의 요소가 만들어지리라고, 그러한 휴식의 시기가 필요없게 되자마자 이 투쟁이 발발 하리라고 기대할 수 있을 뿐이다. 부르주아지와 맞서 있는 노동자들에게 재 갈을 물리기 위해서만 존재하는 정부로부터 노동자들을 위한 그 이상의 것
15 을 기대한다면 그것보다 어리석은 짓은 없을 것이다.

이제 우리가 맞닥뜨리고 있는 특별한 경우로 시선을 돌려 보자. 프로 이센의 반동파는 노동자 당에 무엇을 줄 수 있는가?

이 반동파는 노동자 계급에게 정치 권력의 현실적 지분을 제공할 수 있는가? —— 절대로 아니다. 첫째로, 영국의 근래 역사에서도 프랑스의 근
20 래 역사에서도 반동적 정부가 이와 같은 일을 한 적은 한 번도 없었다. 둘 째로, 프로이센에서 벌어지고 있는 현재의 투쟁에서 문제로 되고 있는 것은 다름아니라, 정부가 모든 실권을 장악할 것인가 아니면 그것을 의회와 나눠 가질 것인가 하는 것이다. 그리고 정부가 나중에 권력을 프롤레타리아트에 게 바친다는 목적으로만 부르주아지로부터 권력을 빼앗는 데 전력을 기울
25 이게 된다는 것은 생각할 수 없는 일이다!

봉건 귀족과 관료는 의회제 대의 기관이 없어도 프로이센에서 실권을 유지할 수 있다. 궁정, 군대, 관료 계급 속에서 그들이 차지하고 있는 전통 적 지위가 그들에게 이 권력을 보장한다. 그들은 특별한 대의 기관을 원할 필요조차 없다. 왜냐하면, 만토이펠 치하에 존립했던 귀족 및 관료의 의회 는 결국 오늘날에 와서 볼 때 프로이센에서는 있을 수 없는 것이기 때문이

다. 따라서 그들은 의회 제도 전체를 악마에게 던져 버리고 싶어한다.

이에 반해, 부르주아지와 노동자들은 오직 의회제 대의 기관을 통해서만 진정한 조직적 정치 권력을 행사할 수 있다 ; 그리고 이 의회제 대의 기관이 어느 정도 가치를 가지는 것은, 이것이 토론과 의결에 개입할 수 있을 때, 다른 말로 하면 '돈지갑의 단추'를 쥘 수 있을 때뿐이다. 그러나 이것 5
이야말로 비스마르크가 무슨 수를 써서라도 방해하려고 하는 것이다. 우리는 묻는다 : 이 의회, 즉 보통 직접 선거권의 쟁취를 통해 노동자 자신도 참가하여 이후에 거기서 다수파를 형성하려는 이 의회가 일체의 권력을 탈취당한다면, 그것은 노동자에게 이익을 가져다 주는가? 결국 아무 말도 못하게 되는 그러한 의회에 들어가기 위해 선동에 전력을 기울이는 것은 노동자 10
에게 이익을 가져다 주는가? 확실히 대답하건대, 아니다.

그런데 만약에 지금 정부가 현행 선거법을 파기하고 보통 직접 선거권을 흠정한다면? 물론 만약에! 만약에 정부가 그러한 보나빠르뜨주의적 소행을 저지르고 노동자들이 이에 동의한다면, 그로써 노동자들은 마음내킬 때마다 새로운 흠정을 통해 보통 직접 선거권을 다시 박탈할 권리를 애초부터 15
정부에 인정해 주는 꼴이 될 것이다. 그리고 노동자들이 그러한 소행에 동의한다면, 보통 직접 선거권 따위가 무슨 가치가 있겠는가?

만약에 정부가 보통 직접 선거권을 흠정한다면, 그 선거권에는 정부가 애초부터 붙여 놓은 단서, 즉 이것은 더 이상 보통 직접 선거권이지 않노라 하는 단서가 있을 것이다. 20

그리고 보통 직접 선거권 자체에 관한 한, 프랑스에 가 보기만 하면 다수의 우매한 농촌 주민, 잘 조직된 관료, 적절한 규제 조치하의 신문, 경찰이 확실히 억눌러 놓은 단체들 등은 있고 정치 집회는 전혀 없을 경우에 보통 직접 선거권으로도 얼마든지 온건한 선거를 치를 수 있다는 것을 쉽사리 납득할 수 있을 것이다. 보통 직접 선거권이 프랑스 의회에 보내는 노동 25
자 대표는 도대체 몇 명인가? 게다가 프랑스의 프롤레타리아트는 독일의 프롤레타리아트에 비해 훨씬 더 잘 집중되어 있고 투쟁과 조직면에서 훨씬 오랜 경험을 가지고 있다.

이것은 우리에게 또 다른 지점으로 눈을 돌리게 한다. 독일에서 농촌 인구는 도시 인구의 두 배이다. 즉, 인구의 $\frac{2}{3}$는 농경으로, $\frac{1}{3}$은 공업으로 먹고 산다. 그리고 독일에서는 대토지 소유가 통상적이고 소분할지 농민이 예외라는 사실을 고려할 때, 이 말은 바꿔 말하면 이렇게 된다 : 노동자의 $\frac{1}{3}$이 자본가의 명령에 따르고 있다면, $\frac{2}{3}$는 봉건 영주의 명령에 따르고 있다. 자본가들을 계속 비난하면서도 봉건 영주들에 대해서는 조금도 분노를 표하지 않는 사람들은 이러한 사실을 명심하는 것이 좋을 것이다. 독일에서 봉건 영주들은 부르주아들과 비교해 볼 때 두 배의 노동자들을 착취하고 있다 ; 독일에서 봉건 영주들은 자본가들과 꼭 마찬가지로 노동자들의 직접적인 적이다. 그러나 이것이 전부는 아니다. 과거의 봉건 영지에서의 가부장제적 경제는 '자애로운 영주'에 대한 농촌 날품팔이 혹은 품팔이 농부의 조상 전래의 의존성을 낳으며, 이러한 의존성 때문에 이들 농경 프롤레타리아가 도시 노동자들의 운동에 진입하기는 더욱 어려워진다. 성직자들, 농촌에서의 체계적 백치화, 열악한 학교 교육, 모든 세계로부터의 사람들의 격리 등이 나머지 일을 한다. 농경 프롤레타리아트는 노동자 계급 가운데 자기 자신의 이해, 자기 자신의 사회적 지위에 대해 가장 어렵게 또 가장 마지막에 깨닫게 되는 부분, 다른 말로 하면 자신들을 착취하는 특권 계급의 수중에서 가장 오랫동안 무의식적 도구로 남아 있는 부분이다. 그러면 이 특권 계급은 또 어떤 계급인가? 독일에서는 부르주아지가 아니라 봉건 귀족이다. 대체로 자유로운 토지 소유 농민들밖에 존재하지 않고 봉건 귀족이 이미 오래 전에 모든 정치 권력을 빼앗긴 프랑스에서조차 보통 선거권은 노동자들을 의회에 보내기는커녕 발도 못 붙이게 하였다. 봉건 귀족이 현실적으로 사회적이고 정치적인 세력을 이루고 있고 공업 노동자 한 명당 두 명의 농경 날품팔이들이 존재하는 독일에서는 보통 선거권의 결과가 무엇이겠는가? 봉건적이고 관료적인 반동파 —— 왜냐하면 이 양자는 오늘날 우리 나라에서 분리할 수 없는 것이기 때문이다 —— 와의 투쟁은 독일에서는 농촌 프롤레타리아트의 정신적이고 정치적인 해방을 위한 투쟁과 동일한 의미를 지니고 있다 —— 그리고 농촌 프롤레타리아트가 운동에 휩쓸려 들어오지 않는 한, 도시 프롤레타리아트는 독일에서 최소한의 것도 성취할 수 없으며 또 성취하게 될 리 만무하다. 그런 한에서 보통 직접 선거권은 프롤레타리아트에게 무기가 아니라 덫이다.

아마도 이러한 매우 솔직한, 그러나 필요한 논술은 봉건 영주들로 하여금 보통 직접 선거권을 지지하도록 고무할 것이다. 그러면 더욱 좋다.

아니면 과연 정부는, 오로지 노동자들에게 자유 언론, 자유로운 결사 및 집회의 권리를 선물하기 위해서, 부르주아적 반대파의 언론, 결사권, 집   5
회권을 침해하는 (도대체 현재 상태에서 더 침해할 만한 것이 있다면) 것일까? 사실 노동자 운동은 방해받지 않고 조용히 제 갈 길을 가고 있지 않은가?

바로 여기에 문제가 있다. 현재의 독일 노동자 운동 전체는 단지 참아 줄 만한 수준에 불과하다는 것, 단지 정부의 비위를 거스르지 않는 한도 내에   10
서만 움직이고 있다는 것을 정부는 알고 있으며 부르주아지도 알고 있다. 이 운동이 존속한다는 것과 부르주아적 반대파에 대립하는 새로운 독자적 적이 성장한다는 것 등이 정부의 목적에 보탬이 되는 한, 그런 한 정부는 이 운동을 참아 줄 것이다. 이 운동이 노동자들을 하나의 독자적 세력으로 발전시키는 순간, 그리하여 이 운동이 정부에 위험한 것으로 되는 순간, 사태   15
의 이러한 진행은 즉각 중단된다. 노동자들은 진보당 계열의 사람들이 언론, 결사, 집회를 통한 선동을 전개하는 과정에서 방해에 부딪히게 된 방식들을 경계하는 것이 좋을 것이다. 진보당 계열의 사람들에게 적용된 바로 그 법률, 명령, 조치는 언제라도 노동자들에게 적용될 수 있는 것이며 그들의 선동을 끝장낼 수 있는 것이다 ; 이 법률, 명령, 조치는 이 선동이 위험   20
한 것으로 되자마자 즉각 적용되어 이 선동을 끝장낼 것이다. 노동자들이 이런 점에 유의하는 것, 즉 새로운 시대하의 부르주아지가 빠졌던 것과 같은 착각에 빠지지 않는 것은 지극히 중요하다. 이들 부르주아지 역시 새로운 시대하에서 단지 참아 줄 만한 수준에 불과했는데도, 그들은 이미 확고한 위치에 있다고 믿었던 것이다. 그리고 만약 현재의 정부가 언론, 결사의 권   25
리, 집회의 권리를 현재의 족쇄에서 해방시킬 것이라고 믿는 사람이 있다면, 그는 더 이상 같이 이야기를 나눌 필요가 없는 사람 가운데 하나일 것이다. 그리고 언론의 자유, 결사 및 집회의 권리가 없는 한, 어떠한 노동자 운동도 불가능하다.

프로이센의 현존 정부는 스스로 자신의 목을 자를 정도로 멍청하지는

않다. 그리고 만약 반동파가 독일 프롤레타리아트를 꾀기 위해서 미끼로 약
간의 허위적인 정치적 양보들을 던져 주는 일이 일어난다면 —— 아마도 독
일 프롤레타리아트는 그 옛날 힐데브란트의 노래에 나오는 다음과 같은 당
당한 말로써 대답할 것이다 :

5 "Mit gêrû scal man geba infâhan, ort widar orte."
창으로 선물을 받으리라, 창 끝에는 창 끝으로.

반동파가 노동자들에게 해 줄 수 있는 사회적 양보들 —— 공장에서의
노동 시간의 감축, 공장법의 한층 엄격한 시행, 단결권 등등 —— 에 대해
말하자면, 모든 나라들의 경험이 증명하듯이 노동자들이 반동파에게 어떤

10 대가를 내놓아야 하는 것이 아니라도 반동파는 그러한 제의를 한다. 반동파
는 노동자들을 필요로 하지만, 노동자들은 반동파를 필요로 하지 않는다.
그러므로 노동자들이 자신들의 독자적인 선동을 해 나가면서 이러한 사항
들을 계속 붙들고 늘어지는 한, 노동자들은 반동적 분자들이 오직 부르주아
지를 괴롭히기 위해서 그러한 요구들을 내놓을 순간이 오리라고 기대할 수

15 있다 ; 그리고 그렇게 함으로써 노동자들은 반동파에게 그 어떤 감사를 표
시할 의무도 지지 않은 채 부르주아지에 맞선 싸움에서 전과를 올리게 된
다.

그러나 만약 구걸할 필요도 없이 저절로 굴러 들어오게 되어 있는 사
소한 양보들 이외에 노동자 당이 반동파로부터 기대할 것이 없다고 한다

20 면 —— 부르주아적 반대파로부터 기대할 것은 무엇인가?

이미 보았다시피, 부르주아지와 프롤레타리아트 양자는 새로운 시대의
아들들이며, 양자가 자신들의 사회적 활동에서 추구하고 있는 것은 이전 시
대부터 내려온 쓰레기들의 찌꺼기를 모조리 제거해 버리는 것이다. 그들은
서로 매우 심각한 투쟁을 전개하지 않으면 안 되지만, 이 투쟁은 이들 양자

25 만이 남아서 맞설 때에야 비로소 결판날 수 있다. 과거의 잡동사니가 갑판
에서 일소되어야 비로소, '전투 태세가 완료된 선박'이 만들어진다 ——
단, 이때의 전투는 두 척의 배 사이에서 벌어지는 것이 아니라 한 배의 갑
판에서 장교들과 수병들 사이에서 벌어질 것이다.

부르주아지가 자신의 정치적 지배권을 쟁취하고 그것을 헌법과 법률에
표현한다는 것은, 동시에 프롤레타리아트에게도 무기를 쥐여 주는 것일 수

밖에 없다. 부르주아지는, 태어날 때부터 구별되는 과거의 신분들에 대립하여 인권을, 쭌프트 제도에 대립하여 상업과 영업의 자유를, 관료적 후견에 대립하여 자유와 자치를 자신들의 깃발에 써넣어야 한다. 따라서 그 당연한 귀결로서 그들은 보통 직접 선거권, 언론의 자유, 결사의 자유, 집회의 자유, 소수 주민 계급에 대한 일체의 예외법의 폐지 등을 요구해야 한다. 그 5 러나 또한 이것이 프롤레타리아트가 부르주아지에게 요구할 필요가 있는 모든 것이기도 하다. 부르주아지에게 부르주아지이기를 중지하라고 요구할 수는 없지만, 물론 그들에게 그들 자신의 원칙을 철저히 관철시키라고 요구할 수는 있다. 그러나 이로써 프롤레타리아트는 자신들의 종국적 승리에 필요한 무기를 모두 손에 넣게 된다. 프롤레타리아트는 언론의 자유, 집회의 10 권리와 결사의 권리로써 보통 선거권을 획득하고, 이 보통 직접 선거권으로써, 그리고 아울러 위에 적은 선동 수단들로써 그 밖의 모든 것을 획득한다.

그러므로 부르주아지가 자기 자신에 충실한 자세를 견지하는 한, 모든 반동적 분자들에 맞서 투쟁하는 부르주아지를 지원하는 것은 노동자들에게 15 이익이 된다. 부르주아지가 반동파로부터 빼앗는 모든 노획물은 이러한 조건에서는 결국 노동자 계급에게 유익하다. 독일 노동자들도 이것을 본능적으로 정확히 깨닫고 있었다. 대단히 올바르게도 그들은 독일의 국가들 어디에서나 당선의 전망이 있는 가장 급진적인 후보자들에게 투표하였다.

그러나 만약 부르주아지가 자기 자신에 충실하지 않게 된다면, 자신의 20 계급적 이해와 그로부터 나오는 원칙을 배신한다면? 그렇다면 노동자들에게는 두 가지 길이 남는다!

하나의 길은, 부르주아지가 자신의 의지에 반하여 행동하도록 몰아붙이는 것, 즉 가능한 한 그들을 강제하여 선거권을 확대하도록, 언론과 결사와 집회들을 자유롭게 하도록, 그리하여 자유로이 활동하고 스스로를 조직 25 할 수 있는 영역을 프롤레타리아트에게 제공하도록 하는 것이다. 이것은 영국의 노동자들이 1832년의 개혁 법안[46] 이래, 프랑스의 노동자들이 1830년의 7월 혁명[47] 이래 해 온 일이다. 그들은 당면 목적에 있어 순수 부르주아적 성질을 지니고 있는 이러한 운동을 통해서만, 그리고 이러한 운동으로써만 자신들의 발전과 조직화를 촉진시켰던바, 이러한 운동은 다른 그 어

떤 수단보다 유효하였다. 이러한 경우는 언제든 일어날 것이다. 왜냐하면
부르주아지는 정치적 용기가 결여되어 있는 탓에 언제 어느 때라도 자기 자
신에 충실하지 않게 될 수 있기 때문이다.

또 다른 길은, 노동자들이 부르주아적 운동으로부터 완전히 발을 빼고
5   부르주아지를 자기 운명에 맡겨 두는 것이다. 1848년부터 1850년에 걸쳐
유럽 노동자 운동이 좌초한 후에 영국과 프랑스와 독일에서 이러한 경우가
발생하였다. 이것은, 강력한 노력을 기울였지만 그것이 결실을 거두지 못한
채 일시적인 것으로 끝나 버릴 때만 일어날 수 있는 일인바, 그러한 노력
뒤에 노동자 계급은 휴식을 필요로 하는 것이다. 노동자 계급이 건강한 상
10   태에 있을 때에는 그러한 일이 일어날 수 없다 ; 그것은 완전한 정치적 은퇴
와 마찬가지이며, 그 본성상 용감한 계급, 잃어버릴 것은 아무것도 없고 획
득해야 할 모든 것만 있는 계급은 그러한 은퇴 상태에 계속 머물러 있을 수
없다.

부르주아지가 노동자들에 대한 공포 때문에 반동파의 앞치마 밑으로
15   숨어 들고 노동자들로부터 보호받기 위해 자신의 적대 분자의 힘에 호소하
는 최악의 경우가 벌어지더라도 —— 그러한 경우가 벌어지더라도 노동자
당에 남아 있는 방도는, 부르주아적 자유, 언론의 자유, 집회 및 결사의 권
리에 대한 선동과 같은 부르주아지가 저버린 선동을 부르주아의 뜻에 상관
없이 추진해 나가는 길밖에 없다. 이러한 자유들이 없이는 노동자 당 자신
20   이 자유롭게 활동할 수가 없다 ; 노동자 당이 이러한 투쟁을 벌이는 것은 자
신들 본래의 생존 요소, 자신들이 숨을 쉬는 데 필요한 공기를 획득하기 위
해서이다.

이러한 모든 경우들에 있어 노동자 당이 부르주아지의 단순한 꼬리로
서가 아니라 그들과는 완전히 구별되는 독자적인 당파로서 행동하리라는
25   것은 자명하다. 노동자 당은, 노동자들의 계급 이해는 자본가들의 그것과
정면으로 대립한다는 것과 노동자들이 이러한 사실을 깨닫고 있다는 것을
기회가 있을 때마다 부르주아지에게 상기시킬 것이다. 노동자 당은 부르주
아지의 당 조직에 맞서 자신의 조직을 확고히 유지하는 한편 계속 단련시킬
것이며, 하나의 권력이 다른 권력과 교섭하는 것과 마찬가지의 방식으로만
부르주아지의 당 조직과 교섭할 것이다. 이러한 방식으로 노동자 당은 당당

한 지위를 확보하고 개별 노동자들로 하여금 자신들의 계급 이해에 눈뜨게 할 것이며, 혁명의 폭풍 —— 그리고 이 폭풍은 상업 공황이나 춘분·추분 시 폭풍우와 마찬가지로 규칙적인 회귀를 하게끔 되어 있다 —— 이 불어올 때에는 행동 태세를 완비해 놓은 상태에 있게 될 것이다.

이로부터 프로이센의 헌법 분쟁에서 노동자 당이 취해야 할 정책은 저 절로 도출된다 :

무엇보다도 먼저, 현재의 상태가 허락하는 한 노동자 당을 조직된 상 태로 유지할 것 ;

진보당을 가능한 한 진정한 진보로 밀어붙일 것 ; 그들로 하여금 자신 의 강령을 더 급진적인 것으로 만들고 그것을 고수하도록 강제할 것 ; 그들 의 그 어떤 불철저함과 나약함이라도 가차없이 규탄하고 웃음거리로 만들 것 ;

노동자 당도 언젠가 독일의 '군대 재편'을 독자적으로 행할 것이라는 자각 속에서, 본래의 군사 문제는 제 가는 대로 내버려둘 것 ;

그러나 반동파의 기만적 유혹에 대해서는 다음과 같이 답할 것 : "창으 로 선물을 받으리라, 창 끝에는 창 끝으로."

1865년 1월 말에서
2월 11일 사이에 쓰어짐.
출전 : 프리드리히 엥겔스,
『프로이센의 군사 문제와
독일의 노동자 당』, 함부르크, 1865년.

맑스·엥겔스 저작집,
제16권, 41면과 56-78면.

최인호 번역

칼 맑스

임금, 가격, 이윤[48]

[서언]

회원 여러분!

본 주제에 들어가기 전에 미리 몇 마디 해 두고자 한다.

지금 대륙에서는 동맹 파업이라는 진짜 전염병이 맹위를 떨치고 있으며, 임금이 상승되어야 한다는 요구가 널리 퍼져 있다. 이 문제는 우리의 대회[14]에서 다루어질 것이다. 국제 협회의 지도자들인 여러분은 이 중차대한 문제에 대해 확고한 견해를 세워야 한다. 그러므로 나로서는 이 문제를 철저히 파고드는 것이 나의 의무라고 생각했다 —— 여러분의 인내심을 혹독한 시험에 들게 하는 위험을 무릅쓰고서라도.

웨스턴 회원과 관련해서도 미리 한마디해 두고자 한다. 그는, 자신이 알기에도 노동자 계급 사이에서 극히 평판이 나쁜 견해를 여러분에게 제안하였다 ; 뿐만 아니라 그는 다음과 같은 생각으로 그것을 공공연하게 옹호하기도 하였다 —— 노동자 계급의 이익을 위하여. 그가 그러한 도덕적 용기를 보인 데 대해서는 우리 모두가 경의를 표해야 할 것이다. 나는 그의 주장의 저변에 놓여 있다고 여겨지는 올바른 사고에 동의하며, 나의 강연의 노골적인 논조에도 불구하고 그가 결론부에 가서 이 점을 알게 되기를 희망한다. 그러나 나는 그의 주장이 현재의 형태로서는 이론적으로 옳지 않고 실천적으로 위험하다고 여기지 않을 수 없다.

이제 곧장 본 주제로 넘어가자.

1. [생산과 임금]

웨스턴 회원의 주장은 사실 다음의 두 가지 전제에 근거한 것이었다 :

1. 국민 생산액은 고정된 것, 혹은 수학자들이 말하는 식으로 하면 불변의 양 또는 규모라는 것 ;

2. 실질 임금액, 즉 구매할 수 있는 상품량에 의해 측정되는 임금액은 고정된 액수, 불변의 규모라는 것.

그런데 그의 첫번째 주장이 오류라는 것은 명백하다. 여러분도 알다시피, 생산의 가치와 크기는 해마다 증가하고 국민 노동의 생산력도 해마다 증대하며 이 증가된 생산이 유통되는 데 필요한 화폐액도 끊임없이 변동한다. 한 해를 두고 볼 때 타당한 것, 여러 해를 서로 비교해 볼 때 타당한 것은 한 해의 하루하루를 두고 볼 때도 타당하다. 국민 생산의 액수나 규모는 끊임없이 변한다. 그것은 불변적 규모가 아니라 가변적 규모이며, 인구 변동을 고려하지 않는다 하더라도 자본 축적과 노동 생산력에 끊임없는 변화가 일어나기 때문에 그럴 수밖에 없다. 오늘 일반 임금률의 상승이 일어난다 하더라도, 그 장래의 결과가 어떠하든 간에 이 상승이 그 자체로 즉각 생산액을 변화시키지 못하리라는 것은 전적으로 사실이다. 그 상승은 무엇보다도 먼저 현재의 상태에서 일어날 것이다. 그러나 임금 상승 이전에 국민 생산이 고정적이지 않고 가변적이었다면, 임금 상승 이후에도 그것은 여전히 고정적이지 않고 가변적일 것이다.

그러나 국민 생산액이 가변적이지 않고 불변적이라고 가정해 보자. 그렇게 가정해 보아도, 우리의 친구 웨스턴이 논리적 결론이라고 생각하는 것이 근거 없는 주장이라는 데에는 변함이 없다. 예컨대 8이라는 주어진 숫자가 있다고 하자. 이 숫자에는 절대적 한계가 있지만, 그렇다고 해서 이 숫자의 부분들의 상대적 한계가 변하지 않을 이유는 없다. 만약 이윤이 6이고 임금이 2라면, 임금이 6으로 증가하고 이윤이 2로 감소할 수 있으며, 그래도 총액은 여전히 8이다. 이처럼, 고정된 생산액이 결코 고정된 임금액을 증명하는 것은 아니다. 그러면, 우리의 친구 웨스턴 씨는 이 고정성을 어떻게 증명하는가? 그것을 주장함에 의해서.

그러나 그의 주장을 인정한다 하더라도 그 주장은 두 개의 길을 가야 할 것인데도, 그는 오직 한 방향으로만 주장을 전개하고 있다. 만약 임금액이 불변의 규모라면, 그것은 증가할 수도 축소될 수도 없다. 그러므로 노동자가 일시적 임금 상승을 강제하는 것이 어리석은 행동이라면, 자본가들이 일시적 임금 하락을 강제하는 것 역시 이에 못지않게 어리석은 행동일 것이다. 우리의 친구 웨스턴도, 임금액은 본래 고정적이기 때문에 반작용 reaction이 뒤따를 수밖에 없긴 하지만 어떤 상황에서는 노동자들이 임금 상승을 강제할 수도 있다는 것을 부인하지 않는다. 따라서, 한편으로 그는 자본가들이 임금 하락을 강제할 수도 있으며 또 사실 끊임없이 그렇게 하려고 애쓴다는 것을 알고 있는 것이다. 임금 불변의 원리에 따르면, 앞의 경우에 못지않게 이 경우에도 반작용이 뒤따라야 한다. 그러므로 임금을 인하하려는 시도나 행동에 대해 노동자들이 반작용하는 것은 정당하다 할 것이다. 그러므로, 임금을 인하하려는 것에 대한 모든 반대 **행동** reaction은 임금을 상승시키기 위한 **행동**이기 때문에 임금 상승을 강제하는 행동 또한 정당하다 할 것이다. 그러므로 웨스턴 회원 자신의 임금 불변의 원리에 따르더라도 노동자들은 어떤 상황에서는 임금 상승을 위해 단결하고 투쟁해야 하는 것이다.

만약 그가 이 결론을 부정한다면, 그는 이 결론의 출발점이 되는 전제도 포기해야 한다. 그는 임금액이 불변의 양이라고 말해서는 안 되고, 임금은 상승할 수도 없고 또 그래서도 안 됨에도 불구하고 자본이 인하시키고 싶을 때는 언제나 하락할 수 있고 또 그래야만 한다고 말해야 한다. 자본가가 당신에게 고기 대신에 감자를, 밀 대신에 귀리를 먹이고 싶다면, 당신은 그의 의지를 정치 경제학의 법칙으로 받아들여야 하고 그것에 따라야 한다. 어느 한 나라의 임금률이 다른 나라에서보다 높다면, 예컨대 합중국의 임금률이 영국에서보다 높다면, 당신은 이 임금률의 차이를 아메리카 자본가와 영국 자본가의 의지의 차이로 설명해야 한다. 이러한 방법은 분명히 경제 현상들에 대한 연구뿐만 아니라 다른 모든 현상들에 대한 연구를 아주 단순화할 것이다.

그러나 그 경우에도 우리는 왜 아메리카 자본가의 의지가 영국 자본가의 의지와 다른가를 물을 수 있을 것이다. 이 물음에 답하려면 의지의 영역을 벗어나야 한다. 목사라면 내게, 하느님은 프랑스에서는 이것을 바라고 영국에서는 저것을 바란다고 말할 것이다. 내가 그에게 이 의지의 이중성을 설명하기를 요구한다면, 그는 나에게 하느님은 프랑스에서는 이런 의지를, 영국에서는 저런 의지를 바란다고 대답할 만큼 뻔뻔스러울 것이다. 그러나 확실히 우리의 친구 웨스턴은 모든 추론을 완전히 부정하는 그러한 주장을 5 펼칠 사람이 결코 아니다.

자본가의 의지는 확실히, 될 수 있는 대로 많이 얻으려는 것이다. 우리가 해야 할 일은 자본가의 의지에 관해 논하는 것이 아니라, 그의 힘과 그 힘의 한계들, 그리고 그러한 한계들의 성격을 탐구하는 것이다.

2. [생산, 임금, 이윤]

10 웨스턴 회원이 우리에게 들려준 강연은 간명하게 압축될 수 있을 것이다.

그의 모든 추론은 결국 다음과 같은 것이었다 : 만약 노동자 계급이 자본가 계급으로 하여금 화폐 임금 형태로 4 실링 대신에 5 실링을 지불하게 한다면, 자본가는 상품 형태로 5 실링의 가치 대신에 4 실링의 가치를 되돌 15 려줄 것이다. 노동자 계급은, 임금 상승 이전에 자신들이 4 실링으로 구매 했던 것을 구매하려면 5 실링을 지불해야 할 것이다. 그런데 왜 이렇게 되는가? 왜 자본가는 5 실링의 가치 대신에 4 실링의 가치만을 되돌려 주는가? 임금액이 고정되어 있기 때문이다. 그런데 왜 임금액은 4 실링의 가치를 지닌 상품으로 고정되어 있는가? 왜 3 실링이나 2 실링, 또는 다른 금액 20 의 가치를 지닌 상품으로 고정되어 있지 않은가? 만약 임금액의 한계가 자본가의 의지나 노동자의 의지 모두로부터 독립된 어떤 경제 법칙에 의해 정해지는 것이라면, 웨스턴 회원이 제일 먼저 해야 했던 일은 이 법칙을 진술하고 그것을 증명하는 것이었다. 나아가, 그는 주어진 순간마다 실제로 지불되는 임금액은 언제나 그 필연적 임금액과 정확히 일치하며, 결코 그것으 25 로부터 벗어나지 않는다는 것을 증명해야 했다. 다른 한편으로 임금액의 주어진 한계가 자본가의 단순한 의지나 탐욕의 한계에 근거하는 것이라면, 그것은 자의적인 한계이다. 자의적 한계에는 필연적인 것이 전혀 없다. 자의적 한계는 자본가의 의지에 의해 변할 수 있으며, 따라서 그 의지에 반해서 변할 수도 있다.

웨스턴 회원은, 그릇 하나에 특정량의 수프가 담겨 있고 그것을 특정 수의 사람이 먹고 있다 할 때 숟가락spoon의 넓이가 증가한다고 해서 수프의 총량이 증가하는 것은 아니라고 말함으로써 자신의 이론을 예증했다. 그에게는 실례되는 이야기겠지만, 나로서는 이 예증을 다소 어리석다 spoony고 여길 수밖에 없다. 이 예증은 나에게 메네니우스 아그리빠가 사용한 비유를 어느 정도 연상시켰다. 로마 평민들이 로마 귀족들에 대항하여 동맹 파업을 했을 때, 귀족인 아그리빠는 그들에게 국가라는 신체의 수족인 평민을 그 복부인 귀족이 먹여 살린다고 말하였다. 아그리빠는, 어떤 사람의 복부를 채워 줌으로써 다른 사람의 수족을 먹여 살린다는 것을 입증하는 데에는 실패했다. 웨스턴 회원으로서는, 노동자들이 먹게 되는 그릇은 국민 노동의 생산물 전체로 채워져 있다는 것, 그리고 이 그릇에서 노동자들이 더 많은 내용물을 떠내지 못하는 이유는 그릇이 작기 때문이라거나 내용물이 적기 때문이 아니라 단지 이들의 숟가락이 작기 때문이라는 것을 잊은 것이다.

자본가는 어떤 계략을 쓰기에 5 실링 대신에 4 실링의 가치를 되돌려 줄 수 있는가? 자신이 판매하는 상품의 가격을 인상함으로써. 그런데 상품 가격의 상승, 더 일반적으로 말해 상품 가격의 변화, 요컨대 상품 가격 자체는 자본가의 단순한 의지에 의해 좌우되는 것인가? 아니면 반대로, 이 의지를 실행하려면 어떤 상황이 필요한 것인가? 그러한 상황이 필요치 않다고 한다면, 시장 가격의 오르내림, 그 끊임없는 변동은 풀 수 없는 수수께끼가 되고 만다.

노동 생산력에서도, 사용된 자본과 노동의 액수에서도, 생산물의 가치를 평가하는 화폐 가치에서도 아무런 변화가 일어나지 않고 오직 임금률만이 변화한다고 가정한다면, 어떻게 저 임금 상승이 상품들의 가격에 영향을 미칠 수 있는가? 오로지 이 상품들의 수요와 공급 사이의 실제 비율에 영향을 미침으로써.

전체적으로 볼 때, 노동자 계급이 자신들의 소득을 생활 필수품에 소비하며 또 그럴 수밖에 없다는 것은 전적으로 사실이다. 그러므로 임금률의 전반적 상승은 **생활 필수품**에 대한 수요의 상승을, 따라서 그 시장 가격의 상승을 낳을 것이다. 이 생활 필수품을 생산하는 자본가들은 자신들의 상품들의 시장 가격을 상승시킴으로써, 상승된 임금을 보상받을 것이다. 그러나 생활 필수품을 생산하지 않는 다른 자본가들의 경우는 어떠한가? 그리고 이러한 자본가들이 소수에 지나지 않는다고 생각해서는 안 된다. 국민 생산물의 2/3를 1/5의 인구 —— 하원 의원 한 사람은 그 수치가 최근에는 인구의 1/7에 지나지 않는다고 말하였다 —— 가 소비한다는 것을 고려한다면, 국민 생산물 가운데 얼마나 막대한 부분이 사치품의 형태로 생산되거나 사치품과 교환될 수밖에 없는가, 그리고 생활 필수품 자체만 하더라도 얼마나 막대한 액수가 하인이나 말이나 고양이 등등에 낭비될 수밖에 없는가를 이해하게 될 것이다. 경험을 통해 알다시피 이러한 낭비는 늘 생활 필수품의 가격을 상승시킴으로써 크게 제한된다.

자, 그건 그렇다 치고 생활 필수품을 생산하지 않는 자본가들의 처지는 어떻게 될 것인가? 이들은 전반적 임금 상승의 결과로 생긴 이윤율의 하락을 자신들 상품의 가격의 상승으로써 보상받을 수는 없을 것이다. 왜냐하면, 이들 상품에 대한 수요가 증가하지 않을 것이기 때문이다. 그들의 소득은 감소할 것이다 ; 그리고 그들은 가격이 오른 생활 필수품을 같은 양만큼 사는 데에 이 감소된 소득에서 더 많이 지불하지 않으면 안 될 것이다. 그러나 이것이 전부가 아니다. 그들의 소득이 축소됨에 따라 사치품에 대한 그들의 지출은 축소될 것이며, 따라서 그들 각각의 상품에 대한 서로간의 수요도 축소될 것이다. 이렇게 수요가 축소된 결과 상품 가격도 하락할 것이다. 그러므로 이들 산업 부문에서는 이윤율이 임금률의 전반적 상승에 단순 비례하여서, 뿐만 아니라 전반적 임금 인상, 생활 필수품의 가격 상승, 사치품의 가격 하락 등에 복합적으로 비례하여 하락할 것이다.

서로 다른 산업 부문에 사용된 자본들에 대한 이러한 이윤율의 차이로 말미암아 어떤 결과가 나타날 것인가? 물론 그 결과는, 서로 다른 산업 분야에서 어떠한 이유에서건 평균 이윤율이 달라질 때마다 일반적으로 나타나는 결과와 같다. 자본과 노동은 수익이 더 적은 부문에서 더 큰 부문으로 이동될 것이다 ; 그리고 이 이동 과정은, 어떤 산업 부문에서는 증가된 수요에 비례하여 공급이 증가될 때까지, 또 어떤 산업 부문에서는 감소된 수요에 맞추어 공급이 감소될 때까지 계속될 것이다. 이러한 변화가 시작되는 즉시, 서로 다른 부문들에서의 일반 이윤율은 다시 균등해질 것이다. 교란 과정 전체는 애초에 서로 다른 상품들에 대한 수요와 공급의 비율이 변한 데서 일어난 것이므로 그 원인이 멈추면 그 결과도 멈추게 될 것이고, 가격은 이전의 수준과 균형 상태로 돌아가게 될 것이다. 임금 상승의 결과인 이윤   5
율의 하락은 몇몇 산업 부문에 국한되지 않고 전반적인 것으로 될 것이다. 우리의 가정에 따르면, 노동 생산력에서도 생산 총액에서도 아무런 변화가 일어나지 않을 것이지만 그 주어진 생산액이 형태를 바꾸는 일은 일어날 것이다. 생산 가운데서 생활 필수품 형태로 존재하는 부분이 더 많아질 것이며 사치품 형태로 존재하는 부분은 더 적어질 것이며, 또는 결국 같은 이야기   10
지만 외국의 사치품과 교환되어 사치품 본래의 형태로 소비되는 부분이 더 적어질 것이며, 결국 같은 이야기지만 국내 생산물 가운데서 외국의 사치품 대신에 외국의 생활 필수품과 교환되는 부분이 더 많아질 것이다. 그러므로 임금률의 전반적 상승은 시장 가격을 일시적으로 교란한 뒤 이윤율의 전반적 하락을 초래할 뿐, 상품 가격을 영속적으로 변화시키지는 않을 것이다.   15

만일 누가 내게 앞서의 주장에서는 여분의 임금 전체가 생활 필수품에 지출되는 것으로 가정하고 있는 것이 아닌가 하고 이의를 제기한다면, 나는 내가 세운 가정이 웨스턴 회원의 견해에 가장 유리한 것이라고 대답할 것이다. 만약 여분의 임금이 이전에는 노동자가 소비하지 않았던 품목에 지출된다면, 이들의 구매력이 실제로 증가하리라는 것은 증명할 필요도 없다. 그   20
러나 이러한 구매력의 증가는 오로지 임금 사정의 개선에서 생겨난 것이기 때문에, 그것은 자본가들의 구매력 감소와 정확하게 일치할 것이 틀림없다. 그러므로 상품들에 대한 총수요는 증가하지 않고 그 수요의 구성 부분들이 변화할 것이다. 한 쪽에서의 증가된 수요는 다른 쪽에서의 감소된 수요로 인해 다시 균형을 이룰 것이다. 이처럼 총수요는 전과 마찬가지일 것이고,   25
상품들의 시장 가격에는 아무런 변화도 일어날 수 없을 것이다.

그러므로 여러분은 다음과 같은 딜레마에 부딪힌다 : 여분의 임금이 모든 소비 품목에 균등하게 지출될 것인가 —— 이 경우 노동자 계급측의 수요 확대는 자본가 계급측의 수요 수축으로 보상될 것이 틀림없다 —— , 아니면 여분의 임금이 몇몇 품목에만 지출되어 그 시장 가격의 일시적 상승을 가져올 것인가. 이 경우, 그 결과 일어나는 일부 산업 부문의 이윤율 상승과 다른 산업 부문의 이윤율 하락은 자본과 노동의 분배에 변화를 일으키며, 이 변화는 공급이 한 산업 부문의 증가된 수요에 맞추어 끌어올려질 때까지, 그리고 다른 산업 부문의 감소된 수요에 맞추어 끌어내려질 때까지

5 계속될 것이다. 하나의 가정에서는 상품 가격에 아무런 변화도 일어나지 않을 것이다. 다른 가정에서는 시장 가격이 약간 동요하고 난 뒤에, 상품들의 교환 가치는 이전의 수준으로 진정될 것이다. 어떤 가정에서건, 임금률의 일반적 상승은 결국 이윤율의 일반적 하락 이외에 아무런 결과도 낳지 않을 것이다.

10 　　여러분의 상상력을 자극하려고 웨스턴 회원은 영국 농업 임금이 9 실링에서 18 실링으로 전반적으로 상승할 경우 야기될 어려움들을 생각해 보라고 여러분에게 요청했다. 그는 이렇게 외쳤다. 생활 필수품의 엄청난 수요 상승과 이에 따른 끔찍한 가격 상승을 생각해 보라! 그런데 합중국의 농업 생산물 가격은 연합 왕국에서보다 저렴함에도 불구하고, 합중국에서의

15 자본과 노동의 전반적 관계들은 잉글랜드에서의 그것과 같음에도 불구하고, 합중국의 연간 생산액은 잉글랜드보다 훨씬 적음에도 불구하고, 아메리카 농업 노동자들의 평균 임금은 영국 농업 노동자들의 두 배 이상에 달한다는 것을 여러분은 모두 알고 있다. 그렇다면, 우리의 친구는 왜 이러한 경종을 울리는 것인가? 그저 우리 앞에 놓인 현실적 문제들로부터 우리를

20 떼어놓기 위해서이다. 임금이 9 실링에서 18 실링으로 갑자기 상승한다면 그것은 갑자기 100%의 액수가 상승하는 것이 될 것이다. 그러나 지금 우리는 잉글랜드의 일반적 임금률이 갑자기 100% 증가할 수 있는가 없는가 하는 문제를 논의하고 있지 않다. 상승의 규모는 우리에게 전혀 문제가 되지 않으며, 그 규모는 어떤 실제적 경우에서건 간에 주어진 상황에 의존할 수

25 밖에 없고 또 거기에 맞추어질 수밖에 없다. 우리는, 단 1 퍼센트에 그친다 할지라도 임금률의 전반적 상승이 어떻게 작용할 것인가를 논구하기만 하면 된다.

　　우리의 친구 웨스턴이 고안해 낸 100% 상승이라는 허황된 이야기에 대해서는 이쯤 해 두고, 나는 여러분이 1849년에서 1859년 사이에 영국에서 있었던 실제 임금 상승에 주의를 기울였으면 한다.

여러분 모두는 1848년 이래 도입된 10 시간 법, 아니 좀더 정확히 말하면 10 시간 반 법에 대해 알고 있다.[9] 그것은 우리가 목격한 최대의 경제적 변화들 가운데 하나였다. 그것은 몇몇 산업 부문에서가 아닌, 영국이 세계 시장을 지배하는 수단이 되었던 주요 산업 부문들에서의 갑작스럽고도 강제적인 임금 상승이었다. 그것은 대단히 좋지 않은 상황에서 이루어진   5
임금 상승이었다. 우어 박사, 시니어 교수, 그리고 그 밖의 중간 계급의 모든 공식적인 경제학 대변자들은 그 법안이 잉글랜드의 산업에 조종을 울릴 것이라는 것을 증명했다 —— 그리고 나는 그들의 증명이 우리의 친구 웨스턴보다 훨씬 확실한 근거에 바탕을 둔 것이었다고 말하지 않을 수 없다. 그들은 그 법안이 단순한 임금 상승을 불러올 뿐 아니라 사용되는 노동량의   10
축소에 따라 시작되는, 또 그것에 근거를 두는 임금 상승을 불러오리라는 것을 증명하였다. 그들은 사람들이 자본가에게서 빼앗으려고 하는 열두 번째의 한 시간이 바로 자본가가 자신의 이윤을 끌어내는 유일한 시간이라고 주장하였다. 그들은 축적의 감소, 물가의 상승, 시장의 상실, 생산의 위축, 그 결과 임금에 대한 반작용, 궁극적으로는 파멸 등이 올 것이라고 위협했   15
다. 사실 그들은 막시밀리앙 로베스삐에르의 최고 가격법[49]도 이 법안에 비하면 사소한 것이라고 선포했다 ; 그들의 선포는 어떤 의미에서는 정당한 것이었다. 그런데 그 결과는 어떠했는가? 노동일이 단축되었음에도 불구하고 공장 직공들의 화폐 임금은 상승했으며, 공장에 고용된 일손들의 수는 엄청나게 증가하였고, 생산물의 가격은 지속적으로 하락하였으며, 그 노동   20
자들의 노동 생산력은 놀랄 만큼 발전하였고, 그들 상품의 시장은 유례없이 점점 확대되었다. 1861년에 맨체스터에서 열린 과학 진흥 협회의 회합에서 나는 뉴먼 씨가 자신과 우어 박사, 시니어, 그 밖의 모든 공식적인 경제학 권위자들이 틀렸으며 인민의 본능이 옳았다고 고백하는 것을 직접 들었다. 여기서 내가 말하려는 사람은 —— 프랜시스 뉴먼 교수가 아니라 —— W.   25
뉴먼 씨[50]로서, 그는 1793년에서 1856년까지의 물가의 역사를 추적하는 저 훌륭한 저서인 토마스 투크 씨의 『물가의 역사』의 협력자이자 편집자로서 경제학에서 두드러진 지위를 점하고 있는 사람이다. 만약 고정된 임금액, 고정된 생산액, 고정된 노동 생산력 정도, 고정 불변의 자본가들의 의지, 그리고 그 밖의 모든 고정적인 것들과 종국적인 것들 등에 대한 우리의 친구 웨스턴의 고정 관념이 옳다면, 시니어 교수의 비탄에 찬 예언은 옳았던 셈이 되며, 이미 1816년에 노동일의 전반적 제한이야말로 노동자 계급의 해방을 준비하는 첫걸음이라고 선언하면서 실제로 일반적 편견을 무릅쓰고 뉴 라나크에 있는 자신의 방적 공장에서 노동일의 제한을 혼자 힘으로 실시
5 했던 로버트 오웬은 옳지 못했던 셈이 된다.

10 시간 법이 시행되고 그 결과 임금이 상승했던 바로 그 시기에 영국에서는, 여기서 일일이 열거할 필요가 없는 이유들 때문에 농업 임금의 전반적 상승이 일어났다.

나의 당면 목적을 이루는 데에는 필요하지 않지만, 여러분이 오해하지
10 않도록 하기 위해 미리 몇 마디 해 두고자 한다.

만약 어떤 사람이 주당 2 실링의 임금을 받다가 4 실링으로 그의 임금이 상승했다면, 임금률은 100% 상승한 것이 된다. 임금률의 상승이라는 면에서 본다면 이는 엄청난 것이겠지만, 주당 4 실링이라는 실제 임금액은 여전히 비참할 정도로 적은 것이며 기아 수당에 지나지 않는 것이다. 그러므
15 로 여러분은 어마어마하게 들리는 임금률의 퍼센트에 현혹되어서는 안 된다. 여러분은 언제나 다음과 같이 물어야 한다 : 본래의 액수가 얼마였나?

만약 10명이 주당 2 실링씩 받고, 5명이 주당 5 실링씩, 또 5명이 주당 11 실링씩 받는다면, 20명 모두는 주당 100 실링 혹은 5 파운드 스털링을 받게 된다는 것을 알 수 있다. 그런데 이들의 주당 임금 총액이 예컨대 이
20 십 퍼센트 상승한다면, 그것은 5 파운드 스털링에서 6 파운드 스털링으로 상승할 것이다. 사실상 10명의 임금은 그대로이고 한 쪽 5명의 임금이 각각 겨우 5 실링에서 6 실링으로 상승하고 다른 쪽 5명의 임금이 55 실링에서 70 실링으로 상승했다 하더라도, 평균해서 일반 임금률은 20% 상승했다고 말할 수 있다. 그 사람들의 절반은 자신들의 처지를 전혀 개선하지 못할
25 것이고, 1/4은 거의 감지할 수 없을 정도로 개선할 것이며, 1/4만이 실질적으로 개선할 것이다. 그래도 역시 평균으로 계산하면 그 20명의 임금 합계액은 20% 증가하는 셈이 될 것이다. 그리고 이들을 고용하는 총자본과 이들이 생산하는 상품들의 가격이라는 측면에서 보자면, 마치 이들 모두가 균등하게 평균적 임금 상승에 관여한 것과 전혀 다를 바 없을 것이다. 농업 노동의 경우에는, 표준 임금이 잉글랜드와 스코틀랜드의 각 주마다 서로 달

랐기 때문에 인상이 그들에게 미친 영향은 매우 불균등하였다.

마지막으로, 이 임금 상승이 일어났던 기간 중에는 러시아 전쟁[51]에 따른 새로운 조세, 농업 노동자 주택의 대량 파괴 등등과 같이 반작용의 효과를 가져오는 것들이 작용하였다.

미리 몇 마디 한다는 것이 너무 길어졌다. 이쯤 해 두고 이제, 1849년 5 에서 1859년까지 영국의 평균 농업 임금률이 약 **40%** 상승하였다는 진술로 넘어가야겠다. 나는 나의 주장을 입증하기 위해 여러분에게 수많은 상세한 자료들을 제시할 수도 있으나, 당장의 목적을 위해서는 세상을 떠난 존 C. 모턴 씨가 1860년에 런던 기예 협회[52]에서 행한 「농업에서 사용되는 힘들」에 관한 양심적이고도 비판적인 보고를 언급하는 것으로 충분하리라 생각한 10 다. 모턴 씨는 스코틀랜드의 12개 주와 잉글랜드의 35개 주에 거주하는 약 100명의 농부들에게서 수집한 계산서와 그 밖의 믿을 만한 문서들을 가지고 이 보고서를 작성하였다.

우리의 친구 웨스턴의 견해에 따른다면, 그리고 같은 시기에 공장 노동자들의 임금이 상승했다는 것을 함께 고려한다면, 1849년에서 1859년까지 15 지의 기간 동안 농업 생산물의 가격은 엄청나게 상승해야 했다. 그러나 사실은 어떠한가? 러시아 전쟁에도 불구하고, 1854년에서 1856년까지 계속된 흉작에도 불구하고, 밀 —— 이것은 잉글랜드의 주요 농업 생산물이다 —— 의 평균 가격은 1838년에서 1848년 사이에 쿼터 당 약 3 파운드 스털링이던 것이 1849년에서 1859년 사이에는 쿼터 당 약 2 파운드 스털링 10 실링 20 으로 하락했다. 농업 임금이 평균 40% 상승된 바로 그 시기에 밀 가격이 16% 이상 하락한 셈이 되는 것이다. 같은 기간 동안에 그 마지막 해인 1859년과 그 첫 해인 1849년을 비교해 볼 때, 공식 극빈자 수는 934,419명 에서 860,470명으로 73,949명이 감소하였다. 감소한 숫자가 얼마 되지 않고 또 그 뒤 몇 년 동안은 그마저도 감소하지 않았다는 것은 나도 인정하지 25 만, 어쨌든 감소하였다.

곡물법이 폐지된 결과[53] 외국 곡물 수입은 1838년에서 1848년까지의 기간 동안에 비해 1849에서 1859년까지의 기간 동안에 두 배 이상으로 되었다고 말할 수 있다. 그런데 그 결과는 어떠한가? 웨스턴 회원의 관점에서 보자면, 수요 증가의 효과는 그 수요가 외부에서 생겨나든 내부에서 생겨나든 마찬가지이기 때문에 이렇듯 외국 시장에 대한 수요가 급작스럽고도 막대하게, 그리고 끊임없이 증가했기 때문에 틀림없이 그곳의 농산물 가격은 엄청나게 뛰어올랐을 것이라고 예상할 수 있을 것이다. 그러나 사실은 어떠했던가? 흉작이었던 몇 년을 제외한다면 프랑스에서는 이 기간 내내 곡물
5 가격의 파멸적인 하락이 연설의 고정 주제가 되었다 ; 아메리카 인들은 자신들의 생산물의 잉여분을 여러 차례 불태우지 않을 수 없었다 ; 어커트 씨의 말을 믿는다면 러시아는 유럽 시장에서 자국의 농산물 수출이 양키와의 경쟁으로 말미암아 불구가 되어 버렸기 때문에 합중국에서의 내전[5]을 부추겼다.

10 　　웨스턴 회원의 주장을 추상적 형태로 환원하면 다음과 같이 될 것이다 : 수요의 모든 상승은 언제나 주어진 생산량의 토대 위에서 일어난다. 그러므로 그것은 결코 수요 품목의 공급을 증가시킬 수 없고 다만 그 화폐 가격을 높일 수 있을 뿐이다. 그런데 아주 일상적 관찰을 해 봐도 알 수 있듯이, 증가된 수요는 어떤 경우에는 상품들의 시장 가격을 전혀 변화시키지 않을 것이며,
15 또 다른 경우에는 상품 가격의 일시적 상승을 초래할 것이지만 상품 가격이 상승하면 공급이 증가하게 되고 그렇게 되면 가격은 그 본래 수준으로, 그리고 대개의 경우에는 그 이하로 환원된다. 수요의 증가는, 여분의 임금에서 연유하든 아니면 그 밖의 원인에서 연유하든 간에 문제의 조건들을 전혀 변화시키지 않는다. 웨스턴 회원의 관점에서 보면, 이 일반적 현상도 임금
20 상승이라는 예외적 상황에서 일어나는 현상만큼이나 설명하기 어려운 것이었다. 그러므로 그의 논증은 우리가 다루고 있는 주제와는 아무런 관계도 없는 것이었다. 그것은 단지, 수요의 증가가 시장 가격의 궁극적인 상승을 일으키는 대신에 공급의 증가를 초래하게 되는 법칙 앞에서 그가 얼마나 어리둥절해 하였는가를 표현해 주었을 뿐이다.

25 　　　　　　　　　　3. [임금과 통화]

　　토론 둘째 날에 우리의 친구 웨스턴은 자신의 예전 주장을 새로운 형식으로 포장했다. 그는 이렇게 말했다 : 화폐 임금이 전반적으로 상승된 결

과, 동일한 임금을 지불하는 데 더 많은 통화가 필요해질 것이다. 통화는 고정되어 있는데 어떻게 증가된 화폐 임금을 이 고정된 통화로 지불할 수 있는가? 처음에는 노동자의 화폐 임금이 증가했음에도 불구하고 그에게 돌아가는 상품의 액수는 고정되어 있다는 것에 어려움이 있었다 ; 이번에는 상품의 액수가 고정되어 있음에도 불구하고 화폐 임금은 증가했다는 것에 5
어려움이 있다. 물론 여러분이 그의 애초의 도그마를 거부한다면, 그 도그마 때문에 생긴 그의 불만도 사라질 것이다.

그렇지만, 나는 이 통화 문제가 우리 앞에 놓인 주제와 전혀 관계없다는 것을 보여 주려 한다.

여러분 나라의 지불 체계는 유럽의 다른 어떤 나라보다 훨씬 완벽하 10
다. 은행 제도가 대규모적이고 집중되어 있는 덕분에, 동일한 가치액을 유통시키기 위해 필요한 통화, 그리고 같거나 더 많은 양의 거래를 수행하기 위해 필요한 통화는 더 적다. 임금에 한정해서 이야기하자면, 예를 들어 잉글랜드의 공장 직공은 자신의 임금을 주마다 상점 주인에게 지불하고, 그 상점 주인은 그것을 주마다 은행가에게 보내며, 은행가는 그것을 주마다 공 15
장주에게 돌려주고, 이 공장주는 그것을 다시 자신의 노동자에게 지불하는 등등의 형태로 된다. 이러한 장치에 의해 한 직공의 연간 임금, 이를테면 52 파운드 스털링은 주마다 똑같은 순환을 반복하는 단 한 개의 소브린 화에 의해 지불될 수 있을 것이다. 잉글랜드라 할지라도 스코틀랜드보다는 그 체계가 덜 완벽하며, 어디서나 똑같이 완벽한 것은 아니다 ; 그러므로 우리 20
는 예를 들어 일부 농업 지역에서는 순수 공업 지역에 비해 훨씬 적은 가치 액을 유통시키는 데에도 훨씬 많은 통화가 필요하다는 것을 알게 된다.

만약 해협을 건넌다면, 여러분은 화폐 임금이 잉글랜드보다 훨씬 낮다는 사실, 그리고 독일이나 이탈리아나 스위스나 프랑스에서는 그것을 유통시키는 데 훨씬 더 많은 액수의 통화가 사용된다는 사실을 알게 될 것이다. 25
동일한 소브린 화가 은행가에 의해 인수되어 산업 자본가에게 되돌아가는 속도가 그렇게 빠르지 못할 것이다. 그러므로 한 개의 소브린 화가 해마다 52 파운드 스털링을 유통시키는 대신에, 추측컨대 해마다 25 파운드 스털링의 임금을 유통시키는 데 세 개의 소브린 화가 필요할 것이다. 이와 같이 대륙의 나라들과 영국을 비교해 보면, 여러분은 낮은 화폐 임금이 높은 화폐 임금보다 훨씬 많은 통화를 요구할 수도 있다는 점, 그리고 이것은 사실상 우리의 주제와 아무 상관도 없는 순전히 기술적인 문제라는 점을 곧바로 알게 될 것이다.

　　내가 알고 있는 가장 훌륭한 계산에 따르면, 이 나라 노동자 계급의
5　연간 소득은 2억 5천만 파운드 스털링으로 평가될 수 있다. 이 막대한 금액이 약 3백만 파운드 스털링에 의해 유통된다. 임금이 50% 상승한다고 가정해 보자. 그러면 3백만 파운드 스털링 대신에 4백5십만 파운드 스털링의 통화가 필요하게 될 것이다. 노동자가 쓰는 일상 지출의 상당히 많은 부분이 은이나 구리로, 다시 말해 불환 지폐의 가치와 마찬가지로 금에 대한 상
10　대적 가치가 법률에 의해 자의적으로 고정되어 있는 보조 화폐로 지출되므로, 화폐 임금이 오십 퍼센트 상승할 경우에 필요해지는 소브린 화의 추가 유통은 극단적인 경우라 하더라도 기껏해야 예컨대 백만이라는 액수에 그칠 것이다. 지금 잉글랜드 은행이나 시중 은행가들의 지하 금고에 금덩이나 금화의 형태로 잠자고 있는 백만 파운드가 유통될 것이다. 그러나 이러한
15　백만의 추가 주조 또는 추가 소모로 생기는 사소한 지출조차 절약될 수 있을 것이며, 추가 통화가 부족하여 조금이라도 마찰이 일어난다면 실제로 절약될 것이다. 여러분 모두는 이 나라의 통화가 크게 두 부문으로 나누어져 있다는 것을 알고 있다. 한 종류의 통화는 각종 은행권으로 공급되는 것으로서 상인들 사이의 거래와 소비자가 상인에게 비교적 거액을 지불할 때 사
20　용되며, 다른 종류의 통화는 금속 화폐로서 소매 거래에서 유통된다. 이 두 종류의 통화는 서로 구별됨에도 불구하고, 서로 섞여 있다. 그래서 금화는 5 파운드 스털링 이하의 온갖 우수리를 처리하는 지불에서도 널리 유통되는 바, 그 액수는 상당한 규모에 이른다. 만약 내일 4 파운드 스털링이나 3 파운드 스털링, 2 파운드 스털링의 은행권이 발행된다면, 이 유통로를 채우고
25　있는 금화는 곧 여기서 빠져 나올 것이고, 화폐 임금의 증가 때문에 그것을 요구하는 유통로로 흘러 들어갈 것이다. 이와 같이 오십 퍼센트의 임금 인상으로 인해 추가로 요구되는 백만은 소브린 화를 하나도 추가하지 않아도 공급될 것이다. 랭카셔에서 상당 기간 동안 그랬던 것처럼, 어음 유통을 늘리면 은행권을 한 장도 추가하지 않고서 이와 동일한 효과를 거둘 수 있을 것이다.

임금률의 전반적 상승 — 예를 들면 웨스턴 회원이 가정한 것처럼 농업 임금에서의 100% 상승 — 이 생활 필수품의 가격을 매우 상승시키고 — 그의 견해에 따르면 — 조달될 수 없는 추가 통화액을 요구한다면, 임금의 전반적 하락은 반대 방향에서 동일한 규모로 동일한 결과를 낳아야 할 것이다. 그렇다면 보자! 여러분 모두는 1858년에서 1860년까지의 기간은 면공업이 가장 번창한 시기였다는 사실, 그리고 특히 1860년은 이 점에서 상업 역사에서 타의 추종을 불허하는 해이며 이와 때를 같이 하여 그 밖의 모든 산업 부문도 매우 번창했다는 사실을 알고 있다. 면공업 직공과 이 부문과 연관된 그 밖의 모든 노동자들의 임금은 1860년에 그 어느 때보다 높았다. 아메리카의 위기[6]가 닥쳐오자 그들의 총임금은 갑자기 이전 액수의 약 1/4로 떨어졌다. 이것은 반대 방향에서 보면 300% 상승한 것이다. 만약 임금이 5에서 20으로 상승한다면, 우리는 300 퍼센트 상승한다고 말한다 ; 만약 20에서 5로 하락한다면, 우리는 75% 하락한다고 말한다 ; 그러나 한쪽에서의 상승액과 다른 쪽에서의 하락액은 15 실링으로 같다. 그렇다면, 이것은 임금률의 전례없는 급격한 변화이며, 면공업에 관계하는 직공들뿐만 아니라 간접적으로 관계하는 직공들까지 계산에 넣는다면 농업 노동자 수보다 1배 반이 더 많은 직공들에게 영향을 미치는 것이기도 했다. 밀 가격은 하락했는가? 그것은 1858-1860년의 3년 동안에는 쿼터 당 연평균 47 실링 8 페니였지만, 1861-1863년의 3년 동안에는 연평균 55 실링 10 페니로 상승했다. 통화를 보면 1860년에는 3,378,102 파운드 스털링, 1861년에는 8,673,232 파운드 스털링이 조폐국에서 주조되었다. 요컨대, 1861년에는 1860년보다 5,295,130 파운드 스털링이 더 주조되었다. 사실 1861년의 은행권 유통은 1860년보다 1,319,000 파운드 스털링이 더 적었다. 이것을 빼 보라. 그래도 번영의 해인 1860년과 비교한 1861년의 통화 증가분은 3,976,130 파운드 스털링, 즉 약 4백만 파운드 스털링이다 ; 그리고 이와 동시에 잉글랜드 은행의 금 보유량도 이와 똑같은 비율은 아니지만 그에 가까운 비율로 감소하였다.

1862년을 1842년과 비교해 보자. 유통된 상품의 가치와 액수가 엄청나게 증가했다는 사실은 접어 두고라도, 1862년에 잉글랜드와 웨일즈에서 철도의 주식, 채권 등등을 정규적으로 거래하는 과정에서 지불된 자본만 하더

라도 3억 2천만 파운드 스털링에 이르렀다. 이것은 1842년이었다면 도저히
믿어지지 않았을 금액이다. 그런데도 1862년과 1842년의 총통화액은 거의
같았다 ; 그러므로 일반적으로 여러분은, 상품의 가치뿐 아니라 화폐 거래
일반의 가치가 엄청나게 증가할수록 통화의 증가는 누진적으로 축소되는
5   경향이 있다는 것을 알게 될 것이다. 우리의 친구 웨스턴의 관점에서 보자
면, 이것은 풀 수 없는 수수께끼이다.

     만약 그가 이 문제를 조금만 더 깊이 파고들었더라면 그는 다음과 같
은 사실들을 발견했을 것이다. 유통되는 상품의 가치와 크기, 그리고 일반
적으로는 결제되는 화폐 거래액은 —— 임금은 접어 두고라도, 또는 임금이
10   고정되어 있다고 가정하더라도 —— 날마다 변한다는 사실 ; 발행되는 은행
권의 액수는 날마다 변한다는 사실 ; 화폐의 개입이 전혀 없이 어음, 수표,
장부상의 대변 계정, 어음 교환소 등의 수단을 통해 실현되는 지불액은 날
마다 변한다는 사실 ; 실제 금속 통화가 필요한 한, 유통되고 있는 주화나
은행 지하 금고에 준비되어 있거나 잠자고 있는 주화 및 금덩이의 비율은
15   날마다 변한다는 사실 ; 국내 유통을 통해 흡수되는 금덩이의 액수와 국제
유통을 위해 해외로 반출되는 액수는 날마다 변한다는 사실. 그는 고정된
통화라는 도그마가 일상적 운동과 화해할 수 없는 엄청난 오류라는 것을 발
견해야 했을 것이다. 그는 통화 법칙에 대한 자신의 그릇된 이해를 임금 상
승에 반대하는 논거로 삼을 것이 아니라, 그렇듯 끊임없이 변화하는 상황에
20   통화가 적응할 수 있게 되는 법칙들을 연구해야 했을 것이다.

4. [공급과 수요]

     우리의 친구 웨스턴은 "repetitio est mater studiorum", 즉 반복은 학
문의 어머니라는 라틴 어 격언을 인정하는 사람이며, 따라서 그는 임금 제
고의 결과로 생기는 통화의 수축은 자본의 축소를 가져올 것이라는 등등의
25   새로운 형식으로 당초의 도그마를 반복하게 되었다. 통화에 관한 그의 기묘
한 생각은 이미 다루었다. 그러므로 나는 그가 자신의 공상적 통화 재난으
로부터 생겨난다고 상상하는 공상적 결과를 파고드는 것은 전혀 쓸데없는

일이라고 생각한다. 이제 나는 곧장, 그토록 다양한 형태로 반복되는 그의 단 하나의 도그마를 그 가장 단순한 이론적 형태로 환원시키고자 한다.

그가 자신의 주제를 다루는 방식이 얼마나 무비판적인가는 한 가지만 언급하면 명백해질 것이다. 그는 임금 상승, 또는 그러한 상승의 결과인 높은 임금에 대한 반대 변론을 펼쳤다. 그렇다면 나는 그에게 이렇게 묻겠다. 5 높은 임금이란 무엇이며 낮은 임금이란 또 무엇인가? 예컨대 주당 5 실링은 왜 낮은 임금이며 주당 20 실링은 왜 높은 임금인가? 만약 5 실링이 20 실링에 비해 낮은 것이라면, 20 실링은 200 실링에 비해 훨씬 낮은 것이다. 만약 온도계에 대해 강의하기로 한 사람이 느닷없이 온도가 높으니 낮으니 하고 열변을 토하는 것으로 강의를 시작한다면, 그는 결코 아무런 지식도 10 제공하지 못하고 말 것이다. 그는 우선 어는점과 끓는점이 어떻게 찾아지는지, 어떻게 이 기준점들이 온도계 판매자나 제작자 마음대로가 아니라 자연 법칙에 의해 정해지는지를 설명해야 할 것이다. 그런데 임금이나 이윤과 관련해서 말하자면, 웨스턴 회원은 경제 법칙으로부터 그러한 기준점들을 이끌어 내는 데 실패했을 뿐 아니라 그것들을 모색할 필요성조차 느끼지 못하 15 였다. 임금이 높다 또는 낮다고 말할 수 있으려면 그것의 측정 수단이 되는 어떤 기준과 비교해야만 한다는 자명한 사실에도 불구하고, 그는 '높다' 혹은 '낮다' 라는 통속적인 말을 고정된 의미를 지닌 어떤 것으로 받아들이는 데 만족하고 말았던 것이다.

그는 왜 특정한 액수의 노동에 대해 특정한 액수의 화폐가 주어지는가 20 를 내게 설명할 수 없을 것이다. 만약 그가 내게 "이것은 공급과 수요의 법칙에 의해 확정된다"고 대답한다면, 제일 먼저 나는 그에게 공급과 수요 자체는 어떤 법칙에 의해 규제되는가를 물을 것이다. 그리고 그러한 반대 변론은 즉각 그를 꿀 먹은 벙어리로 만들고 말 것이다. 노동의 공급과 수요의 관계는 끊임없는 변화를 겪으며, 그러한 변화와 함께 노동의 시장 가격도 25 끊임없이 변화한다. 동맹 파업이나 그 밖의 방법으로 수요와 공급의 실재 상태를 점검해 보는 것이 필요할 수 있긴 하지만, 수요가 공급을 초과하면 어쨌든 임금은 상승한다 ; 공급이 수요를 초과하면 임금은 하락한다. 그러나 만약 여러분이 공급과 수요를 임금 규제 법칙으로 받아들인다면, 그것은 쓸데없이 임금 상승에 반대하는 주장을 펼치는 것만큼이나 유치한 짓일 것이다. 왜냐하면, 여러분이 의지하고 있는 그 지고의 법칙에 따르자면 주기적인 임금 상승은 주기적인 임금 하락만큼이나 지극히 필연적이고 당연한 것이기 때문이다. 만약 여러분이 공급과 수요를 임금 규제 법칙으로 받아들이지 않는다면, 나는 다시 묻는다. 왜 특정한 액수의 노동에 대해 특정한 액수의 화폐가 주어지는가?

그러나 문제를 한층 폭 넓게 고찰해 보자 : 노동이든 다른 어떤 상품이든 그 가치가 궁극적으로 공급과 수요에 의해 결정된다고 생각한다면 그것은 전적으로 오류일 것이다. 공급과 수요는 단지 시장 가격의 일시적 변동들을 규제할 뿐이다. 공급과 수요는 어떤 상품의 시장 가격이 왜 그것의 가치 이상으로 올라가거나 그 이하로 내려가는지를 설명하지만, 가치 자체는 결코 설명할 수 없다. 가령 공급과 수요가 평형을 이룬다거나, 경제학자들이 말하듯이 서로 상쇄한다고 가정해 보자. 물론, 이 대립적인 힘들이 같아지는 바로 그 순간에 두 힘은 서로를 마비시켜 어느 방향으로도 작용하지 않게 된다. 공급과 수요가 서로 평형을 이루는 순간, 그래서 작용하지 않는 그 순간, 상품의 시장 가격은 그 실재 가치, 즉 시장 가격이 그 주위를 동요하는 기준 가격과 일치한다. 그러므로 그 가치의 본성을 연구하는 데 있어, 우리는 공급과 수요가 시장 가격에 미치는 일시적인 영향은 전혀 고찰할 필요가 없다. 임금과 그 밖의 모든 상품의 가격에 대해서도 마찬가지 이야기가 가능하다.

5. [임금과 가격]

우리 친구의 모든 주장들을 가장 단순한 이론적 표현으로 환원하면, 그것들은 다음과 같은 단 하나의 도그마로 귀착된다 : "상품의 가격은 임금에 의해 결정되거나 규제된다."

나는 오래 전에 논파된 이 낡아빠진 오류를 반증하기 위해 실제로 관찰한 바를 끌어 댈 수도 있을 것이다. 나는 여러분에게, 영국의 공장 직공, 광산 노동자, 조선공 등등은 노동이 상대적으로 높은 가격인데도 자신들의 생산물을 다른 모든 국민들보다 싸게 판매하는 데 반해, 예컨대 영국의 농업 노동자는 노동이 상대적으로 낮은 가격인데도 자신들의 생산물이 비싸기 때문에 거의 모든 다른 국민들보다 비싸게 판매한다는 사실을 말해 줄 수도 있을 것이다. 한 나라의 상품들을 서로 비교해 봄으로써, 그리고 여러 나라의 상품들을 서로 비교해 봄으로써 나는, —— 실재적이라기보다는 외관상의 것에 그치는 몇몇 예외들을 제외한다면 —— 평균적으로 높은 가격 5
의 노동이 낮은 가격의 상품을 생산하며 낮은 가격의 노동이 높은 가격의 상품을 생산한다는 것을 보여 줄 수도 있을 것이다. 물론 이것은 앞의 높은 노동 가격과 뒤의 낮은 노동 가격이 각각 그와 같은 정반대의 결과들을 낳는 원인임을 입증하는 것은 아닐테지만, 어쨌든 상품의 가격이 노동의 가격에 의해 지배되는 것이 아님은 입증해 줄 것이다. 그러나 우리는 이러한 경 10
험적 방법을 쓸 필요가 전혀 없다.

아마, 웨스턴 회원이 다음과 같은 도그마를 제시했다는 데 대해 이의가 제기될 수도 있을 것이다 : "상품의 가격은 임금에 의해 결정되거나 규제된다." 사실 그가 그렇게 정식화한 적은 전혀 없다. 반대로, 그는 노동자의 임금뿐만 아니라 자본가의 이윤과 지주의 지대도 상품 가격으로부터 지불 15
될 수밖에 없기 때문에 이윤과 지대도 상품 가격의 구성 부분을 형성한다고 말했다. 그러나 그의 생각에 따르면 가격은 어떻게 형성되는가? 무엇보다 먼저 임금에 의해서 형성된다. 그 다음에 자본가를 위해서 추가적 퍼센티지가 그 가격에 부가되고, 지주를 위해서 또다른 추가적 퍼센티지가 부가된다. 한 상품의 생산에 고용된 노동에 대한 임금이 10이라고 가정해 보자. 20
만약 선대된 임금에 대한 이윤의 비율이 100%라면 자본가는 10을 추가할 것이고, 또 선대된 임금에 대한 지대의 비율이 100%라면 10이 더 추가될 것이며, 상품의 총가격은 30에 달할 것이다. 그러나 가격을 그렇게 결정하는 것은 그저 임금에 의해 가격을 결정하는 것일 뿐이다. 위의 경우에서 임금이 20으로 상승한다면, 상품 가격은 60으로 상승할 것이며, 기타 등등이 25
다. 결과적으로, 임금이 가격을 규제한다는 도그마를 주장한 정치 경제학의 퇴물 저술가들은 모두 이윤과 지대를 단순히 임금에 추가되는 퍼센티지로 취급함으로써 이 도그마를 입증하려 했다. 물론 이들 가운데 어느 누구도 이 퍼센티지의 한계를 경제 법칙으로 환원해서 설명해 낼 수 없었다. 반대로, 그들은 이윤이 전통, 관습, 자본가의 의지, 혹은 그 밖의 마찬가지로 임의적이고 설명 불가능한 방법에 의해 확정되는 것으로 생각하는 듯하다. 만약 그들이 이윤은 자본가들 사이의 경쟁에 의해 확정된다고 주장한다면, 그것은 아무것도 말하지 않는 것과 다름없다. 그 경쟁이라는 것이 서로 다른 산업 부문들에서의 서로 다른 이윤율을 균등화시키거나 하나의 평균 수준으로 환원시키는 것은 확실하지만, 결코 그것이 그 수준 자체, 혹은 일반 이윤율을 결정할 수는 없다.

상품의 가격은 임금에 의해 결정된다고 말하는 것이 의미하는 바는 무엇인가? 임금이란 노동의 가격에 붙인 이름에 지나지 않으므로, 그것은 상품의 가격은 노동의 가격에 의해 규제된다는 뜻으로 된다. '가격'은 교환 가치 —— 가치라고 말할 때 그것은 언제나 교환 가치를 가리킨다 —— , 즉 화폐로 표현된 교환 가치이므로, 그 주장은 결국 "상품의 가치는 노동의 가치에 의해 결정된다" 혹은 "노동의 가치는 가치의 일반적 척도이다"로 된다.

그렇다면 '노동의 가치' 자체는 어떻게 결정되는가? 여기서 우리는 교착 상태에 빠지게 된다. 물론 우리가 논리적으로 추론할 경우에 교착 상태에 빠지게 된다는 이야기다. 그런데 그 도그마의 주창자들이 논리적 망설임을 보이는 시간은 아주 짧다. 예를 들어 우리의 친구 웨스턴을 보자. 처음에 그는, 임금이 상품의 가격을 규제하며 결과적으로 임금이 상승하면 당연히 가격도 상승한다고 우리에게 말했다. 그 다음에 그는 방향을 바꾸어, 상품의 가격이 상승했기 때문에, 그리고 사실 임금은 그것을 소비하여 살 수 있는 상품의 가격으로 측정되기 때문에 임금 상승이 아무런 소용도 없다는 것을 보여 주었다. 이처럼 우리는 노동의 가치가 상품의 가치를 결정한다는 말로 시작해서 상품의 가치는 노동의 가치를 결정한다는 말로 끝맺는다. 이렇듯 우리는 최악의 순환 논법 속에서 이리저리 헤맬 뿐 아무런 결론에도 이르지 못한다.

대체로 하나의 상품, 예컨대 노동이나 곡물이나 그 밖의 어떤 상품의 가치를 가치의 일반적 척도와 규제자로 삼는 것은 단지 곤란을 일시적으로 모면하게 할 뿐이라는 것은 명백하다. 왜냐하면, 하나의 가치를 또 다른 가치로 결정하고 있는데 그 가치 또한 결정되어야 하기 때문이다.

"임금이 상품의 가격을 결정한다"는 도그마를 가장 추상적인 형태로 표현하면 "가치는 가치에 의해 결정된다"로 되는데, 이러한 동어 반복은 사

실상 우리가 가치에 관해서 아무것도 모른다는 것을 뜻한다. 이 전제를 받
아들인다면, 정치 경제학의 일반 법칙에 관한 모든 추론은 한낱 허튼소리가
되고 말 것이다. 그러므로 1817년에 출판된 자신의 저서 『정치 경제학의 원
리에 관하여』에서 "임금이 가격을 결정한다"는 해묵은 통속적이고 낡아빠진
오류를 근본적으로 깨뜨린 것은 리카도의 위대한 공적이었다. 그런데 애덤   5
스미스와 그의 프랑스 선행자들은 자신들이 행한 연구의 진짜 과학적인 부
분에서는 이 오류를 배척했으면서도 한층 피상적이고 통속적인 장章들에
서는 다시 재생산하고 있었다.

6. [가치와 노동]

회원 여러분, 이제 나는 문제의 진정한 전개를 시작해야 할 시점에 다   10
다랐다. 나는 이것을 매우 만족할 만한 방식으로 수행하겠다고 약속할 수는
없다. 그러려면 정치 경제학의 영역 전체를 걸어 다녀야 하기 때문이다. 나
는 프랑스 인들이 말하듯이 "effleurer la question", 즉 요점을 다루는 것밖
에 할 수 없다.

우리가 제기해야 할 첫번째 문제는 다음과 같은 것이다 : 한 상품의 가   15
치란 무엇인가? 그것은 어떻게 결정되는가?

얼른 보면, 한 상품의 가치는 매우 상대적인 것이고 어떤 상품을 다른
모든 상품들과의 관계 속에서 고찰하지 않으면 확정할 수 없는 것처럼 보일
것이다. 사실 가치, 어떤 상품이 교환될 때의 가치라고 말할 때, 그것은 다
른 모든 상품들과 그 상품이 교환되는 양적 비율을 의미한다. 그러나 다음   20
과 같은 문제가 생기게 된다 : 상품들이 서로 교환되는 비율들은 어떻게 규
제되는가?

우리는 이 비율들이 무한히 다양하다는 것을 경험을 통해 알고 있다.
하나의 상품, 예를 들어 밀을 생각해 보라. 그러면 밀 1 쿼터가 다른 상품
들과 교환되는 비율은 거의 무한하다는 것을 알게 될 것이다. 그러나 비단,   25
금, 또는 그 밖의 어떤 상품들로 표현되든 간에 그 가치는 늘 같은 것이므로,
이 가치는 다양한 품목의 상품들과 교환되는 다양한 비율들과는 구별되는 독

립적인 어떤 것이어야 한다. 다양한 상품들과의 다양한 등식들을 하나의 완전히 다른 형식으로 표현할 수 있어야 한다.

게다가 만약 1 쿼터의 밀이 철과 어떤 비율로 교환된다든가 아니면 밀 1 쿼터의 가치가 얼마만큼의 철로 표현된다고 말한다면, 그것은 밀의 가치와 철의 모습을 하고 있는 그것의 등가물이 밀도 아니고 철도 아닌 제3의 어떤 것과 같다고 말하는 것이다. 왜냐하면 나는 이것들이 같은 규모를 두 가지 서로 다른 형태로 표현한다고 가정하기 때문이다. 그러므로 밀이든 철이든 서로 상대방과는 관계 없이 그것들의 공동의 척도가 되는 이 제3의 것으로 환원될 수 있어야 하는 것이다.

이 점을 밝히기 위해서 매우 간단한 기하학적 예를 들어 보겠다. 있을 수 있는 모든 형태와 규모를 가지는 삼각형들의 면적을 서로 비교할 때, 또는 삼각형을 사각형이나 그 밖의 어떤 다각형과 비교할 때, 우리는 어떤 절차를 밟는가? 우리는 어떤 삼각형의 면적이든 그것의 가시적 형태와는 전혀 다른 표현으로 그것을 환원한다. 삼각형의 면적은 밑변과 높이의 곱을 반으로 나눈 것과 같다는 것을 삼각형의 성질에서 밝혀 낸 뒤에, 우리는 이제 모든 종류의 삼각형의 다양한 값들values을 서로 비교할 수 있고 또 모든 다각형의 다양한 값들을 비교할 수 있다. 왜냐하면 어떤 다각형도 몇 개의 삼각형으로 나눌 수 있기 때문이다.

상품의 가치에 대해서도 같은 절차를 밟아야 한다. 우리는 모든 상품들을 그 모두에 공통된 하나의 표현으로 환원할 수 있어야 하고, 그리하여 오로지 동일한 척도를 포함하고 있는 비율들에 의해 그 상품들을 구별해야 한다.

상품들의 교환 가치는 단지 이 물건들의 사회적 기능일 뿐이고 그것들의 자연적 성질과는 아무런 관계도 없기 때문에, 우리는 먼저 이렇게 물어야 한다 : 모든 상품에 공통된 사회적 실체는 무엇인가? 그것은 노동이다. 어떤 상품을 생산하려면 거기에 특정한 액수의 노동을 들이거나 투여해야 한다. 그런데 나는 그냥 노동이 아니라 사회적 노동을 이야기하고 있다. 자기 자신의 직접적 필요를 위해, 즉 자신이 소비하기 위해 품목을 생산하는 사람이 있다면, 그는 생산물을 만드는 것이지 상품을 만드는 것이 아니다. 그는 자급 자족하는 생산자이며, 사회와는 아무런 관계도 없다. 그러나 상품을 생

산하려면, 인간은 어떤 사회적 요구를 충족하는 품목을 생산해야 할 뿐만
아니라 그의 노동 자체가 사회에 의해 지출되는 노동의 총합의 **빼놓을** 수
없는 구성 부분이 되어야 한다. 사회 내부의 분업에 종속되어야 한다. 그것
은 그 밖의 분할된 노동이 없이는 아무것도 아니며, 또 그 자체로 그 밖의
분할된 노동을 보완할 것을 요청받는다.   5

　　만약 상품을 가치로 생각한다면, 그것은 이 상품을 오로지 실현된, 고정
된, 또는 여러분이 좋으시다면 결정화된 사회적 노동이라는 단 하나의 측면
에서만 생각하는 것이다. 이러한 점에서 볼 때 상품은 오직 그것이 대표하
는 노동량의 대소에 의해서만 서로 구별될 수 있으며, 예컨대 한 장의 벽돌
을 만드는 것보다는 한 장의 비단 손수건을 만드는 데 더 많은 노동량이 투   10
여되리라는 것이다. 그러나 노동량은 어떻게 측정하는가? 노동이 지속되는
시간에 의해서, 즉 노동을 시간이나 날짜 등등으로 측정함으로써. 물론 이
척도를 적용하기 위해서는 어떤 종류의 노동이든 단위로서의 평균 노동이
나 단순 노동으로 환원된다.

　　그러므로 우리는 다음과 같은 결론에 도달한다. 상품이 가치를 가지는   15
것은 그것이 사회적 노동의 결정체이기 때문이다. 상품의 가치의 크기, 즉 그
것의 상대적 가치는 그 속에 포함된 사회적 실체의 액수가 큰가 작은가에
달려 있다 ; 다시 말해 그 상품을 생산하는 데 필요한 노동의 상대적 크기에
달려 있다. 그러므로 상품들의 상대적 가치는 상품들 속에 투여되고 실현되고
고정된 각각의 노동량 또는 노동의 액수에 의해 결정된다. 같은 노동 시간에   20
생산될 수 있는 상품들의 상관적 양은 같다. 또는, 한 상품의 가치와 다른
상품의 가치의 관계는 한 상품에 고정되어 있는 노동량과 다른 상품에 고정
되어 있는 노동량의 관계와 같다.

　　여러분들 가운데 다음과 같은 질문을 할 사람이 많을 것으로 생각된
다. 상품의 가치가 임금에 의해 결정된다는 것과 그것을 생산하는 데 필요   25
한 상대적 노동량에 의해 결정된다는 것 사이에 그렇게 커다란 차이가 있는
가, 아니 도대체 조금이라도 차이가 있는가? 그러나 여러분은 노동에 대한
보수와 노동량은 완전히 다른 것임을 알아야 한다. 예컨대 밀 1 쿼터와 금 1
온스에 같은 노동량이 고정되어 있다고 가정해 보자. 내가 이러한 예에 의지
하는 것은, 가치의 참된 본성을 알아차린 최초의 사람들 가운데 하나인 벤

자민 프랭클린이 『지폐의 본성과 필요성에 관한 소연구』라는 제목으로 1729년에 출판한 자신의 첫 저작에서 이 예를 사용했기 때문이다. 좋다. 그러면, 밀 1 쿼터와 금 1 온스는 같은 액수의 평균 노동의 결정체이기 때문에, 이들 각각에 고정되어 있는 몇 일 또는 몇 주일 노동의 결정체이기 때문에, 우리
5 는 그것들이 같은 가치 또는 등가물이라고 가정하는 셈이 된다. 우리가 금과 곡물의 상대적 가치를 이와 같이 결정하는 과정에서 농업 노동자와 광부의 임금이 어떤 식으로든 언급되는가? 전혀 언급되지 않는다. 우리는 그들의 하루 노동이나 주 노동이 어떻게 지불되었는가 하는 문제에 대해서, 심지어 임금 노동이 고용되었는지 여부에 대해서도 확정되지 않은 것으로 한다. 임
10 금 노동이 고용되었다면 그것은 매우 불균등했을 지도 모른다. 밀 1 쿼터에 자신의 노동을 실현한 노동자는 겨우 2 부셸[$\frac{1}{4}$ 쿼터]만을 받는 데 비해 광산 채굴에 고용된 노동자는 반 온스의 금을 받을 수 있는 것이다. 혹은 그들의 임금이 같다고 가정하더라도, 그들이 생산한 상품의 가치와 그 임금 사이의 편차 비율은 극히 다양할 수 있다. 그들의 임금은 곡물 1 쿼터 또는
15 금 1 온스의 $\frac{1}{2}$, $\frac{1}{3}$, $\frac{1}{4}$, $\frac{1}{5}$ 혹은 그 밖의 몇 분의 일에도 해당될 수 있다. 물론 그들의 임금은 그들이 생산한 상품의 가치를 초과하거나 그 이상은 될 수 없지만 얼마든지 그 이하는 될 수 있다. 그들의 임금은 생산물의 가치에 의해 제한될 것이지만, 그들의 생산물의 가치는 임금에 의해 제한되지 않을 것이다. 또 무엇보다도 가치, 예컨대 곡물과 금의 상대적 가치는 사용
20 된 노동의 가치, 즉 임금과는 아무런 상관없이 확정될 것이다. 그러므로, 상품 속에 고정되어 있는 상대적 노동량에 의해 상품의 가치를 결정한다는 것은 노동의 가치 또는 임금에 의해 상품의 가치를 결정한다는 동어 반복적 방법과는 완전히 다른 것이다. 하지만 이 점은 우리의 연구가 진행됨에 따라 한층 분명히 밝혀질 것이다.
25 　　상품의 교환 가치를 계산함에 있어, 우리는 마지막에 사용된 노동량에다가 이전에 상품의 원료에 투여된 노동량 및 이러한 노동을 보조하는 설비, 도구, 기계, 건물 등에 들인 노동량을 추가해야 한다. 예를 들어, 특정한 액수의 면사 가치는 방적 과정 동안에 면화에 추가된 노동량, 이전에 면화 자체에 실현된 노동량, 사용된 석탄과 기름과 그 밖의 보조 재료에 실현된 노동량, 증기 기관이나 방추나 공장 건물 등등에 고정된 노동량 등의 결

정체이다. 도구, 기계, 건물과 같은 이른바 본래적 의미의 생산 용구들은
생산 과정이 반복적으로 이루어지는 동안에 긴 기간 혹은 짧은 기간 동안
되풀이해서 이용된다. 만약 그것들이 원료처럼 한꺼번에 다 사용되어 버린
다면, 그 가치 전체는 그것들을 보조 수단으로 하여 생산한 상품으로 한꺼
번에 이전될 것이다. 그러나 예컨대 방추는 점차적으로 사용되어 버리므로,   5
방추의 평균 내구 시간과 이를테면 하루와 같은 특정한 기간 동안의 평균
마손과 소모에 근거하여 평균적으로 계산하게 된다. 이와 같은 방법으로 우
리는 날마다 뽑아 내는 면사에 얼마만큼의 방추의 가치가 이전되는가, 따라
서 예컨대 1 파운드의 면사에 실현된 노동 총액 가운데 얼마만큼이 이전에
방추에 실현되어 있는 노동량에 해당하는가를 계산한다. 우리의 당면 목적   10
을 위해서는 이 점을 더 파고들 필요가 없다.

　　만약 한 상품의 가치가 그것의 생산에 들인 노동량에 의해 결정된다면,
게으르거나 서투른 사람일수록 상품을 완성하는 데 필요한 노동 시간이 길
어지기 때문에 그의 상품은 더 큰 가치를 지니는 것으로 보일 수도 있다.
그러나 이는 지독한 잘못이다. 여러분은 내가 '사회적 노동' 이라는 말을 사   15
용했음을 기억할 것이며, '사회적' 이라는 이 규정에는 많은 뜻이 포함되어
있다. 한 상품의 가치는 그 속에 투여되거나 결정화된 노동량에 의해 결정
된다고 말할 때, 그것은 주어진 사회 상태에서, 특정한 사회적 평균 생산
조건에서, 주어진 사회적 평균 노동 강도와 평균 노동 숙련도를 사용하여
그 상품을 생산하는 데 필요한 노동량을 뜻한다. 영국에서 역직기가 수직기   20
와 경쟁하게 되었을 때, 주어진 액수의 면사를 1 야드의 면포 또는 옷감으
로 전화시키는 데 드는 시간은 이전 노동 시간의 절반밖에 되지 않았다. 수
직기를 사용하는 가련한 직조공은 전에는 하루 9 시간 또는 10 시간 노동했
는데 이제는 17 시간 또는 18 시간 노동하게 되었다. 그런데도 그의 스무
시간 노동의 생산물은 이제 고작 10 시간의 사회적 노동, 즉 특정한 액수의   25
면사를 면직물로 전화시키는 데 사회적으로 필요한 10 시간의 노동만을 대
표하게 되었다. 그러므로 그의 20 시간 생산물은 이전의 그의 10 시간 생산
물보다 더 큰 가치를 지닌 것은 아니게 되었다.

　　그런데 만약 상품에 실현되어 있는 사회적으로 필요한 노동량이 상품
의 교환 가치를 규제한다면, 한 상품의 생산에 요구되는 노동량이 늘어날

때마다 그 가치도 커질 것이 틀림없으며, 또 줄어들 때마다 작아질 것이 틀림없다.

만약 각각의 상품의 생산에 필요한 각각의 노동량이 불변인 채로 있다면, 그 상대적 가치 또한 불변일 것이다. 그러나 그런 경우란 없다. 한 상품의 생산에 필요한 노동량은 사용되는 노동 생산력의 변화와 더불어 끊임없이 변화한다. 노동 생산력이 높을수록 주어진 노동 시간 안에 완성되는 생산물은 더 많아지며, 노동 생산력이 낮을수록 같은 시간 안에 완성되는 생산물은 더 적어진다. 예컨대, 만약 인구가 늘어남에 따라 덜 비옥한 토양을 경작할 필요가 생긴다면 더 많은 액수의 노동을 지출해야만 같은 액수의 생산물을 얻을 수 있을 것이며, 이로 인해 농업 생산물의 가치는 상승할 것이다. 다른 한편, 만약 어느 방적공이 현대적인 생산 수단을 이용해서 이전에 1 노동일 동안 물레로 짜 낼 수 있었던 것의 수천 배에 달하는 액수의 면화를 같은 시간 동안 면사로 만들어 낸다면, 파운드 당 면화가 흡수하는 방적 노동은 이전에 비해 수천 배 적어질 것이며, 그 결과 방적에 의해 파운드 당 면화에 추가되는 가치도 이전에 비해 수천 배 적어질 것이라는 점은 명백하다. 면사의 가치는 이에 상응하여 내려갈 것이다.

민족마다 그 자연적 에너지와 후천적으로 습득된 작업 능력이 서로 다르다는 점을 제쳐놓는다면, 노동 생산력은 주로 다음과 같은 것들에 좌우될 것이 틀림없다 :

1. 토양의 비옥도나 광산의 매장량 등등과 같은 노동의 자연적 조건들.

2. 사회적 노동력의 점차적 개선. 이러한 개선은 대규모 생산, 자본의 집적과 노동의 결합, 노동의 세분, 기계, 방법의 개선, 화학적 힘과 그 밖의 자연적 힘의 응용, 통신 및 운송 수단에 의한 시간과 공간의 단축, 그리고 과학으로 하여금 자연력을 노동에 봉사하도록 만들고 노동의 사회적 또는 협업적 성격을 발전시키는 그 밖의 모든 발명 등에서 파생한다. 노동의 생산력이 높을수록 주어진 액수의 생산고에 들이는 노동은 더욱 적어진다 ; 따라서 이 생산고의 가치는 더욱 작아진다. 노동의 생산력이 낮을수록 같은 액수의 생산고에 들이는 노동은 더욱 많아진다 ; 따라서 그것의 가치는 더욱 커진다. 그러므로 우리는 다음과 같이 일반적 법칙을 제시할 수 있을 것이다 :

상품의 가치는 그것의 생산에 사용된 노동 시간에 정비례하고, 사용된 노동의 생산력에 반비례한다.

지금까지는 가치에 관해서만 이야기했으므로, 이제는 가치가 취하는 특유한 형태인 가격에 관해서 몇 마디 덧붙이고자 한다.

가격은 그 자체로 보면 가치의 화폐적 표현에 불과하다. 이 나라에서는 모든 상품의 가치가 예컨대 금의 가격으로 표현되지만, 대륙에서는 주로 은의 가격으로 표현된다. 금이나 은의 가치는 그 밖의 모든 상품의 가치와 마찬가지로 그것을 얻는 데 필요한 노동량에 의해 규제된다. 여러분은 특정한 액수의 여러분의 국민 노동이 결정화되어 있는 특정한 액수의 여러분의 국민 생산물을 금이나 은을 생산하는 나라들의 생산물과, 즉 그들 나라의 특정한 노동량이 결정화되어 있는 생산물과 교환한다. 여러분이 모든 상품의 가치, 다시 말해 상품에 들인 각각의 노동량을 금과 은으로 표현할 수 있게 되는 것은 바로 이와 같은 방법, 사실상 물물 교환을 통해서이다. 가치의 화폐적 표현, 또는 결국 같은 이야기지만 가치의 가격으로의 전화를 더 상세히 고찰하면, 여러분은 그것이 모든 상품의 가치에 독립적이고 동질적인 형태를 부여하는 과정 또는 그 가치를 같은 사회적 노동량으로 표현하는 과정임을 알게 될 것이다. 가격이 가치의 화폐적 표현에 지나지 않은 한, 가격은 애덤 스미스에게는 "자연 가격natural price"이라고, 프랑스 중농주의자들[54]에게는 "필요 가격prix nécessaire"이라고 불리었다.

그러면 가치와 시장 가격의 관계, 또는 자연 가격과 시장 가격의 관계는 어떠한가? 여러분 모두는, 개별 생산자들의 생산 조건들이 아무리 다르다 하더라도 시장 가격은 같은 종류의 모든 상품들에 대해서 같다는 것을 알고 있다. 시장 가격은, 평균적 생산 조건에서 특정한 품목의 특정한 양을 시장에 공급하는 데 필요한 사회적 노동의 평균 액수를 표현할 뿐이다. 그것은 특정한 종류의 많은 상품 전체를 기초로 계산된다.

그런 한에서 상품의 시장 가격은 그 가치와 일치한다. 다른 한편, 때로는 가치 또는 자연 가격 이상으로 올라가고 때로는 그 이하로 내려가는 시장 가격의 동요는 공급과 수요의 변동에 좌우된다. 가치로부터 시장 가격의 이탈은 끊임없지만, 애덤 스미스는 다음과 같이 말하고 있다 :

"자연 가격은 모든 상품의 가격이 끊임없이 끌려가는 중심 가격이다. 여러 가지 우연적 사건들로 인해 상품 가격은 때로는 자연 가격보다 훨씬 높게 유지될 수도 있고 때로는 그 이하로 다소 떨어지기도 한다. 그러나 상품 가격이 이 안정적이고 지속적인 중심에 안착할 수 없게 방해하는 장애물이

5 무엇이든 간에 그것은 늘 이 중심을 향하는 경향이 있다."[55]

나는 지금 이 문제를 더 깊이 파고들 수 없다. 만약 공급과 수요가 서로 평형을 이룬다면 상품의 시장 가격은 그 자연 가격과, 다시 말해 그것의 생산에 필요한 각각의 노동량에 의해 결정되는 가치와 일치하리라는 것을 말해 두는 것으로 충분하다. 그러나 공급과 수요는, 그것들이 오로지 하나

10 의 변동을 다른 하나의 변동으로, 상승을 하락으로, 하락을 상승으로 보상함으로써만 이루어지는 것이긴 하지만 어쨌든 평형을 이루는 경향을 가질 수밖에 없다. 만약 여러분이 날마다의 변동만을 생각하지 않고, 예컨대 투크 씨가 자신의 『물가의 역사』에서 그랬던 것처럼 더 오랫동안의 시장 가격의 움직임을 분석한다면, 여러분은 시장 가격의 변동, 시장 가격의 가치로부터

15 의 이탈, 시장 가격의 오름과 내림 등이 서로를 약화시키고 보상한다는 것을 발견할 것이다. 그리하여 내가 여기에서 논의하지 못하고 넘어갈 수밖에 없는 독점의 영향이나 그 밖의 몇몇 변용들을 문제삼지 않는다면, 모든 종류의 상품은 평균적으로 그 각각의 가치 또는 그 자연 가격대로 판매된다는 것을 발견할 것이다. 어떤 종류의 상품은 다른 종류의 상품에 비해 공급을

20 수요에 적응시키기가 더 쉽기 때문에, 시장 가격의 변동이 서로 보상되는 평균 기간은 상품의 종류에 따라 다르다.

그렇다면, 그리고 대체로 말해서 다소 긴 기간을 두고 볼 때 모든 종류의 상품이 그 각각의 가치대로 판매되는 것이라면, 다양한 산업 부문의 불변적이고 통상적인 이윤 —— 개별적인 경우의 이윤이 아니라 —— 이 상

25 품의 가격을 과도하게 매김으로써, 요컨대 그 가치 이상의 가격으로 상품을 판매함으로써 생긴다고 가정하는 것은 터무니없는 생각이다. 이 생각이 어리석다는 것은 그것을 일반화시켜 보면 명백해진다. 어떤 사람이 판매자로서 늘 이득을 본다고 하더라도, 그는 구매자로서 늘 그 만큼을 손해볼 것이다. 판매자가 되는 일 없이 항상 구매자인, 생산자가 되는 일 없이 항상 소

비자인 어떤 사람들이 있다고 말해 보았자 아무 소용이 없을 것인다. 이 사
람들이 생산자에게 지불하는 것을 그들은 먼저 생산자에게서 아무런 대가
없이 얻지 않으면 안 된다. 만약 누군가가 먼저 여러분의 돈을 가져 가고
그 뒤에 여러분의 상품을 구매함으로써 그 돈을 돌려준다면, 여러분은 여러
분의 상품을 그 사람에게 아무리 비싸게 판매한다 하더라도 결코 부자가 될   5
수 없을 것이다. 이 같은 종류의 거래는 손실은 줄일 수는 있을지 모르나
결코 이윤을 내는 데는 도움이 되지 못할 것이다.

　　그러므로 이윤의 일반적 본성을 설명하려면 여러분은 다음의 정리定理,
즉 평균적으로 상품은 그 실재 가치대로 판매되며, 이윤은 상품을 그 가치대로
판매하는 데서, 요컨대 상품에 실현된 노동량에 비례하여 판매하는 데서 생   10
긴다는 정리로부터 출발해야 한다. 만약 여러분이 이 가정에 근거하여 이윤
을 설명할 수 없다면, 여러분은 그것을 전혀 설명할 수 없는 것이다. 이것
은 역설로 보이고, 일상의 관찰과 반대인 듯이 보인다. 그러나 지구가 태양
둘레를 돈다는 것과 물이 아주 연소되기 쉬운 두 가지의 가스로 이루어져
있다는 것도 마찬가지로 역설이다. 우리를 현혹하는 사물의 겉모습만을 포   15
착하는 일상적 경험으로 판단한다면, 과학적 진리는 언제나 역설이다.

7. 노동력

　　지금까지 거칠게나마 가능한 한도 안에서 가치의 본성, 모든 임의의 상
품의 가치의 본성을 분석했으므로, 이제 우리는 노동의 가치라는 특유한 것
에 주의를 돌려야 한다. 그리고 여기에서도 나는 다시금 얼핏 보면 역설처   20
럼 들리는 이야기로 여러분을 놀라게 할 수밖에 없다. 여러분 모두는 다음
과 같은 것을 확신하고 있을 것이다. 사람들이 날마다 판매하는 것은 자신
의 노동이라는 것 ; 따라서 노동은 가격을 가진다는 것, 그리고 상품의 가격
은 단지 그 가치의 화폐적 표현일 뿐이므로 노동의 가치라는 어떤 것이 틀림
없이 존재해야 한다는 것. 하지만 사람들이 통상적으로 말하는 의미에서의   25
노동의 가치라는 것은 존재하지 않는다. 우리가 이미 살펴보았듯이, 한 상품
에 결정화되어 있는 필요한 노동의 액수가 그 상품의 가치를 구성한다. 이

제 이 가치 개념을 적용한다면 어떻게 우리는, 예컨대 10 시간 노동일의 가치를 규정할 수 있을 것인가? 이 노동일에는 얼마만큼의 노동이 포함되어 있는가? 10 시간의 노동이다. 10 시간 노동일의 가치가 10 시간의 노동 또는 그것에 포함된 노동량과 같다고 말하는 것은 동어 반복일 것이며 나아가 무의미한 표현일 것이다. 물론 우리가 일단 '노동의 가치'라는 표현의 참된, 그러나 감춰진 의미를 발견한다면, 우리는 가치를 이렇듯 불합리하며 불가능해 보이게 적용하는 것의 의미를 해석해 낼 수 있을 것이다. 그것은 일단 천체의 실재 운동을 확실히 알고 나면, 그 시운동視運動, 요컨대 단지 현상적일 뿐인 운동을 설명할 수 있는 것과 마찬가지이다.

노동자가 판매하는 것은 그의 노동 자체가 아니라, 일시적으로 그 처분을 자본가에게 맡기는 그의 노동력이다. 바로 그런 까닭에 —— 영국의 법률은 어떤지 모르겠으나 대륙의 일부 법률에서는 그러하다 —— 노동력의 판매에 허용되는 최대 시간이 확실히 정해져 있는 것이다. 만약 노동력을 한정 없이 판매하는 것이 허용된다면 노예제가 곧바로 되살아 날 것이다. 또 만약 노동력의 판매가 예컨대 노동자의 일생 동안으로 연장된다면, 노동자는 곧 자신의 고용주의 종신 노예가 되고 말 것이다.

영국의 가장 오랜 경제학자이자 가장 독창적인 철학자 가운데 한 사람 —— 토마스 홉스 —— 은 일찍이 자신의 『리바이어던』에서, 자신의 모든 계승자들이 간과한 이 점을 본능적으로 간파했다. 그는 이렇게 말한다 :

"한 인간의 가치나 값어치는 다른 모든 물건에서와 마찬가지로 그의 가격이다 : 요컨대, 그의 힘을 사용하는 데에 대해 주어지는 것만큼이다."

이러한 토대에서 출발한다면, 우리는 다른 모든 상품의 가치와 마찬가지로 노동의 가치도 결정할 수 있을 것이다.

그러나 그에 앞서 우리는 이렇게 물을 수 있다. 시장에 토지, 기계, 원료, 생활 수단―미개간지를 제외한다면 이것들 모두가 노동의 생산물이다―등을 소유하고 있는 구매자 집단이 있는 반면, 다른 한편으로는 자신의 노동력, 즉 일하는 팔과 두뇌 외에는 아무것도 판매할 것이 없는 판매자 집단이 존재하는 이 기이한 현상은 어떻게 생겨나는가? 어떻게 해서 앞의 집단은 이윤을 남겨 돈을 벌려고 늘 구매하는 반면, 뒤의 집단은 생계를 위해 늘 판매하는 현상이 일어나는가? 이 문제에 대한 연구는 경제학자들이 흔히 '선행적 또는 본원적 축적'이라고 부르는 것, 그러나 실은 본원적 수탈이라고 불러야 할 것에 대한 연구가 될 것이다. 우리는 이러한 이른바 본원적 축적이 노동하는 인간과 그의 노동 수단 사이에 존재하는 본원적 통일의 해체로 귀결된 일련의 역사적 과정에 지나지 않는다는 점을 알게 될 것이다. 그러나 그러한 연구는 당면 주제의 경계를 벗어나는 것이다. 노동하는 인간과 노동 수단 사이의 분리가 일단 확립되면, 그러한 상태는 계속 유지되며 나아가 끊임없이 확대되는 규모로 재생산될 것이다. 그러다가 마침내 생산 방식에서의 새롭고도 근본적인 혁명이 그러한 상태를 뒤집고 본원적 통일을 새로운 역사적 형태로 되살려 내게 될 것이다.

그렇다면 노동력의 가치란 무엇인가?

다른 모든 상품의 가치와 마찬가지로 노동력의 가치도 그것의 생산에 필요한 노동량에 의해 결정된다. 한 인간의 노동력은 오직 그의 살아 있는 개체 속에서만 존재한다. 한 인간이 성장하고 삶을 유지하려면 특정한 크기의 생활 필수품이 소비되어야 한다. 그러나 인간도 기계와 마찬가지로 마모되며, 다른 사람으로 교체되어야 한다. 인간은 자기 자신의 생존을 위해 필요한 크기의 생활 필수품 외에, 노동 시장에서 자기를 대체하고 노동자 종족의 대를 이을 일정한 수의 자녀를 양육하는 데 필요한 다른 액수의 생활 필수품도 필요로 한다. 더구나 그의 노동력을 계발하고 어떤 기술을 습득하는 데도 또 다른 액수의 가치가 지출되어야 한다. 우리의 목적을 위해서는 교육 비용과 계발 비용이 얼마 들지 않는 평균 노동만을 고찰하는 것으로 충분하다. 그렇지만 나는 이 기회를 이용해서, 서로 다른 질의 노동력을 생산하는 비용이 각기 다르듯이 서로 다른 부문에 고용되는 노동력의 가치도 각기 다를 수밖에 없다는 점을 말해 두어야겠다. 그러므로 임금의 평등이라는 요구는 잘못된 생각에 근거하는 것이며, 결코 이루어질 수 없는 어리석은 바람이다. 그것은, 전제는 받아들이면서도 그 결론은 회피하려는 그릇되고 피상적인 급진주의의 산물이다. 임금 제도의 토대 위에 있는 한, 노동력의 가치는 다른 모든 상품의 가치와 마찬가지의 방식으로 확정된다 ; 그리고 서로 다른 종류의 노동력은 서로 다른 가치를 가지므로, 즉 그것의 생산에 필요한 노동량이 서로 다르므로, 노동 시장에서 노동력은 서로 다른 가격으로 판매될 수밖에 없는 것이다. 임금 제도라는 토대 위에서 동등한 또는 심지어 공정한 보수를 요구하는 것은 노예 제도라는 토대 위에서 자유를 요구하는 것과 똑같다. 여러분이 무엇을 정당하거나 공정한 것으로 생각하는 가는 논외의 문제다. 문제는 이것이다 : 주어진 생산 제도에서 무엇이 필연적이며 불가피한가?

지금까지의 서술에 따르면, 노동력의 가치는 노동력을 생산하고 발전시키고 유지하고 영속화하는 데 필요한 생활 필수품의 가치에 의해 결정된다는 것을 알게 될 것이다.

8. 잉여 가치의 생산

이제 한 노동자의 하루 생활 필수품의 평균량의 생산에 6 시간의 평균 노동이 필요하다고 가정해 보자. 나아가 6 시간의 평균 노동은 또한 3 실링에 해당하는 양의 금에 실현되어 있다고 가정하자. 그렇다면 그 3 실링은 그 사람이 지닌 노동력의 하루 가치의 가격 또는 화폐적 표현이 될 것이다. 만약 그가 날마다 6 시간 노동한다면, 그는 자신의 하루 생활 필수품의 평균량을 구매하기에 충분한, 또는 노동자로서 자신의 생존을 유지하기에 충분한 가치를 날마다 생산하는 셈이 될 것이다.

그러나 우리의 이 사람은 임금 노동자다. 따라서 그는 자신의 노동력을 자본가에게 판매해야 한다. 만약 그가 자신의 노동력을 일당 3 실링 또는 주당 18 실링에 판매한다면, 그는 그것을 그 가치대로 판매하는 것이다. 그가 방적공이라고 가정해 보자. 만약 그가 날마다 6 시간 노동한다면, 그는 날마다 면화에 3 실링의 가치를 추가하는 셈이 될 것이다. 날마다 그가 추가하는 이 가치는 날마다 그가 받는 임금, 요컨대 그의 노동력의 가격에 대한 정확한 등가물이 될 것이다. 그러나 이 경우에는 자본가에게 아무런 잉여 가치나 잉여 생산물도 돌아가지 않는다. 따라서 우리는 여기서 난관에 부딪히게 된다.

자본가는 노동자의 노동력을 구매하고 그 가치를 지불함으로써, 다른

모든 구매자와 마찬가지로 구매한 그 상품을 소비하거나 사용할 권리를 가
지게 된다. 기계를 돌리는 것이 그 기계를 소비하거나 사용하는 것이듯이,
어떤 사람을 노동하게 하는 것은 그 사람의 노동력을 소비하거나 사용하는
것이다. 그러므로 자본가는 노동자가 지닌 노동력의 하루 또는 일주일 가치
를 지불함으로써 그 노동력을 하루 종일 또는 일주일 내내 사용하거나 노동하   5
게 할 권리를 얻게 된다. 물론 노동일이나 노동주도 어떤 한계를 가지지만,
이에 대해서는 뒤에 더욱 상세히 고찰하기로 한다.

　　지금 당장은 하나의 결정적인 논점에 여러분의 주의를 돌리려 한다.

　　노동력의 가치는 그것을 유지하거나 재생산하는 데 필요한 노동량에
의해 결정된다. 그러나 그 노동력의 사용은 노동자의 활동 에너지와 체력에   10
의해서만 제한된다. 마치 한 필의 말이 필요로 하는 사료와 그 말이 기수를
태우고 갈 수 있는 시간이 완전히 다른 문제이듯이, 노동력의 하루 또는 일
주일 가치는 노동력의 하루 또는 일주일 실행과는 완전히 다른 문제이다.
노동자가 지닌 노동력의 가치를 한정하는 노동량이 그의 노동력이 실행될
수 있는 노동량의 한계를 이루는 것은 결코 아니다. 다시 방적공의 예를 들   15
어 보자. 우리는 그가 자신의 노동력을 날마다 재생산하려면 날마다 3 실링
의 가치를 재생산해야 하며, 하루 6 시간 노동함으로써 그렇게 할 것이라는
사실을 앞에서 보았다. 그러나 이것이 그가 하루 10 시간, 12 시간 또는 그
이상을 노동하지 못하게 하지는 않는다. 자본가는 방적공이 지닌 노동력의
하루 또는 일주일 가치를 지불함으로써 그 노동력을 하루 종일 또는 일주일   20
내내 사용할 수 있는 권리를 얻었다. 그러므로 자본가는 방적공을 예컨대
하루 12 시간 노동하게 할 것이다. 따라서 방적공은 그의 임금 또는 노동력
의 가치를 보전補塡하는 데 필요한 6 시간을 초과하여 또 다른 6 시간을 노
동해야 한다. 나는 그것을 잉여 노동 시간이라고 부르고자 하는데, 이 잉여
노동은 잉여 가치와 잉여 생산물로 실현될 것이다. 예컨대 우리의 방적공이   25
하루 6 시간 노동으로 자기 임금의 정확한 등가물인 3 실링의 가치를 면화
에 추가했다면, 그는 12 시간의 노동으로 6 실링의 가치를 면화에 추가하게
될 것이며, 그만큼의 잉여 면사를 생산하게 될 것이다. 그는 자기 노동력을
자본가에게 판매했으므로 그가 창조한 모든 가치 또는 모든 생산물은 그의

노동력의 일시적 pro tempore 소유자인 자본가에게 귀속된다. 따라서 자본가는 3 실링을 선대함으로써 6 실링의 가치를 실현한다. 왜냐하면, 그는 6 시간의 노동이 결정화되어 있는 가치를 선대하고 12 시간의 노동이 결정화되어 있는 가치를 되돌려 받을 것이기 때문이다. 자본가는 같은 과정을 날마다 되풀이함으로써 날마다 3 실링을 선대하고 6 실링을 주머니에 챙길 것이다. 그 가운데 절반은 다시 임금으로 지불되고, 나머지 절반은 자본가가 아무런 등가물도 지불하지 않고 받는 잉여 가치가 될 것이다. 바로 자본과 노동의 이러한 종류의 교환이야말로 자본주의적 생산 또는 임금 제도의 기초인바, 이러한 교환은 끊임없이 노동자를 노동자로, 자본가를 자본가로 재생산하는 결과를 낳을 수밖에 없다.

다른 모든 사정이 같다면, 잉여 가치율은 노동일 가운데 노동력의 가치를 재생산하는 데 필요한 부분과 자본가를 위해 수행되는 잉여 시간 또는 잉여 노동 사이의 비율에 좌우될 것이다. 따라서, 잉여 가치율은 노동자가 자기 노동력의 가치를 재생산하는 데, 요컨대 자기 임금을 보전하는 데 꼭 필요한 만큼의 노동 정도를 초과해서 노동일이 연장되는 비율에 좌우될 것이다.

9. 노동의 가치

우리는 이제 '노동의 가치 또는 가격' 이라는 표현으로 돌아가야 한다.

앞서 살펴보았듯이, 노동의 가격이란 사실상 그것의 유지에 필요한 상품의 가치로 측정되는 노동력의 가치일 뿐이다. 그러나 노동자는 자신의 노동이 수행되고 난 뒤에 임금을 받기 때문에, 더구나 그는 자기가 자본가에게 실제로 주는 것이 자신의 노동이라고 알고 있기 때문에, 그의 노동력의 가치 또는 가격은 그에게 그의 노동 자체의 가격 또는 가치로 보일 수밖에 없다. 만약 그의 노동력의 가격이 6 시간 노동이 실현되어 있는 3 실링이라면, 그리고 그가 12 시간 노동한다면, 그는 그 12 시간 노동이 6 실링의 가치로 실현되는데도 그 3 실링을 12 시간 노동의 가치 또는 가격으로 여길 수밖에 없다. 여기서 두 가지 결론이 나온다 :

첫째, 엄밀히 이야기해서 노동의 가치 또는 가격은 무의미한 용어임에

도 불구하고, 노동력의 가치 또는 가격은 노동 자체의 가격 또는 가치인 듯한
외관을 띤다.

둘째, 노동자의 하루 노동의 한 부분만 지불된 것이고 다른 부분은 지불
되지 않은 것일 뿐더러 바로 그 불불 노동 또는 잉여 노동이야말로 잉여 가
치 또는 이윤이 형성되는 재원을 이루는 것임에도 불구하고, 총노동이 지불   5
노동인 것처럼 보인다.

이 그릇된 외관이 임금 노동을 노동의 그 밖의 역사적 형태와 구분해
준다. 임금 제도의 토대 위에서는 불불 노동조차도 지불 노동인 것처럼 보
인다. 반대로 노예의 경우에는 지불된 노동 부분조차 지불되지 않은 것처럼
보인다. 물론 노예도 노동하기 위해서는 먹고 살아야 하며, 그의 노동일의   10
일부는 그의 생존에 사용되는 가치를 보전한다. 그러나 노예와 노예 주인
사이에는 아무런 계약도 맺어져 있지 않고 양쪽 사이에는 아무런 구매와 판
매 행위도 없으므로, 노예의 모든 노동은 아무런 대가 없이 주어지는 것처
럼 보인다.

다른 한편, 아마 어제까지도 동유럽 전역에 존재했다고 해도 좋을 농   15
노의 경우를 보자. 예컨대 이 농민은 3 일은 자신의 경작지 또는 자신에게
할당된 경작지에서 자신을 위해 노동하고, 그 뒤의 삼 일은 영주의 영지에
서 강제로 무상 노동을 했다. 그런데 여기서는 지불 노동 부분과 불불 노동
부분이 가시적으로, 즉 시간적으로나 공간적으로 분리되어 있었다 ; 그래서
우리의 자유주의자들은 아무런 대가 없이 사람을 노동하게 만든다는 터무   20
니없는 생각에 대해 도덕적 분노를 금치 못했던 것이다.

그러나 사실상 어떤 사람이 일주일의 3 일을 자신의 경작지에서 자신
을 위해 노동하고 3 일을 영주의 영지에서 무상으로 노동하든, 아니면 공장
이나 작업장에서 날마다 6 시간을 자신을 위해 노동하고 6 시간을 고용주를
위해서 노동하든 결국 마찬가지다. 다만 뒤의 경우에는 지불 노동 부분과   25
불불 노동 부분이 서로 뗄 수 없게 섞여 있으며, 거래 전체의 본질이 계약
의 개입과 주말에 받는 보수에 의해 완전히 은폐되어 있을 뿐이다. 한 쪽의
경우에는 무상 노동이 자발적으로 바쳐지는 것처럼 보이는 데 반해, 다른
쪽의 경우에는 강제적인 것처럼 보인다. 이것밖에는 아무런 차이도 없다.

'노동의 가치' 라는 표현을 사용함에 있어 나는 그 표현을 단지 '노동력

의 가치'를 말하는 통속어로서만 사용할 것이다.

10. 이윤은 상품을 그 가치대로 판매함으로써 얻어진다.

한 시간의 평균 노동이 6 펜스에 해당하는 가치 속에 실현되어 있다고, 요컨대 12 시간의 평균 노동이 6 실링 속에 실현되어 있다고 가정해 보자. 더 나아가 노동의 가치는 3 실링 또는 6 시간 노동의 생산물이라고 가정하자. 그러면, 만약 한 상품에 사용된 원료와 기계 등에 24 시간의 평균 노동이 실현되어 있다면 그 가치는 12 실링이 될 것이다. 게다가 자본가가 고용한 노동자가 이 생산 수단에 12 시간의 노동을 추가한다면, 이 12 시간은 6 실링의 추가적 가치 속에 실현될 것이다. 그러므로 생산물의 총가치는 36 시간의 실현된 노동으로, 즉 18 실링으로 될 것이다. 그러나, 노동의 가치 또는 노동자에게 지불된 임금은 3 실링에 지나지 않을 것이므로, 자본가는 노동자가 노동하여 상품의 가치에 실현한 6 시간의 잉여 노동에 대해서는 아무런 등가물도 지불하지 않는 셈이 된다. 그러므로 자본가는 이 상품을 그 가치대로 18 실링에 판매함으로써 아무런 등가물도 지불하지 않고 3 실링의 가치를 실현하게 될 것이다. 이 3 실링이 그가 주머니에 챙기는 잉여 가치 또는 이윤이 될 것이다. 따라서, 자본가가 3실링의 이윤을 실현하는 것은 상품을 그 가치 이상의 가격으로 판매함으로써가 아니라 실재 가치대로 판매함으로써이다.

한 상품의 가치는 그 속에 포함된 총노동량에 의해 결정된다. 그러나 그 노동량의 일부는 임금의 형태로 등가물이 지불되는 가치 속에 실현되며, 또 다른 일부는 아무런 등가물도 지불되지 않는 가치 속에 실현된다. 상품 속에 포함된 노동의 일부는 지불 노동이다 ; 다른 일부는 불불 노동이다. 그러므로 자본가는 상품을 그 가치대로, 다시 말해 그것에 들인 총노동량의 결정체로서 판매함으로써 필연적으로 이윤을 남기고 판매하게 된다. 자본가는 자신이 등가물을 비용으로 들인 것만을 판매하는 것이 아니라, 그의 노동자가 노동으로 비용을 들였지만 자신은 아무런 비용도 들이지 않은 것도 판매한다. 자본가가 들인 상품 비용과 실재 상품 비용은 다르다. 그러므로 거듭 말하거니와 정상적이고 평균적인 이윤은 상품을 그 실재 가치 이상으로 판매함으로써 얻어지는 것이 아니라 실재 가치대로 판매함으로써 얻어지는 것이다.

11. 잉여 가치가 분해되는
서로 다른 부분들

잉여 가치, 즉 상품의 총가치 가운데 노동자의 잉여 노동 또는 불불 노동이 실현되어 있는 부분을 나는 이윤이라고 부른다. 이 이윤 전체를 고용주 자본가가 주머니에 챙기는 것은 아니다. 토지가 농업, 건물, 철도 또는 그 밖의 어떤 생산적 목적에 이용되든 간에 토지의 독점은 지주로 하여금 이 잉여 가치의 일부를 지대라는 명목으로 가져갈 수 있게 한다. 다른 한편, 노동 수단의 점유가 고용주 자본가로 하여금 잉여 가치를 생산할 수 있게 하고 혹은 결국 같은 이야기지만 특정 액수의 불불 노동을 전유할 수 있게 한다는 바로 이 사실은 노동 수단의 전부 또는 일부를 고용주 자본가에게 대여하는 노동 수단의 소유자로 하여금 —— 한마디로 말해 화폐 대부 자본가로 하여금 이 잉여 가치의 또 다른 일부를 이자라는 명목으로 자신에게도 달라고 청구할 수 있게 하며, 그 결과 고용주 자본가 자신들에게는 산업 이윤 또는 상업 이윤이라 불리는 것밖에 남지 않게 된다.

잉여 가치의 총액이 세 범주의 사람들 사이에 이처럼 분할되는 것을 규제하는 법칙은 무엇인가 하는 문제는 우리의 주제와는 거리가 먼 것이다. 그렇지만 앞서 서술한 내용으로부터 다음과 같은 정도의 결론이 나온다.

지대, 이자, 산업 이윤은 상품의 잉여 가치, 요컨대 상품 속에 담겨 있는 불불 노동의 서로 다른 부분들에 대한 서로 다른 이름들일 뿐이며, 그것들은 똑같이 이 원천에서, 오직 이러한 원천에서만 생긴다. 그것들이 토지나 자본 자체에서 생기는 것은 아니지만, 이 토지와 자본은 그 소유자들로 하여금 고용주 자본가가 노동자에게서 뽑아 낸 잉여 가치 가운데서 자기들 각자의 몫을 챙길 수 있게 해 준다. 노동자 자신의 입장에서 보자면, 그의 잉여 노동,

즉 불불 노동의 산물인 잉여 가치를 전적으로 고용주 자본가가 주머니에 챙기는가 아니면 자본가가 지대나 이자라는 명목으로 그 가운데 일부를 제3자에게 지불해야 하는가 하는 것은 부차적 의의를 지니는 문제이다. 고용주 자본가가 오직 자신의 자본만을 사용하고 그 자신이 지주라고 한다면, 모든 잉여 가치는 그의 주머니에 들어갈 것이다.

이 잉여 가치 가운데서 고용주 자본가가 궁극적으로 챙길 수 있는 부분이 어떤 것이든 간에, 노동자에게서 이 잉여 가치를 직접 뽑아 내는 사람은 바로 고용주 자본가이다. 따라서, 고용주 자본가와 임금 노동자 사이의 이러한 관계에 임금 제도 전체와 현재의 생산 제도 전체가 달려 있다. 그러므로, 우리의 논쟁에 참여한 회원들 가운데 일부가 주어진 조건에서는 가격 상승이 고용주 자본가, 지주, 화폐 자본가에게, 그리고 놀랍게도 세금 징수원에게까지 미치는 영향이 대단히 불균등할 수 있다고 말한 점은 옳다 하더라도, 문제를 얼버무리려 하고 고용주 자본가와 노동자 사이의 이 근본적 관계를 부차적인 문제로 다루려 한 것은 잘못이었다.

이상의 서술로부터 또 하나의 결론이 나온다.

상품의 가치 가운데서 원료와 기계의 가치, 한마디로 사용해 버린 생산 수단의 가치만을 대표하는 부분은 전혀 수입을 형성하지 않고 자본을 보전補塡할 뿐이다. 그러나 이 점을 제쳐놓더라도, 상품의 가치 가운데서 수입을 형성하는 부분, 즉 임금, 이윤, 지대, 이자 등의 형태로 소비될지 모를 상품의 가치의 다른 부분이 임금의 가치, 지대의 가치, 이윤의 가치 등등으로 구성되어 있다고 보는 것은 잘못이다. 우리는 우선 임금은 제쳐놓고 오직 산업 이윤, 이자, 지대만을 다룰 것이다. 방금 살펴보았다시피, 상품 속에 포함되어 있는 잉여 가치, 즉 상품의 가치 가운데서 불불 노동이 실현되어 있는 부분은 세 가지의 서로 다른 이름을 가진 서로 다른 부분들로 해체된다. 그러나 상품의 가치가 이 세 가지 구성 부분의 독립적 가치들이 추가됨으로써 구성된다거나 형성된다고 말하는 것은 사실과 전혀 반대일 것이다.

만약 한 시간의 노동이 6 펜스의 가치에 실현되어 있고, 노동자의 노동일이 12 시간이며, 이 시간의 절반이 불불 노동이라면, 그 잉여 노동은 상품에 3 실링의 잉여 가치, 즉 아무런 등가물도 지불되지 않은 가치를 추가하게 될 것이다. 이 3 실링의 잉여 가치는, 고용주 자본가가 그 비율이야 어떻든 간에 지주 및 화폐 대부업자와 분배할 수 있는 재원 전체가 된다. 이 3 실링의 가치는 이들이 자기들끼리 분배해야 하는 가치의 한계를 이룬다. 그러나 산업 자본가가 자신의 이윤을 위해 상품의 가치에 자의적으로 가치 를 추가하고, 또 지주 등등을 위해 또 다른 가치가 추가되고, 그래서 결국   5 이렇게 자의적으로 고정된 가치들의 추가가 총가치를 구성하는 것은 결코 아니다. 그러므로, 어떤 주어진 가치가 세 부분으로 분해된다는 것을 세 가지 독립적 가치들의 추가가 그 주어진 가치를 형성한다는 것과 혼동함으로써 지 대와 이윤과 이자가 생겨나는 총가치를 어떤 자의적인 규모로 전화시키는 통속적인 생각은 오류라는 것을 알 수 있다.   10

만약 한 자본가에 의해 실현되는 총이윤이 100 파운드 스털링이라면, 우리는 절대적 규모로 여겨지는 이 금액을 이윤액이라고 부른다. 그러나 이 100 파운드 스털링이 선대된 자본에 대해 갖는 비율을 계산한다면, 우리는 이 상대적 규모를 이윤율이라고 부른다. 이 이윤율이 두 가지 방식으로 표현 될 수 있다는 것은 명백하다.   15

임금으로 선대된 자본이 100 파운드 스털링이라고 가정해 보자. 만약 창조된 잉여 가치도 100 파운드 스털링이라면 —— 이것은 노동자의 노동일 의 절반이 불불 노동으로 이루어져 있다는 것을 보여 준다 —— , 그리고 임 금으로 선대된 자본의 가치를 기준으로 이 이윤을 측정한다면, 선대된 가치 가 100이고 실현된 가치는 200이므로 우리는 이윤율이 100%에 이른다고 말   20 해야 할 것이다.

다른 한편, 만약 우리가 임금으로 선대된 자본뿐만 아니라 선대된 총자 본, 예컨대 그 가운데 400 파운드 스털링이 원료나 기계 등등의 가치를 대 표하는 500 파운드 스털링을 고려한다면, 100의 이윤은 선대된 총자본의 $1/5$밖에 되지 않기 때문에 이윤율은 20%에 지나지 않는다.   25

이윤율을 표현하는 첫번째 방식이야말로 지불 노동과 불불 노동의 실 제 비율, 즉 노동의 착취Exploitation(이 프랑스 단어를 쓰는 것을 양해해 주기 바란다)의 실재 정도를 보여 주는 유일한 방식이다. 다른 표현 방식은 흔히 쓰이는 것으로서, 특정한 목적을 위해서는 사실 적절한 것이다. 어쨌 든 이 방식은 자본가가 노동자에게서 무상 노동을 뽑아 내는 정도를 감춰

주는 데는 대단히 유용하다.

앞으로 나의 언급 가운데서 이윤이라는 말은 서로 다른 부류의 사람들 사이에 잉여 가치가 분할되는 문제는 전혀 고려하지 않고 자본가가 뽑아 내는 잉여 가치액 전체를 가리키는 말로 사용될 것이며, 또 이윤율이라는 말을 사용하면서 언제나 나는 임금으로 선대된 자본의 가치를 기준으로 하여 이윤을 측정할 것이다.

12. 이윤, 임금, 가격의
일반적 관계

상품의 가치에서 그 상품의 생산에 사용해 버린 원료나 다른 생산 수단을 보전하는 가치를 뺀다면, 다시 말해 상품 속에 포함된 과거의 노동을 대표하는 가치를 뺀다면, 상품의 가치의 나머지 부분은 결국 마지막에 고용된 노동자에 의해 추가된 노동량으로 해체될 것이다. 만약 그 노동자가 하루 12 시간 노동하고 12 시간의 평균 노동이 6 실링에 해당하는 양의 금으로 결정화된다면, 이 6 실링의 추가 가치야말로 그의 노동이 창조하게 될 유일한 가치이다. 그의 노동 시간에 의해 결정되는 이 주어진 가치는 노동자와 자본가 양자가 각자 자신들의 몫 혹은 배당을 끌어내야 하는 유일한 재원이며, 임금과 이윤으로 분할되는 유일한 가치다. 이 가치가 두 당사자들 사이에 분할되는 가변적인 비율에 의해 이 가치 자체가 변하지 못하리라는 것은 자명하다. 또한 한 사람의 노동자 대신에 노동 인구 전체를, 또 1 노동일 대신에 예컨대 천2백만 노동일을 놓고 보더라도 바뀌는 것은 아무것도 없을 것이다.

자본가와 노동자는 오로지 이 한정된 가치만을, 다시 말해 노동자의 총노동에 의해 측정된 가치만을 분할해야 하므로, 한 쪽이 더 많이 가지면 다른 쪽은 그만큼 적게 가지게 되며 그 반대도 마찬가지가 된다. 양이 정해져 있을 때는 언제나 한 부분이 증가하면 거꾸로 다른 부분은 감소하기 마련이다. 임금이 변하면 이윤은 그 반대 방향으로 변할 것이다. 임금이 하락하면 이윤은 상승할 것이다 ; 그리고 임금이 상승하면 이윤은 하락할 것이

다. 만약 앞의 가정에서처럼 노동자가 자신이 창조한 가치의 절반과 등가인
3 실링을 받는다면, 또는 그의 노동일 전체가 절반은 지불 노동으로 절반은
불불 노동으로 이루어져 있다면, 자본가도 3 실링을 가질 것이기 때문에 이
윤율은 100%가 될 것이다. 만약 노동자가 2 실링만을 받는다면, 즉 노동일
전체의 $\frac{1}{3}$만을 자신을 위해 노동한다면, 자본가는 4 실링을 가지게 되며   5
이윤율은 200%가 될 것이다. 만약 노동자가 4 실링을 받는다면, 자본가는
2 실링만을 가지게 되어 이윤율은 50%로 내려갈 것이지만, 이 모든 변화는
상품의 가치에는 영향을 주지 않는다. 따라서, 전반적 임금 상승은 일반 이
윤율의 하락을 낳지만 가치에는 영향을 주지 않는다.

　　상품의 시장 가격을 궁극적으로 규제할 수밖에 없는 상품의 가치는 전   10
적으로 그 상품 속에 고정된 총노동량에 의해 결정되는 것이지 그 양이 지
불 노동과 불불 노동으로 분할되는 것에 의해 결정되는 것이 아니라 하더라
도, 예컨대 12 시간 동안 생산된 개별 상품 또는 상품 집단들의 가치는 언
제나 불변이라는 결론이 나오는 것은 결코 아니다. 주어진 노동 시간 동안
또는 주어진 노동량에 의해 생산되는 상품의 수나 크기는 사용된 노동의 생   15
산력에 달려 있지 그 노동의 범위나 길이에 달려 있지 않다. 예를 들어 어떤
수준의 생산력을 가진 방적 노동의 경우에는 12 시간의 노동일에 12 파운
드의 면사가 생산될 수도 있지만, 더 낮은 수준의 생산력일 경우에는 고작
2 파운드만이 생산될 수도 있다. 그런데 만약 12 시간의 평균 노동이 6 실
링의 가치에 실현된다면, 앞의 경우에는 12 파운드의 면사 값이 6 실링일   20
것이고 뒤의 경우에는 2 파운드의 면사 값 또한 6 실링일 것이다. 따라서 1
파운드의 면사가 앞의 경우에는 6 펜스, 뒤의 경우에는 3 실링이 될 것이
다. 이러한 가격 차이는 사용된 노동 생산력의 차이에 기인한다. 생산력이
높으면 한 시간의 노동이 1 파운드의 면사에 실현될 수 있지만, 생산력이
낮으면 6 시간의 노동이 1 파운드의 면사에 실현될 수도 있다. 앞의 경우에   25
는 임금이 비교적 높고 이윤율이 낮은데도 면사 1 파운드의 가격은 6 펜스
에 지나지 않을 것이다 ; 뒤의 경우에는 임금이 낮고 이윤율이 높은데도 그
가격은 3 실링이 될 것이다. 왜냐하면, 면사 1 파운드의 가격은 거기에 투
여된 노동의 총액에 의해 규제되는 것이지, 그 총액이 지불 노동과 불불 노동으
로 분할되는 비율에 의해 규제되는 것은 아니기 때문이다. 그러므로 앞에서

언급했듯이 값비싼 노동이 값싼 상품을, 값싼 노동이 값비싼 상품을 생산할 수도 있다는 사실은 이제 역설로 들리지 않게 된다. 이것은, 상품의 가치는 그것에 투여된 노동량에 의해 규제되며, 이 노동량은 전적으로 사용된 노동 생산력에 달려 있고, 따라서 노동 생산성이 변할 때마다 변할 것이라는 일 반적 법칙의 표현에 지나지 않는다.

13. 임금을 인상시키려는 시도나 임금 하락에 저항하려는 시도의 중요한 경우들

이제 임금 상승이 시도되거나 임금 감축에 저항하는 중요한 경우들을 진지하게 고찰해 보자.

1. 이미 살펴보았다시피, 노동력의 가치 또는 더 통속적으로 말해서 노동의 가치는 생활 필수품의 가치 또는 그것을 생산하는 데 필요한 노동량에 의해 결정된다. 그렇다면 만약 어떤 나라에서 노동자의 하루 평균 생활 필수품의 가치가 3 실링으로 표현되는 6 시간 노동을 대표한다면, 노동자는 자신의 하루 생계비의 등가물을 생산하기 위해 하루에 6 시간 노동해야 할 것이다. 노동일 전체가 12 시간이라면, 자본가는 그에게 3 실링을 지불함으로써 그의 노동의 가치를 지불할 것이다. 노동일의 절반이 불불 노동이 되고, 이윤율은 100%에 이를 것이다. 그러나 이제 생산성이 낮아진 결과로 예컨대 같은 양의 농산물을 생산하는 데 더 많은 노동이 필요해지고, 따라서 하루 평균 생활 필수품의 가격이 3 실링에서 4 실링으로 상승했다고 가정해 보자. 이 경우 노동의 가치는 $1/3$, 즉 $33 1/3$%만큼 상승할 것이다. 그의 과거의 생활 수준에 따른다면, 이 노동자의 하루 생계비의 등가물을 생산하는 데는 이제 8 시간의 노동일이 필요할 것이다. 그러므로 잉여 노동은 6 시간에서 4 시간으로, 이윤율은 100에서 50%로 줄어들 것이다. 그러나 노동자가 임금 상승을 요구하는 것은 단지 자기 노동의 증가된 가치를 얻겠다고 요구하는 것일 뿐이며, 이는 다른 모든 상품 판매자가 자기 상품의 비용이 증가되었을 때 그 상품의 증가된 가치를 지불받으려 하는 것과 마찬가

지다. 만약 임금이 전혀 상승하지 않거나 생활 필수품의 증가된 가치를 충분히 보상할 수 있을 정도로 상승하지 않는다면, 노동의 가격은 노동의 가치 이하로 내려가는 셈이 되고 노동자의 생활 수준은 더 열악해지는 셈이 된다.

그러나 변화는 반대 방향으로도 일어날 수 있다. 증대된 노동 생산성 덕분에 같은 양의 하루 평균 생활 필수품이 3 실링에서 2 실링으로 내려갈 수 있으며, 다시 말해 노동일 가운데 6 시간이 아니라 4 시간만이 하루 생활 필수품의 가치의 등가물을 재생산하는 데 필요할 수 있는 것이다. 노동자는 이제 예전에 3 실링으로 구매할 수 있었던 만큼의 생활 필수품을 2 실링으로 구매할 수 있게 될 것이다. 노동의 가치가 내려간 것은 사실이지만, 그 축소된 가치로 예전과 같은 양의 상품을 획득할 수 있을 것이다. 그러면 이윤은 3 실링에서 4 실링으로, 이윤율은 100에서 200%로 상승할 것이다. 노동자의 절대적 생활 수준은 예전과 다름없다 하더라도, 그의 상대적 임금은, 나아가 자본가의 사회적 지위와 비교한 그의 상대적인 사회적 지위는 낮아질 것이다. 만약 노동자가 그러한 상대적 임금의 감축에 저항한다면, 그것은 그 자신의 증대된 노동 생산력에서 얼마만큼의 몫을 가지려는 것일 뿐이며 사회적 등급에서 자신이 예전에 가지고 있던 상대적 지위를 유지하려는 것일 뿐이다. 이를테면, 영국의 공장주들은 곡물법이 폐지된 뒤 곡물법 반대 운동 당시에 내걸었던 매우 엄숙한 서약들을 뻔뻔스럽게 위반하고는 임금을 전반적으로 10% 감축했다. 노동자들의 저항은 처음에는 분쇄되었지만, 내가 여기서 일일이 언급하지 못하는 여러 사정들로 인해 10%의 손실분을 그 후 되찾게 되었다.

2. 생활 필수품의 가치, 따라서 노동의 가치는 전과 다름없는데도, 화폐의 가치가 먼저 변화함에 따라 생활 필수품의 화폐 가격에 변화가 일어나는 일이 생길 수 있다.

지금보다 더 매장량이 많은 광산의 발견 등등으로 인해 예컨대 2 온스의 금을 생산하는 데 예전에 1 온스의 금을 생산하는 데 들었던 만큼의 노동밖에 들지 않게 될 수도 있다. 그러면 금의 가치는 반으로, 즉 50%로 평가 절하될 것이다. 그러면 다른 모든 상품의 가치가 예전 화폐 가격의 2배로 표현될 것과 마찬가지로 노동의 가치도 2배로 표현될 것이다. 예전에 6 실링으로 표현되던 12 시간의 노동은 이제 12 실링으로 표현될 것이다. 만약 노동자의 임금이 6 실링으로 상승하지 않고 3 실링으로 그대로 있다면, 그의 노동의 화폐 가격은 그의 노동의 가치의 절반밖에 되지 않을 것이며 그의 생활 수준은 엄청나게 떨어질 것이다. 임금이 상승한다 해도 금의 가치가 하락하는 만큼은 상승하지 못할 경우에도, 정도의 차이는 있을지언정 마찬가지로 그렇게 될 것이다. 그러한 경우 노동 생산력에서나, 공급과 수요에서나, 가치에서나 아무런 변화도 일어나지 않을 것이다. 이들 가치의 화폐 명칭 외에는 아무것도 변할 수 없을 것이다. 그러한 경우 노동자가 그것에 비례하는 임금 상승을 요구해서는 안 된다고 말하는 것은 노동자가 실물 대신에 명목으로 지불받는 데 만족해야 한다고 말하는 것이나 마찬가지다. 과거의 모든 역사는 이렇듯 화폐의 가치가 떨어질 때마다 자본가들이 이 기회를 재빠르게 이용하여 노동자들을 사취한다는 것을 증명하고 있다. 아주 많은 수의 정치 경제학자들의 주장에 따르면, 새로운 금광 지대의 발견, 은광 채굴법의 개선, 더 값싼 수은 공급 등의 결과로 귀금속의 가치는 계속 떨어져 왔다. 이것이 대륙에서 임금 상승이 전반적으로 동시에 시도되었던 이유를 설명할 것이다.

3. 지금까지 우리는 노동일에는 한계가 있다고 가정해 왔다. 그러나 노동일 자체에는 어떠한 불변의 한계도 있지 않다. 노동일을 육체적으로 가능한 최대의 길이까지 늘리려는 것은 자본의 불변의 경향이다. 왜냐하면, 그와 같은 정도로 잉여 노동이, 따라서 그것으로부터 나오는 이윤이 증가할 것이기 때문이다. 자본이 노동일을 연장하는 데 성공하면 할수록, 자본이 전유하게 될 타인 노동의 액수는 더 많아질 것이다. 17세기 동안에, 그리고 심지어 18세기 초중반 동안만 하더라도 10 시간 노동일이 영국 전역의 표준 노동일이었다. 사실상 영국의 노동자 대중에 대항하여 영국의 남작들이 일으킨 전쟁인 반反 자꼬뱅 전쟁[56] 동안에 자본은 술판을 벌여 놓고 노동일을 10 시간에서 12, 14, 18 시간으로 연장했다. 맬더스는 여러분에게 심약한 감상주의자의 냄새를 결코 풍기지 않는 사람이다. 그런데도 그는 1815년 무렵에 출간된 어떤 소책자에서, 만약 그러한 사태가 계속된다면 국민 생활은 그 뿌리에서부터 공격을 받을 것이라고 언명하였다. 새로 발명된 기

계가 전면적으로 보급되기 몇 년 전인 1765년 무렵에 다음과 같은 제목의 소책자가 영국에서 출판되었다 : 『무역에 관한 시론』[57]. 공공연히 노동자 계급의 적이라고 밝힌 익명의 저자는 노동일의 한계를 확장시킬 필요가 있다고 선언하고 있다. 이 목적을 위한 여러 수단 가운데서도 그는, 그가 말한 대로라면 '공포의 집'이라고 불러야 마땅할 노동 수용소를 제안하고 있다. 5 그러면 이 '공포의 집'을 위해 그가 처방을 내리고 있는 노동일의 길이는 얼마인가? 열두 시간이다. 이는 1832년에 자본가, 정치 경제학자, 그리고 장관들이 12세 미만의 아동에게 실제로 실시되고 있을 뿐더러 필요하기도 한 노동 시간이라고 선언했던 것과 똑같은 시간이다.[58]

노동자는 자신의 노동력을 판매함으로써―현제도하에서는 그렇게 할 10 수밖에 없다―자본가에게 그 노동력의 소비를 맡기지만, 그것은 어떤 합리적 한계 내에서의 일이다. 자연적 소모를 논외로 한다면, 노동자가 자신의 노동력을 판매하는 것은 그 노동력을 유지하기 위한 것이지 그것을 파괴하기 위한 것은 아니다. 자신의 노동력을 하루 가치만큼 또는 일주일 가치만큼 파는 경우, 하루 또는 일주일 동안에 이틀 또는 이 주일분의 노동력이 15 마손되거나 소모되어서는 안 된다고 상정되어 있는 것이다. 1,000 파운드 스털링 가치의 기계를 예로 들어 보자. 만약 그 기계가 10년에 걸쳐서 다 사용되어 버린다면, 기계는 그것이 보조하여 생산하는 상품의 가치에 해마다 100 파운드 스털링을 추가할 것이다. 만약 5년에 걸쳐서 다 사용되어 버린다면 해마다 200 파운드 스털링을 추가할 것이다. 즉, 기계의 1년 소모분 20 의 가치는 기계가 소비되는 속도에 반비례한다. 그러나 바로 이 점에서 노동자와 기계는 구별된다. 기계는 그것이 사용되는 것과 정확히 똑같은 비율로 소모되는 것은 아니다. 이와는 반대로, 인간은 단지 산술적으로 노동을 추가할 때 눈에 보이는 것보다 더 큰 비율로 손상된다.

노동자가 노동일을 예전의 합리적 수준으로 감축하려 한다면, 또는 표 25 준 노동일의 법제화를 강제할 수 없는 경우에 잉여 시간이 강요된 것에 비례하여 임금을 인상할 뿐만 아니라 그 이상으로 인상함으로써 과도 노동을 방지하려 한다면, 그것은 단지 자기 자신과 자기 종족에 대한 의무를 다하는 것일 뿐이다. 그것은 오직 자본의 전횡적 침탈에 한계를 설정하는 것일 뿐이다. 시간은 인간 발전의 공간이다. 쓸 수 있는 자유 시간이 없으며 생애 전체를 —— 수면이나 식사 등등 순순히 신체적인 필요 때문에 중단되는 시간을 빼고는 —— 자본가를 위한 노동에 흡수당하는 사람은 짐 나르는 짐승보다 못한 존재이다. 그는 몸이 망가지고 정신이 황폐해진, 다른 사람의 부를 생산하기 위한 기계에 지나지 않는다. 그런데 현대 산업의 모든 역사
5 가 보여 주고 있듯이, 자본은 만약 그대로 내버려둔다면 무모하고도 무자비하게 노동자 계급을 극도의 피폐 상태에 빠뜨리려 할 것이다.

뽑아 내는 더 많은 액수의 노동과 또 이 때문에 빚어진 노동력의 급속한 파괴에 임금 인상이 미치지 못한다면, 노동일을 연장함으로써 자본가는 더 높은 임금을 지불하면서도 더 낮은 노동의 가치를 지불할 수 있다. 이것은
10 다른 방법으로 이루어질 수도 있다. 예를 들어 여러분의 중간 계급 통계학자들은 여러분에게, 랭카셔에서 공장 가족의 평균 임금이 상승했다고 말할 것이다. 그들은 집안의 가장인 남성의 노동 대신에 그의 아내와 서너 명쯤 되는 자녀가 자본이라는 자가나트의 수레바퀴[59] 아래 던져져 있다는 사실, 뽑아 낸 총잉여 노동에 총임금의 상승이 상응하지 않는다는 사실을 잊고 있
15 는 것이다.

공장법이 실시되고 있는 모든 산업 분야에서 현재 존재하고 있는 것처럼 노동일에 어떤 한계가 주어져 있는 경우라도, 예전 수준의 노동의 가치를 유지하기 위해서라면 임금 상승이 필요해질 수 있다. 노동 강도를 높임으로써 예전에는 두 시간에 지출하던 생명력을 한 시간에 지출하도록 할 수
20 도 있다. 이것은 공장법이 실시되고 있는 산업 부문에서는, 기계의 작동 속도가 빨라지고 한 사람이 맡아야 하는 작업기의 수가 많아짐에 따라 어느 정도 달성되었다. 만약에 노동 강도, 즉 한 시간에 지출되는 노동의 크기의 증가가 그에 상응하는 노동일의 범위의 감소를 가져 온다면, 노동자는 여전히 얻는 것이 있다. 그러나 만약 이 한계를 넘는다면 그는 어떤 형태로 얻
25 은 것을 다른 형태로 잃는 셈이 되며, 그렇게 되면 10 시간의 노동이 이전의 12 시간 노동만큼이나 파멸적인 것이 될 수 있다. 상승하는 노동 강도에 상응하는 임금 인상을 위해 투쟁함으로써 자본의 그러한 경향을 막으려는 것은 노동자가 자기 노동의 가치 저하와 자기 종족의 쇠퇴에 저항하는 것일 뿐이다.

4. 여러분 모두는, 여기서 설명할 필요가 없는 이유들로 인해 자본주의적 생산이 어떤 주기적 순환을 경과한다는 것을 알고 있다. 그것은 평온, 활력 증대, 호황, 과잉 생산, 공황, 침체 등의 상태를 경과한다. 상품의 시장 가격과 시장 이윤율은 이러한 국면들을 따라 때로는 그 평균 수준 이하로 내려가고 때로는 평균 수준 이상으로 올라간다. 순환 과정 전체를 고찰해 보면, 여러분은 시장 가격이 어느 한 쪽으로 치우치면 다음에는 다른 쪽으로 치우쳐서 계속 보상되고 있으며, 그 순환 과정을 평균하여 보면 상품의 시장 가격은 그 가치에 의해 규제된다는 것을 알게 된다. 그렇다! 시장 가격의 하강 국면과 공황 및 침체 국면에서는, 노동자가 완전히 실직하지는 않는다 하더라도 그의 임금은 틀림없이 인하된다. 사취당하지 않으려면, 설사 시장 가격이 하락하더라도 노동자는 어느 정도의 임금 하락이 필요해졌는지를 자본가에게 따져야 한다. 만약 초과 이윤이 생기는 호황 국면인데도 그가 임금 인상을 위해 전투를 벌이지 않는다면, 한 산업의 순환 과정을 평균해 볼 때 그는 자기의 평균 임금조차, 즉 자기 노동의 가치조차 받지 못하는 꼴이 된다. 순환의 불리한 국면에서는 노동자의 임금도 반드시 불리한 영향을 받게 되는데도 순환의 호황 국면에서 그것에 대한 보상을 단념하도록 요구하는 것은 아주 어리석은 일이다. 일반적으로 표현한다면 다음과 같다 : 모든 상품의 가치는 수요와 공급의 끊임없는 변동으로부터 생기는 시장 가격의 끊임없는 변화가 서로 보상됨으로써만 실현된다. 현재의 제도의 토대 위에서는 노동 또한 다른 것들과 마찬가지로 하나의 상품에 지나지 않는다. 그러므로 노동도 마찬가지의 변동 과정을 거쳐야만 그 가치에 상응하는 평균 가격으로 판매될 수 있다. 한편으로는 노동을 상품으로 다루면서도 다른 한편으로는 그것을 상품 가격을 규제하는 법칙들 밖에 두려는 것은 합리적이지 못한 일이다. 노예는 영원히 고정된 액수의 생계비를 받는다 ; 임금 노동자는 그렇지 않다. 그는 어떤 경우에는, 다른 경우의 임금 하락을 보상하기 위해서라도 임금 상승을 이루려고 애써야 한다. 만약 노동자가 자본가의 의지와 자본가의 명령을 영구적인 경제 법칙으로 순순히 받아들인다면, 그는 노예가 받는 보장조차 받지 못하면서도 노예의 모든 불행은 함께 나누게 될 것이다.

5. 내가 고찰한 모든 경우에서 —— 그런데 이 경우들은 100 가운데서 99를 차지한다 —— 여러분은, 임금 상승을 위한 투쟁은 오직 선행된 변화의 뒤를 따라서만 일어난다는 사실, 그리고 임금 인상을 위한 투쟁은 생산액, 노동 생산력, 노동의 가치, 화폐 가치, 뽑아 낸 노동의 범위와 강도 등에 선행된 변화 등의, 또 수요와 공급의 동요에 의해 좌우되며 산업 순환의 다양한 국면과 일치하는 시장 가격의 동요에 선행된 변화의 필연적인 산물이라는 사실을 보았다 —— 요컨대 그것은 자본의 선행된 작용에 대한 노동의 반작용인 것이다. 임금 인상을 위한 투쟁을 이러한 모든 사정과 동떨어진 것으로 본다면, 또 임금의 변화만을 보고 그것을 낳는 다른 모든 변화들을 간과한다면, 여러분은 잘못된 결론에 이르기 위해 잘못된 전제에서 출발하는 것이 될 것이다.

14. 자본과 노동 사이의 투쟁과
그 결과

1. 지금까지 나는, 임금 감축에 대한 노동자 측의 주기적 저항과 임금 인상을 이루려는 그들의 주기적 시도는 임금 제도와 뗄 수 없는 관계에 있으며, 또 그것들은 노동이 상품과 동화되어 있고 그리하여 가격의 일반적 운동을 규제하는 법칙에 종속되어 있다는 바로 그 사실 때문에 일어날 수밖에 없다는 것을 보여 주었다 ; 더 나아가 나는 전반적 임금 상승이 일반 이윤율의 하락을 낳기는 하지만 상품의 평균 가격, 요컨대 그 가치에는 영향을 주지 않는다는 것을 보여 주었다. 결국 이제는 자본과 노동 사이의 이 끊임없는 투쟁에서 노동이 어느 정도 성공을 거둘 것인가 하는 문제가 제기된다.

일반화시켜 대답하자면 다음과 같이 말할 수 있을 것이다. 다른 모든 상품과 마찬가지로 노동의 경우에도 시장 가격은 결국 자신을 가치에 일치시키게 된다 ; 따라서 노동자는 모든 오름과 내림에도 불구하고, 또 그가 어떻게 행동하든 간에, 평균적으로 자기 노동의 가치만을 받게 된다. 이 노동의 가치는 노동력의 가치로 귀착되며, 이 노동력의 가치는 노동력의 유지와

재생산에 필요한 생활 필수품의 가치에 의해 결정되며, 마지막으로 이 생활
필수품의 가치는 그것을 생산하는 데 필요한 노동량에 의해 규제된다.

그러나 노동력의 가치 또는 노동의 가치를 다른 모든 상품의 가치와 구
분해 주는 몇 가지 특징이 있다. 노동력의 가치는 두 가지 요소로 이루어져
있다 —— 하나는 순전히 육체적인 것이고 다른 하나는 역사적 또는 사회적   5
인 것이다. 노동력의 가치의 궁극적 한계는 육체적 요소에 의해 결정된다.
다시 말해 노동자 계급은 자신을 유지하고 재생산하기 위해, 자신의 육체적
존재를 영속화하기 위해 생활과 번식에 절대적으로 필수 불가결한 생활 필
수품을 받지 않으면 안 된다. 따라서, 이 필수 불가결한 생활 필수품의 가
치가 노동의 가치의 궁극적 한계를 형성한다. 다른 한편, 노동일의 길이 또   10
한 매우 신축적이긴 하지만 궁극적인 한계에 의해 제한된다. 그것의 궁극적
한계는 노동자의 체력에 의해 주어진다. 만약 매일 이루어지는 노동자의 생
명력 고갈이 특정한 정도를 넘으면, 그 생명력은 나날이 새롭게 행사될 수
없다. 그러나 내가 말한대로 이 한계는 매우 신축적이다. 허약하고 명이 짧
은 세대의 경우라도 급속히 이어지기만 하면 강건하고 명이 긴 세대가 연속   15
되는 경우에 못지않게 노동 시장을 유지할 수 있을 것이다.

이와 같은 순전히 육체적인 요소 이외에도 노동의 가치는 각 나라의
전통적인 생활 수준에 의해 결정된다. 이것은, 단순한 육체적 생활인 것이
아니라 사람들이 놓여 있고 양육되는 사회적 조건들로부터 생겨나는 특정
한 욕망을 충족시키는 생활이기도 한다. 잉글랜드 인의 생활 수준이 아일랜   20
드 인의 생활 수준으로 감축될 수도 있다 ; 독일 농민의 생활 수준이 리보니
아 농민의 생활 수준으로 감축될 수도 있다. 여러분은 손턴 씨의 저서『과잉
인구』를 통해서, 역사적 전통과 사회적 관습이 이 점과 관련하여 수행하는
중요한 역할에 대해서 배울 수 있을 것이다. 이 저서에서 그는, 서로 다른
잉글랜드 농업 지역의 평균 임금은 이 지역들이 농노제 상태에서 벗어날 당   25
시의 상황이 좋았나 나빴나에 따라 오늘날에도 약간씩 다르다는 것을 보여
주고 있다.

노동의 가치 속에 들어가는 이러한 역사적 또는 사회적 요소는 확장될
수도 있고 수축될 수도 있다. 아니면 완전히 없어져서 육체적 한계 이외에는

아무것도 남지 않게 될 수도 있다. 반反자꼬뱅 전쟁[56] 시기에 —— 세금이나 받아 먹으면서 놀고 먹던 구제 불능의 옛 인물 조지 로즈가 말하곤 했던 바에 따르면, 이 전쟁은 프랑스 이단자들의 침략으로부터 우리의 신성한 종교의 안위를 지키기 위해 일으킨 것이다 —— , 우리가 이전의 어느 장[제2
5 장]에서 아주 부드럽게 다루었던 정직한 영국 농부들은 순전히 육체적인 최소치 이하로까지 농업 노동자의 임금을 깎아 내렸지만, 노동자 종족의 육체적인 영속에 필요한 그 나머지 액수를 구빈법[60]으로 보충해 주었다. 이것은 임금 노동자를 노예로, 또 셰익스피어의 자랑스러운 요먼을 빈민으로 만드는 훌륭한 방법이었다.

10 　　서로 다른 나라의 표준 임금, 요컨대 노동의 가치를 서로 비교해 보면, 그리고 한 나라의 서로 다른 역사적 시기에 따라 그것을 비교해 보면, 여러분은 설사 다른 모든 상품의 가치가 그대로라고 가정하더라도 노동의 가치 자체는 고정된 규모가 아니라 가변적 규모라는 것을 알게 될 것이다.

　　마찬가지의 비교를 통해 시장 이윤율뿐만 아니라 평균 이윤율도 변화한
15 다는 것이 입증될 수 있다.

　　그러나 이윤과 관련해서 보자면, 그 최소치를 결정하는 법칙은 존재하지 않는다. 우리는 이윤 감소의 궁극적 한계가 무엇인지 말할 수 없다. 그런데 왜 우리는 그 한계를 고정시킬 수 없는가? 왜냐하면, 우리는 임금의 최소치를 고정시킬 수는 있어도 그 최대치를 고정시킬 수는 없기 때문이다.
20 우리가 말할 수 있는 것은 다만, 노동일의 한계가 주어져 있을 경우 이윤의 최대치는 임금의 육체적 최소에 상응하게 되며, 임금이 주어져 있을 경우 이윤의 최대치는 노동자의 체력과 양립할 수 있게 노동일을 연장하는 것에 상응하게 된다는 것뿐이다. 그러므로 이윤의 최대치는 임금의 육체적 최소치와 노동일의 육체적 최대치에 의해 제한된다. 이 최대 이윤율의 두 가지
25 한계 사이에 엄청난 변동 폭이 있을 수 있다는 것은 자명하다. 이윤율의 실제적 정도의 고정은 자본과 노동 사이의 끊임없는 투쟁에 의해서만 확정된다. 자본가는 끊임없이 임금을 노동자의 육체적 최소치까지 감축하려는 경향이 있는 반면, 노동자는 끊임없이 반대 방향으로 압력을 가하려는 경향이 있다.

　　문제는 결국 투쟁하는 각각의 힘의 문제로 귀착한다.

2. 다른 모든 나라들도 마찬가지지만 영국에서의 **노동일의 제한**에 대해 말하자면, 그것이 **법률의 개입** 없이 확정된 적은 한 번도 없었다. 외부로부터 노동자가 가하는 끊임없는 압력이 없었다면 이 개입도 결코 일어나지 않았을 것이다. 어쨌든 그러한 결과는 노동자와 자본가의 사적인 확정으로는 달성될 수 없었다. 바로 이러한 전반적인 정치 활동의 필요성이야말로 순수한 경제적 활동에서는 자본 측이 한층 강하다는 증거가 되는 것이다.

노동의 가치의 한계에 대해 말하자면, 그것이 실제로 확정되는 것은 언제나 수요와 공급에 좌우된다. 내가 여기서 말하는 것은, 노동에 대한 자본의 수요와 노동자의 노동 공급이다. 식민지 나라에서는 수요와 공급의 법칙이 노동자에게 유리하게 작용한다. 합중국의 임금 수준이 비교적 높은 것도 이 때문이다. 거기에서 자본이 극도의 노력을 기울일 수 있을 지도 모른다. 자본은, 임금 노동자가 끊임없이 독립 자영농으로 전화함으로써 노동 시장이 언제나 비게 되는 것을 막을 도리가 없다. 절대 다수의 아메리카 인들에게 있어 임금 노동자의 위치란 얼마 안 있어 반드시 떠나게 될 하나의 있을 수 있는 상태에 지나지 않는다. 식민지의 이러한 상태를 바로잡으려고 모국인 영국 정부는 당분간 현대적 식민 이론이라고 불리는 것을 받아들였는데, 이것은 임금 노동자가 자영농으로 너무 급속히 전화하는 것을 막으려고 인위적으로 식민지 토지에 높은 가격을 매기는 것을 골자로 하였다.

그러면 이제 자본이 생산 과정 전체를 지배하고 있는 오래된 문명 국가들을 보기로 하자. 예컨대 1849년부터 1859년까지 영국에서 이루어졌던 농업 임금의 상승을 보기로 하자. 그것의 결과는 어떠했는가? 우리의 친구 웨스턴이라면 농부들에게 밀의 가치를 인상하라고 충고했겠지만, 그들은 밀의 가치는커녕 밀의 시장 가격조차 인상할 수 없었다. 도리어 그들은 시장 가격이 하락하는 것을 감수할 수밖에 없었다. 그러나, 그 11년 동안 그들은 온갖 종류의 기계를 도입하였고, 더 과학적인 방법을 채택하였으며, 경지의 일부를 목장으로 바꾸었고, 농장의 규모와 함께 생산의 규모를 늘렸으며, 또 이러한 과정이나 그 밖의 과정을 통해 노동 생산력을 증대시켜 노동에 대한 수요를 축소시킴으로써 농업 인구를 또다시 상대적으로 과잉하게 만들었다. 이것이 곧, 오래 전부터 사람들이 정착해 있던 나라들에서 임금 상승에 대해 자본이 빠르든 늦든 간에 반작용하는 일반적 방법이다. 리카도가 올바르게 지적한 바와 같이, 기계는 노동과 끊임없이 경쟁하며 노동의 가격이 특정한 수준에 이르렀을 때만 도입될 수 있지만, 기계의 채용은 노동 생산력을 증대시키는 많은 방법들 가운데 하나에 지나지 않는다. 보통 노동을 상대적으로 과잉하게 만드는 바로 그 발전이 다른 한편으로는 숙련
5 노동을 단순화시키며, 그럼으로써 노동을 평가 절하한다.

　같은 법칙은 다른 형태로도 나타난다. 노동 생산력이 발전함에 따라, 상대적으로 높아진 임금률에도 불구하고 자본 축적은 더욱 촉진될 것이다. 그렇기 때문에, **A.** 스미스가 현대 산업이 아직 유아기에서 벗어나지 못하고 있을 당시 추론했던 바와 같이, 자본 축적이 촉진되면 노동에 대한 수요
10 가 늘어나 노동자에게 유리한 쪽으로 균형추가 기울 수밖에 없게 되리라고 추론할 수도 있다. 이와 같은 관점에서 오늘날의 많은 저술가들은, 영국의 자본이 지난 20년 동안 영국의 인구보다 훨씬 빨리 늘어났는데도 임금은 그렇게 제고되지 않은 것을 의아하게 생각했다. 그러나 축적이 진전되는 것과 동시에 자본 구성에는 누진적 변화가 일어나게 된다. 총자본 가운데 고정
15 자본 부분 —— 기계, 원료 및 모든 형태의 생산 수단으로 이루어지는 자본 부분 —— 은 임금 또는 노동을 구입하는 데 할당되는 자본 부분에 비해 더 누진적으로 증가한다. 이러한 법칙은 바턴 씨, 리카도, 시스몽디, 리차드 존즈 교수, 램지 교수, 셰르빌리에 및 그 밖의 사람들에 의해 어느 정도 정확하게 진술된 바 있다.

20 　만약 자본의 이 두 요소의 비율이 원래 1 : 1이라면, 이 비율은 산업이 발전할 경우 5 : 1 등등으로 될 것이다. 만약 600의 총자본 가운데서 300이 용구나 원료 등등에 할당되고 300이 임금에 할당된다면, 총자본이 두 배로 되기만 하면 300명 대신에 600명의 노동자에 대한 수요가 창출될 것이다. 그러나 600의 자본 가운데 500이 기계와 재료 등등에 할당되고 오직 100이
25 임금에 할당된다면, 300명 대신에 600명의 노동자에 대한 수요가 창출되려면 이 자본은 600에서 3,600으로 늘어나야 한다. 따라서, 산업이 발전해 감에 따라 노동에 대한 수요는 자본의 축적과 보조를 맞추지 못하게 될 것이다. 노동에 대한 수요는 여전히 증가하겠지만, 자본이 증가하는 것에 비하면 끊임없이 감소하는 비율로 증가한다.

　이상의 몇 가지 암시로도 현대 산업의 바로 그 발전이 저울을 점점 노

동자에게는 불리하고 자본가에게는 유리한 방향으로 기울게 할 수밖에 없
다는 점, 따라서 자본주의적 생산의 일반적 경향은 평균 임금 수준을 높이
는 것이 아니라 내린다는 점, 다시 말해 노동의 가치를 정도의 차이는 있으
나 최소 한계까지 억누른다는 점을 보여 주기에 충분할 것이다. 이러한 제
도에서 사태의 경향이 그러하다는 것이 바로, 노동자 계급은 자본의 침략에   5
대한 저항을 포기해야 하며 자신들의 처지를 일시적으로 개선하기 위해 가
끔씩 주어지는 기회를 최대한 이용하려는 시도를 포기해야 한다는 것을 뜻
하는가? 만약 노동자들이 그렇게 하고 만다면, 그들은 구제할 때를 놓친 파
탄자의 무리로 전락하게 될 것이다. 지금까지 나는, 임금 수준으로 인한 노
동자의 투쟁은 임금 제도 전체와 뗄 수 없는 관계에 있다는 점, 임금을 인   10
상시키기 위한 노동자의 노력은 100 가운데 99가 주어진 노동의 가치를 유
지하려는 노력에 지나지 않는다는 점, 그리고 자신들의 가격을 놓고 자본가
와 싸워야 할 필요성은 자신들을 상품으로 판매할 수밖에 없는 노동자들의
조건에 내재하고 있다는 점 등을 보여 주었다고 생각한다. 만약 자본과의
일상적 충돌에서 비겁하게 물러난다면, 노동자들은 틀림없이 더 커다란 운   15
동을 주도할 자격을 스스로에게서 박탈하는 셈이 될 것이다.

　　이와 동시에, 그리고 임금 제도와 관련된 전반적인 예속 상태는 아예
제쳐놓더라도, 노동자 계급은 이러한 일상적 투쟁의 궁극적 효과를 스스로
에게 과장해서는 안 된다. 그들은 자신들이 결과와 싸우고 있는 것이지 그
결과의 원인과 싸우고 있는 것은 아니라는 점 ; 하향 운동을 억제하고 있는   20
것이지 그 방향을 바꾸고 있는 것은 아니라는 점 ; 완화제를 쓰고 있는 것이
지 질병을 치료하고 있는 것은 아니라는 점 등을 잊어서는 안 된다. 그러므
로 그들은 거침없는 자본의 침략이나 시장의 변화로부터 끊임없이 생겨나
는 이 피할 수 없는 유격전에만 전적으로 매달려서는 안 된다. 현재의 체제
는 노동자에게 온갖 곤궁을 강요하지만 동시에 사회를 경제적으로 재건하   25
는 데 필요한 물질적 조건들과 사회적 형태들을 만들어 내고 있다는 것을 그
들은 알아야 한다. '공정한 하루 작업에 대한 공정한 하루 임금!' 이라는 보수적
표어 대신에 그들은 '임금 제도 철폐!' 라는 혁명적 구호를 자신들의 깃발에
써넣어야 한다.

　　이상으로, 매우 장황하고도 혹시 지루했을지도 모르지만 나로서는 주

제를 올바로 다루기 위해서는 어쩔 수 없었던 이 해설을 마치고 이제 다음과 같은 결의안을 제출하는 것으로 마무리하고자 한다.

1. 임금률의 일반적 상승은 이윤율의 일반적 하락을 가져올 것이지만, 전체적으로 말해서 상품의 가격에는 영향을 미치지 않을 것이다.

2. 자본주의적 생산의 일반적 경향은 평균 임금 수준을 높이는 것이 아니라 내리는 것이다.

3. 노동 조합은 자본의 침략에 대한 저항의 중심지로서 훌륭한 역할을 한다. 부분적으로, 노동 조합은 자기 힘을 분별없이 사용한다면 실패한다. 일반적으로, 노동 조합은 현존 제도가 빚어 낸 결과를 반대하는 유격전에만 자신을 국한하고 이와 동시에 현존 제도가 변화하도록 노력하지 않는다면, 자신의 조직된 힘을 노동자 계급의 종국적 해방을 위한, 말하자면 임금 제도의 궁극적 철폐를 위한 지렛대로 사용하지 않는다면 실패한다.

1865년 5월 말에서   맑스 · 엥겔스 저작집,
6월 27일까지 씌어짐   제16권, 101-152면.
강연 수고에 의거함.

영어 원문으로부터 번역

최인호 번역

프리드리히 엥겔스

노동자 계급은 폴란드에 대해 무엇을 해야 하는가?[61]

I
『공화국』의 편집자에게

보십시오.

노동자 계급들이 정치 운동에 독자적으로 참여했던 곳이라면 어디에서든지 그들의 대외 정책은 그 시초부터 다음과 같은 몇 마디로 표현되었습니다 : 폴란드의 재건. 차티스트 운동[8]은, 그것이 존재했던 한 그러하였습니다 ; 1848년[28] 훨씬 이전에도, 그리고 5월 15일에[62] 국민 의회를 향해 다음 과 같이 외쳤던 기억할 만한 그 해에도 프랑스 노동자들은 그러하였습니다 : "Vive la Pologne!" —— 폴란드 만세! 1848년과 1849년에 노동자 계급의 기관지들이 폴란드의 재건을 위해 러시아와의 전쟁을 요구했을 때에 독일은 그러하였습니다. 이는 지금도 그러합니다 ; 하나의 예외 —— 이에 대해서는 차후에 말씀드리겠습니다 —— 를 제외한다면 유럽의 노동자들은 폴란드의 재건을 자신들의 정치 강령의 본질적인 부분이라고, 자신들의 대외 정책의 가장 포괄적인 표현이라고 만장 일치로 선포하고 있습니다. 중간 계급 또한 폴란드에 대해 '동정심'을 가진 바 있으며, 또 지금도 가지고 있긴 합니다 ; 그 동정심은 그들이 폴란드 인들을 1831, 1846, 1863년에 비틀거리도록 방치하는 것을 방해하지 않았으며, 나아가 폴란드에 대해 우호적으로 이야기하면서도 실제로는 러시아를 돕기 위해 일을 꾸미는 파머스턴 경과 같은 폴란드의 가장 나쁜 적에게 폴란드 인들을 방치하는 것을 방해하지도 않았습니다. 그러나 노동자 계급의 경우는 달랐습니다. 그들의 의도는

10

15

20

개입하는 것이지, 개입하지 않는 것이 아닙니다 ; 그들은 러시아가 폴란드
에 쓸데없이 참견하는 한, 러시아와의 전쟁을 의도합니다 ; 그리고 그들은
폴란드 인들이 억압자들에 맞서 일어설 때마다 그것을 증명해 왔습니다. 그
리고 최근에 국제 노동자 협회는 자신의 깃발에 다음과 같이 써넣음으로써,
5 자신이 대표한다고 주장하는 집단의 이러한 보편적이고 본능적인 감정에
더욱 완전한 표현을 부여하였습니다 : "러시아의 유럽 침략에 대한 저
항 —— 폴란드의 재건!"

서부 및 중부 유럽 노동자의 대외 정책의 이러한 강령은 그것이 호소
하는 대상인 계급 사이에서, 우리가 위에서 말한 것과 같은 하나를 예외로
10 한다면 만장 일치의 합의를 얻어냈습니다. 프랑스의 노동자들 가운데에는
세상을 떠난 P. -J. 프루동의 파에 속하는 소수가 있습니다. 이 파는 선진적
이고 분별 있는 노동자들의 대부분과는 완전히 in toto 달라서, 그들을 무지
한 바보로 선언하고 있으며, 대부분의 점에서 그들과는 전혀 다른 의견을
고집하고 있습니다. 이 점은 그들의 대외 정책에 있어서도 마찬가지라 하겠
15 습니다. 억압받는 폴란드에 대한 판결을 내리는 자리에 앉아 있는 프루동주
의자들은 스탤리브릿지 배심원의 다음과 같은 평결을 발견합니다 : "당연한
응보로다." 그들은 러시아를 장래성이 있는 위대한 땅이라고, 지구상에서
가장 진보적인 민족이라고, 합중국과 같은 시시한 나라로서는 나란히 거명
될 가치조차 없다고 찬미합니다. 그들은 국제 협회의 평의회에, 보나빠르뜨
20 적 민족체 원리를 수립한다는, 그리고 도량 넓은 러시아 인민을 문명 유럽
의 테두리 밖에 있는 것으로 공표한다는 혐의를 두었습니다 ; 그러한 것은
모든 민족들의 보편적 민주주의와 박애의 원리에 반하는 극악 무도한 죄악
이라는 것입니다. 이러한 것들이 혐의입니다. 말미에 있는 민주주의적 허사
를 제외한다면, 한눈에 알 수 있듯이 그들은 온갖 나라의 극단적인 토리 당
25 원들이 폴란드와 러시아와 관련하여 말해야 하는 것과 말로나 글로나 일치
합니다. 그러한 혐의들은 부인할 가치도 없습니다 ; 그러나 아무리 작다 해
도 노동자 계급의 한 분파로부터 그것들이 나온 한, 폴란드와 러시아의 문
제를 다시 언급하는 것과 우리가 이제부터 유럽의 단결된 노동자의 대외 정
책이라고 부르는 것의 정당함을 입증하는 것은 바람직할 것입니다.

그런데 우리는 왜 폴란드와 관련하여 항상 러시아만을 거명하는 것입

니까? 독일의 두 강국인 오스트리아와 프로이센은 약탈에 한몫 끼지 않았습니까? 그 나라들 또한 폴란드의 일부를 예속 상태에 묶어 두고 있으며, 러시아와 관련하여 폴란드의 모든 민족 운동을 짓누르고 있는 것은 아닙니까?

오스트리아가 폴란드 사건에서 벗어나 있기 위해 얼마나 열심히 투쟁해 왔는지, 그리고 분할과 관련한 러시아와 프로이센의 계획에 대해 얼마나 오랫동안 저항해 왔는지는 익히 알려져 있습니다. 폴란드는 러시아에 대항하는 오스트리아의 자연적 동맹자였습니다. 러시아가 일단 만만찮게 되자, 폴란드를 자신과 새롭게 떠오르는 제국 사이에 살아 남게 하는 것보다 오스트리아의 이해에 더 좋은 것은 있을 수 없었습니다. 폴란드의 운명이 결정되었다는 것, 자신의 동참 여부와 무관하게 다른 두 강국들은 폴란드를 절멸시키기로 결의하였다 것을 보았을 때에야 비로소, 그때에야 비로소 오스트리아는 자기 보호를 근거로 영토 할당분을 위해 개입하였습니다. 그러나 일찍이 1815년에 오스트리아는 하나의 독립된 폴란드의 재건을 주장하였습니다 ; 1831년과 1863년에는 기꺼이 전쟁을 벌이려 했으며, 만약 영국과 프랑스가 자기 측에 가담하려 한다면 폴란드에서의 자기 자신의 할당분을 기꺼이 포기하려고 했습니다. 크림 전쟁[51] 동안에도 마찬가지였습니다. 이것은 오스트리아 정부의 일반적 정책을 정당화하는 이야기가 아닙니다. 오스트리아는, 더 약한 민족을 억압하는 것이 자신의 지배자들의 성미에 맞는 일이라는 것을 충분할 정도로 수시로 보여 준 바 있습니다. 그러나 폴란드와 관련한 경우에서는, 자기 보존 본능이 새로운 영토에 대한 욕망이나 정부의 습성보다 더 강했습니다. 그리고 이것이 오스트리아를 당분간 법정 밖에 두도록 하는 이유입니다.

프로이센에 대해 말하자면, 폴란드에서의 그 나라의 할당분은 높은 비중을 갖기에는 너무 보잘것없습니다. 그 나라의 벗이자 동맹자인 러시아는, 프로이센이 세 번의 분할 동안 얻은 것의 10분의 9를 가까스로 덜어 주었습니다. 그러나 조금 남아 있는 것마저도 프로이센을 짓누르고 있습니다. 그것은 프로이센을 러시아의 개선 마차에 사슬로 묶어 두었습니다 ; 그것은 자국 정부로 하여금, 이후에 곧 그 나라의 나머지에서도 적용될 예정이었던 법률 위반, 개인의 자유와 집회의 권리와 언론의 자유 등의 침해를 심지어

1863년과 1864년에도 프로이센령 폴란드에서 마음대로 시행할 수 있도록 해 주는 수단이었습니다 ; 그것은, 동쪽 국경의 몇 평방 미터에 불과한 땅을 잃을지도 모른다는 위험에 겁을 집어먹고서 정부로 하여금 폴란드와 관련하여서는 모든 법률들을 팽개쳐 두도록 허용한 중간 계급의 자유주의 운동

5   전체의 기대를 저버렸습니다. 프로이센뿐만 아니라 모든 독일의 노동자들은 다른 어떤 나라의 노동자들보다도 폴란드의 재건에 더 큰 이해를 갖고 있으며, 자신들이 이러한 점을 알고 있음을 혁명 운동에서마다 보여 주어 왔습니다. 폴란드의 재건은 그들에게 있어, 자기 자신의 나라가 러시아의 종속으로부터 해방되는 것입니다. 그리고 이것이 우리가 생각하기에는 프

10 로이센 역시 법정 밖에 두는 이유입니다. 도대체 언제 러시아의 노동자 계급(만약 서유럽에서 이해되는 것과 같은 의미에서의 그러한 노동자 계급이 이 나라에 있다면)이 정치 강령을 작성하고, 나아가 그 강령이 폴란드의 해방을 포함할지는 모르지만 ── 그때에는, 그리고 그때에야 비로소 민족으로서의 러시아 역시 법정 밖에 있을 것이며, 짜르의 정부만이 기소되어 있

15 을 것입니다.

Ⅱ
『공화국』의 편집자에게

보십시오,
폴란드의 독립을 주장하는 것은 '민족체 원리'를 인정하는 것이며, 민

20 족체 원리는 프랑스에서 나뽈레옹 전제주의를 떠받치기 위해 꾀해진 보나빠르뜨의 발명품이라고 이야기되고 있습니다. 그러면, 이러한 '민족체 원리'란 무엇입니까?
1815년의 조약[63]에 의해 유럽 각국의 경계선은 단순히 외교상의 편의에 맞게, 특히 당시 대륙에서 가장 강력한 열강이었던 어떤 나라의 편의에

25 맞게 그어졌습니다 ── 러시아. 주민들의 바람이나 이해도, 그리고 민족적 다양성도 전혀 고려되지 않았습니다. 그리하여 폴란드가 분할되었고, 독일이 분할되었고, 이딸리아가 분할되었으며, 그때에는 소수만이 알고 있던 남

동유럽에 거주하는 많은 소수 민족체들은 말할 필요도 없었습니다. 그 결과
는 폴란드와 독일과 이딸리아에 있어서 모든 정치 운동의 첫발이 민족적 통
일성을 재건하는 것이었다는 점인데, 그러한 통일성이 없다면 민족의 생활
이란 그림자에 불과한 것이었습니다. 그리고, 1821-23년에 이딸리아와 에
스빠냐에서 혁명의 시도들이 진압된 후와 또 한 번은 프랑스에서 1830년 7   5
월 혁명[47]이 있은 후에 문명 유럽의 각국의 급진적인 정치가들이 서로 접
촉하여 일종의 공통의 강령을 작성하려고 시도하였을 때, 억압받고 세분된
민족들의 해방과 통일은 그들 모두의 공통의 모토가 되었습니다.[64] 그리고
억압받는 민족의 수가 새로운 또 하나의 나라, 즉 헝가리에 의해 늘어났을
때인 1848년에도 그러하였습니다. 사실, 다른 민족들의 자유를 침해하지   10
않는 한 유럽의 거대한 민족의 세분된 단위 각각이 모든 내부 문제를 인접
국과 독립적으로 처리할 권리를 지니고 있다는 점과 관련해서는 두 개의 의
견이 있을 수 없을 것입니다. 이 권리는 사실상 모든 내부적 자유의 근원적
인 조건의 하나였습니다. 예를 들어 독일이, 오스트리아가 직접적으로든 자
신의 종속국을 통해서든 이딸리아를 예속 상태에 둘 수 있도록 도우면서 어   15
떻게 자유와 통일성을 열망할 수 있겠습니까? 맞습니다. 오스트리아 군주제
의 총체적 붕괴가 바로 독일 통일의 첫번째 조건인 것입니다!

    유럽의 거대한 민족의 세분된 단위의 정치적 독립에 대한 이 권리는,
유럽의 민주주의에 의해 인정되기는 했지만 특별히 노동자 계급에게서도
동일한 인정을 받지 않으면 안 되었습니다. 사실 그것은 의심할 나위 없는   20
생명력을 갖고 있는 다른 대규모 민족 집단 속에서, 각각 분리된 나라의 노
동자들이 스스로를 위해 요구한 개별 민족의 존속이라는 동일한 권리를 승
인하는 것이나 다름없습니다. 그러나 이러한 승인, 그리고 이들 민족적 열
망에 대한 동정심은 크고 세련되고 역사적으로 중요한 유럽 민족들에게 제
한되어 있습니다 ; 그러한 민족들로는 이딸리아, 폴란드, 독일, 헝가리 등이   25
있습니다. 프랑스, 에스빠냐, 영국, 스칸디나비아 등은 세분되지도 않았고
외국의 통제하에 있지도 않았으며, 따라서 문제에 간접적으로만 이해를 갖
고 있었습니다 ; 그리고 러시아를 보자면, 그 나라는 심판의 날에 토해 내어
야 할 어마어마한 양의 장물의 불법 점유자로서 언급될 수 있을 뿐입니다.

"신의 은총과 민족의 의지"에 의해 황제가 된 루이-나뽈레옹은 1851년의 쿠테타[65] 이후에 자신의 대외 정책을 위해 민주주의적이면서도 대중적으로 들리는 명칭을 찾아야 했습니다. 자신의 깃발들에 '민족체 원리'라고 써넣는 것 이상으로 좋은 것이 있었겠습니까? 각각의 민족체는 자기 자신의 운명의 중재자이다 ; 한 민족체의 분리된 부분은 모두 자신들의 위대한 모국에 스스로를 합병시킬 수 있도록 허용되어야 한다 —— 무엇이 이보다 더 자유주의적일 수 있었겠습니까? 다만 다음과 같은 것을 주의해야 할 뿐입니다 —— 이제 더 이상 민족들의 문제는 없고, 민족체들의 문제만 있다.

유럽에는 같은 정부 밑에 다른 민족체들이 있지 않은 나라라고는 없습니다. 스코틀랜드 고지의 게일 인과 웨일즈 인은 잉글랜드 인과는 분명히 다른 민족체입니다. 오래 전에 사라진 인종들의 잔존자인 이들을 —— 나아가 프랑스의 브르따뉴에 있는 켈트 인 거주자들도 —— 민족이라는 칭호로 떠올리는 사람은 없지만 말입니다. 나아가 어느 국가의 경계선도 민족체의 자연적 경계선, 언어의 경계선과 일치하지 않습니다. 모국어는 프랑스 어이지만 프랑스 밖에 있는 사람도 많으며, 독일 밖에 살면서 독일어를 사용하는 사람도 많습니다 ; 그리고 십중팔구 이러한 것은 여전히 남게 될 것입니다. 거의 모든 커다란 민족들이 자신의 몸에서 떨어져 나간 몇몇 부분—이들은 민족적 생활로부터 분리되어 대개의 경우 다른 인종의 민족 생활에 참여하였습니다—과 갈라서는 것은, 지난 천 년 동안 유럽이 겪은 복잡하고 완만한 역사 발전의 자연스러운 결과입니다 ; 그럴수록 그것들은 자기 자신의 주요 줄기에 재결합하기를 원치 않았습니다. 스위스와 알사스의 독일인들이 독일에 재통일되기를 바라지 않는 것은 벨기에와 스위스에 있는 프랑스 인들이 정치적으로 프랑스에 부속되기를 원하지 않는 것과 마찬가지입니다. 그리고 결국, 정치적으로 구성된 다양한 민족들이 자체 내에 몇몇 외래적 요소들을 지니고 있어서 그것들이 이웃들과의 연결 고리를 형성하는 것이나 그렇지 않은 민족들이 민족적 성격의 지나치게 단조로운 획일성에 변화를 주는 것은 조금도 이익이 되지 않습니다.

그런데 여기서 우리는 '민족체 원리'와, 유럽의 커다란 민족들이 분리하여 독립된 존재로 있을 권리와 관련한 민주주의자들 및 노동자 계급의 오래된 교의 사이의 차이를 봅니다. '민족체 원리'는 유럽의 역사적으로 중요한 인민들이 민족 단위로 존재할 수 있는 권리라는 중요한 문제에는 전혀 손을 대지 않고 있습니다 ; 나아가, 손을 대려 한다면 그것은 문제를 혼란스럽게 만들기 위해서일 뿐입니다. 민족체 원리는 두 가지 종류의 문제를 제기합니다 : 첫째는 이들 역사적으로 중요한 거대한 인민들 사이의 경계선 문제이며, 둘째는 역사의 무대에 긴 기간 동안 혹은 짧은 기간 동안 등장하였다가 결국은 더 큰 생활력으로 인해 더 큰 장애들을 극복할 수 있었던 더 강력한 민족들의 하나 혹은 그 이상의 구성 부분으로 흡수된 인민들의 수많은 작은 잔해들이 독립하여 민족으로서 존재할 권리에 관한 문제입니다. 하나의 인민의 유럽에서의 중요성과 생활력은 민족체 원리의 눈에는 아무것도 아닙니다 ; 그 원리 앞에서는, 역사를 가진 적도 없고 역사를 갖기에 필요한 에너지도 가진 적이 없는 왈라키아의 루마니아 인들도 2천 년의 역사와 아직도 손상되지 않은 민족적 생활력을 지니고 있는 이딸리아 인들과 마찬가지의 중요성을 갖고 있습니다 ; 웨일즈 인과 맨크스 인들 또한 원하기만 한다면, 얼마나 엉터리없든 간에 영국과 동등하게 정치적으로 독립하여 존재할 권리를 가질 것입니다.[66] 사태 전체는 사람들의 천박한 눈을 흐리게 하기 위해, 편의적인 문구로 사용되기 위해, 또는 필요한 경우에는 옆으로 제쳐놓기 위해 대중적인 복장을 걸친 엉터리인 것입니다.

그것이 천박한 것이긴 해도 그것을 발명하기 위해서는 루이-나뽈레옹보다는 더 똑똑한 두뇌를 필요로 했습니다. 민족체 원리는 폴란드의 재건을 찬성하는 보나빠르뜨 파의 발명품이 결코 아니며, 폴란드를 파괴하기 위해 꾀해진 러시아의 발명품이나 다름없습니다. 지금부터 우리가 살펴보게 될 것처럼, 러시아는 민족체 원리를 핑계 삼아 옛 폴란드의 대부분을 흡수했습니다. 그 이념은 백 년도 더 된 것이며, 러시아는 지금 그것을 날마다 이용하고 있습니다. 범슬라브주의라는 것이, 러시아에 의해 러시아의 이해에 따라 세르비아 인, 크로아티아 인, 루테니아 인, 슬로바키아 인, 체코 인, 그리고 터어키와 헝가리와 독일에 있는 한물간 슬라브 인민 잔존자들에게 민족체 원리가 적용된 것이 아니면 무엇이겠습니까? 지금 이 순간에도 러시아 정부는, 북부 노르웨이와 스웨덴의 랩랜드 인 사이를 여행하며 이들 유목 미개인들 사이에 '위대한 핀 민족체'라는 이념을 선동하는 앞잡이를 두고 있습니다. 그것이 유럽의 최북단에서 러시아의 보호 아래 재건되리라는 것은 물론입니다. 억압받는 랩랜드 인들의 '고뇌의 외침'이 러시아 신문에서 매우 요란스럽게 터져 나오고 있는데, 이는 바로 그들 유목민들에 의한 것이 아니라 러시아의 앞잡이들에 의한 것입니다. 사실, 이들 불쌍한 랩랜드 인들을 그들 자신의 야만적이고 반쯤은 에스키모적인 방언에 가두어 두지

5 않고, 문명화된 노르웨이 언어나 스웨덴 언어를 배우도록 하는 것은 무시무시한 억압입니다! 민족체 원리는 사실 동부 유럽에서만도 발명될 수 있었는데, 그곳에는 아시아의 침략이라는 조류가 천 년 동안 반복적으로 일었던 까닭에 인종학자가 지금까지도 풀어 내기가 거의 어려운 민족들의 뒤엉킨 폐허 더미가 해변에 남아 있으며, 터어키 족, 핀 마자르 족, 루마니아 족,

10 유태족, 그리고 약 열 대엿의 슬라브 종족들이 끝없는 혼란 속에서 뒤섞여 살고 있기 때문입니다. 이것이 민족체 원리가 작동하는 토대이며, 우리는 곧 폴란드의 예에서 러시아가 그곳에서 그것을 어떻게 작동시켰는지를 보게 될 것입니다

Ⅲ
폴란드에 적용된 민족체 교의

15

다른 거의 모든 유럽의 나라들과 마찬가지로 폴란드에도 다른 민족체들의 인민들이 거주하고 있습니다. 인구의 대부분과 힘의 중핵은 의심할 여지 없이, 폴란드 언어를 사용하는 본래의 폴란드 인들로 이루어져 있습니다. 그러나 1390년 이래로 본래의 폴란드는 리투아니아 대후국에 통일되어

20 왔으며, 이 대후국은 1794년의 최후의 분할까지 폴란드 공화국의 구성 부분을 이루어 왔습니다. 이 리투아니아 대후국에는 매우 다양한 인종들이 거주하고 있습니다. 발트 해 연안의 북부의 주들은 본래의 리투아니아 인들의 소유인데, 이들은 자신들의 슬라브 인 이웃들과는 구별되는 언어를 사용하고 있습니다. 이들 리투아니아 인들은 대부분 독일인 이주자들에 의해 정복

25 당한 적이 있는데, 그 후 독일인들은 리투아니아 대후국에 맞서 자기 몫을 지키는 것도 어렵다는 것을 확인하였습니다. 더 남쪽과 현재의 폴란드 왕국의 동쪽에는 백러시아 인들이 있는데, 이들은 폴란드 언어와 러시아 언어의

중간이지만 러시아 언어에 더 가까운 것을 사용하고 있습니다 ; 그리고 마
지막으로 남부의 주들에는 이른바 소러시아 인들이 거주하고 있는데, 이들
의 언어는 현재 대부분의 권위자들에 따르면 대러시아 어(우리가 흔히 러시
아 어라고 부르는 언어)와 완전히 구별되는 것으로 간주되고 있습니다. 그
러므로 만약 폴란드의 재건을 요구하는 것은 민족체 원리에 호소하는 것이   5
라고 말한다면, 그것은 자신들이 말하고 있는 것이 무엇인지를 모른다는 것
을 스스로 증명하는 셈일 뿐입니다. 왜냐하면 그 말에 따르면 폴란드의 재
건은 적어도 네 개의 서로 다른 민족체들로 구성되는 국가의 재설립을 의미
하게 되기 때문입니다.

　　이처럼 리투아니아와의 연합으로 옛 폴란드 국가가 형성되고 있을 때,   10
러시아는 그러면 어디에 있었습니까? 150년 전에 폴란드 인들과 독일인들
하고 전투를 벌여 드네프르 강 동쪽으로 쫓겨난 바 있는 몽고인 정복자들의
발 아래 있었던 것입니다. 모스끄바 대공국이 마침내 몽고의 멍에를 벗어
던지고 대러시아의 서로 다른 수많은 속국들을 하나의 국가로 결합시키는
데 착수하기까지는 기나긴 투쟁이 필요했습니다. 그러나 이러한 성공은 그   15
들의 야망을 키우기만 한 것처럼 보입니다. 콘스탄티노플이 투르크에 함락
되자마자 모스끄바의 대공은 자신의 문장紋章에 비잔틴 황제들의 쌍두 독
수리를 앉혀 놓았으며, 그럼으로써 자신이 그들의 계승자이자 장래의 보복
자라는 주장을 펼쳤습니다. 그리고 잘 알려진 바와 같이 그때 이후로 러시
아 인들은 자신들의 언어로 콘스탄티노플을 뜻하는 짜리그라드, 즉 짜르의   20
도시를 정복하기 위해 힘썼습니다. 그때 이미 소러시아의 비옥한 평원은 그
들의 병합 욕망을 자극하였습니다 ; 그러나 당시 폴란드 인들은 강했으며,
언제나 용맹스러운 인민이었으며, 자기 자신들의 것을 지키기 위해 어떻게
싸워야 하는가뿐만 아니라 어떻게 보복해야 하는가도 알고 있었습니다 : 17
세기 초에 그들은 수년에 걸쳐 모스끄바를 장악하기도 하였습니다.   25

　　지배 귀족의 점차적 타락, 중간 계급을 발전시킬 힘의 부족, 나라를
황폐화시키는 계속되는 전쟁들 등은 마침내 폴란드의 힘을 산산조각 내고
말았습니다. 이웃의 모든 나라들은 진보하고 중간 계급을 형성하고 상업과
공업을 발전시키고 대도시들을 창조했는데도 봉건적 사회 상태를 고스란히
유지하기를 고집하는 나라 —— 그러한 나라는 파멸할 운명이었습니다. 의

심할 여지 없이 바로 귀족이 폴란드를 파멸시켰고, 그것도 완전히 파멸시켰던 것입니다 ; 나아가, 파멸시킨 뒤에 그들은 그렇게 한 것을 놓고 서로 비난했으며, 그들 자신과 자신의 나라를 외국인에게 팔아 넘겼습니다. 1700-1772년의 폴란드 역사는, 부패하기 쉬운 귀족들로 인해 가능했던 러시아의 폴란드 지배권 찬탈의 기록이나 다름없습니다. 러시아 병사들은 거의 끊임없이 나라를 점령하고 있었고, 폴란드의 왕들은 비록 그들 자신이 의도적인 반역자는 아니었다 하더라도 어쨌든 러시아 대사가 손가락을 놀리는 대로 점점 더 깊이 빠져 들어 갔습니다. 이 경기는 매우 훌륭한 성공을 거두었고 또 매우 오랫동안 이루어졌기에, 폴란드가 마침내 절멸되었을 때에 유럽 어디에서도 비명은 없었으며, 사실 사람들이 이와 관련하여 놀란 것은 러시아가 영토의 그토록 많은 부분을 오스트리아와 프로이센에게 줄 정도의 관대함을 지녔다는 점뿐이었습니다.

이 분할이 이루어진 방식은 특히 흥미롭습니다. 그 당시에 유럽에는 이미 계몽된 '여론'이 형성되어 있었습니다. 『타임즈』라는 신문이 아직 그러한 품목을 생산하기 시작하지는 않았지만, 디드로나 볼떼르나 루쏘나 18세기 프랑스 작가들의 지대한 영향으로 창조된 그런 종류의 여론은 있었습니다. 러시아는 가능하다면 여론을 한 쪽으로 몰고 가는 것이 중요하다는 것을 언제나 알고 있었고, 그렇게 하려고 주의를 기울이기도 하였습니다. 예까쩨리나 2세의 궁정은 그 시대의 계몽화된 사람들, 특히 프랑스 인들의 본부였습니다 ; 가장 계몽화된 원리들을 여제와 그녀의 궁정이 신봉한다고 확언되었으며, 여제는 그들을 매우 훌륭하게 속여서 볼떼르나 다른 많은 사람들은 "북쪽의 세미라미스"의 찬가를 불러댔으며 러시아가 세상에서 가장 진보적인 나라이고 자유주의 원리의 고향이며 종교적 관용의 옹호자라고 선포했습니다.

종교적 관용 —— 그것은 폴란드를 제압하기 위해 필요한 단어였습니다. 폴란드는 종교 문제에서는 언제나 극히 자유주의적이었습니다 ; 유태인은, 유럽의 다른 모든 부분에서는 박해를 받았어도 그곳에서는 피난처를 목격합니다. 동부 주들의 인민들의 대부분은 그리스 신앙에 속했던 반면에, 본래의 폴란드 인들은 로마 카톨릭 교도들이었습니다. 이들 그리스 정교 신

도의 대부분은 16세기에 교황의 지상권을 인정하도록 권유받았습니다 ; 그
들은 그리스 귀일 신도 歸一信徒 라고 불리었습니다 ; 그러나 매우 많은 사
람들은 모든 면에서 자신들의 옛 그리스 종교에 계속해서 충실하였습니다.
그들은 주로 농노들이었으나, 그들의 주인인 귀족들은 거의 모두가 로마 카
톨릭 교도들이었습니다 ; 농노들은 민족체로 볼 때 소러시아 인들이었습니   5
다. 자, 본국에서는 그리스 정교를 제외한 어떠한 다른 종교에도 관용적이
지 않았고 배교를 범죄로 벌하던 이 러시아 정부 ; 외래 민족들을 정복하고
있었고 외래 지방들을 닥치는 대로 병합하고 있는 정부 ; 그 당시에 러시아
의 농노에 대한 족쇄를 훨씬 더 단단하게 죄는 데에 몰두하고 있는 정
부 —— 바로 이 러시아 정부는 곧, 폴란드가 그리스 카톨릭을 억압한다고   10
이야기되고 있기 때문에 종교적 관용이라는 이름으로 ; 동부 주들의 거주민
들이 소러시아 인들이고 따라서 대러시아에 병합되어야 하기 때문에 민족체
원리라는 이름으로 ; 주인에 맞서 농노들을 무장시키는 혁명의 권리라는 이
름으로 폴란드에 다가갔습니다. 러시아는 자신의 수단을 선택하는 데 조금
도 용의 주도하지 않았습니다. 계급에 대항하는 계급의 전쟁은 무언가 극히   15
혁명적인 것이라고 이야기되고 있습니다 ; 그런데 러시아는 거의 100년 전
에 폴란드에서 그러한 전쟁을 진행시켰고, 그것은 계급 전쟁의 훌륭한 본보
기였으며, 그때 러시아의 병사들과 소러시아 인 농노들은 다만 러시아의 병
합을 준비하기 위해 함께 폴란드 인 지주의 성을 불태웠을 뿐입니다 ; 그런
데 일단 완수되자 바로 그 러시아 병사들이 농노들을 다시 그들의 지주들의   20
멍에 아래로 돌려보냈습니다.

　　당시에는 민족체 원리가 서유럽에서 유행하고 있지 않았기 때문에 이
모든 것이 종교적 관용이라는 이름으로 이루어졌습니다. 그런데 그 원리가
그때 소러시아 인 농민들의 눈앞에서 치켜 올려졌고, 그 이래로 그것은 폴
란드 사태에서 중요한 역할을 하였습니다. 러시아의 제1의 최고의 야망은   25
모든 러시아의 군주(사마제르췌쯔 프쎄흐 루스끼흐)라고 스스로를 칭하는
짜르 아래 모든 러시아 종족들을 통일시키는 것이었고, 거기에는 백러시아
와 소러시아도 포함되어 있었습니다. 그리고 자신의 야망이 그것 이상으로
나아가지 않는다는 것을 증명하기 위해 러시아는 세 번의 분할 동안 백러시
아와 소러시아의 주들 이외에는 어디도 합병하지 않기 위해 주의를 기울였

으며, 폴란드 인들이 거주하고 있던 나라는 물론이고 소러시아의 일부(동부 갈리찌아)까지도 자신의 공범자들에게 남겨 두었습니다. 그러나 지금은 사태가 어떠합니까? 1793년과 1794년에 오스트리아와 프로이센에 합병된 주들의 대부분은 폴란드 왕국이라는 이름으로 러시아의 지배 아래 있으며, 때때로 폴란드 인 사이에서는 러시아의 지상권을 인정하고 옛 리투아니아 주들의 모든 권리를 포기하기만 한다면 러시아 황제를 왕으로 하는 폴란드의 다른 모든 지역의 재통일과 폴란드의 재건을 기대할 수도 있다는 희망이 일고 있습니다. 그리고, 현재의 국면에서 프로이센과 오스트리아가 치고 받게 된다면, 그 전쟁은 궁극적으로 프로이센으로의 슐레스비히-홀슈타인의 병합이나 이딸리아로의 베네치아의 병합이 아니라 러시아로의 프로이센령 폴란드의 병합, 나아가 오스트리아령 폴란드의 병합을 위한 것이 될 가능성은 커집니다.

폴란드 사태에서 민족체 원리에 대한 것은 대략 이러한 것입니다.

프리드리히 엥겔스

1866년 1월 말에서
4월 6일까지 쓰어짐.
출전 : 『공화국』제159, 160, 165호,
1866년 3월 24일, 31일, 5월 5일.

영어 원문으로부터 번역.

맑스 · 엥겔스 저작집,
제16권, 153-163면.

김태호 번역

칼 맑스

임시 중앙 평의회 대의원들을 위한
개별 문제들에 대한
지시들[67]

1. 국제 협회의 조직

대체로 임시 중앙 평의회는 임시 규약[68]에 구상되어 있는 조직 계획을 권고한다. 그 조직 계획이 건전하다는 것, 그리고 행동 통일을 깨뜨리지 않고 여러 나라들에 적용되기에 용이하다는 것은 2년 동안의 경험에 의해 증명된 바 있다. 다음 연도와 관련하여 우리는 런던을 중앙 평의회의 소재지로 권고하겠는데, 이는 대륙의 정세로 볼 때 변경이 적절하지 않기 때문이다.   10

중앙 평의회의 평의원은 물론 대회에 의해 선출된다(임시 규약 제5조) ; 중앙 평의회는 평의원의 수를 추가할 권한을 갖는다.

총서기는 대회에 의해 일년 단위로 선출되며, 협회에서 유일한 유급 임원이다. 우리는 총서기의 주급으로 2 파운드 스털링을 제안한다.   15

협회의 개개 회원 각각의 균일한 연간 회비는 반 페니(또는 일 페니)로 한다. 회원증(수첩)의 제작 비용은 별도로 징수하는 것으로 한다.

우리는 협회의 회원들에게 공제 조합을 형성하고 그것들을 국제적인 유대로 연결할 것을 주장하는 한편, 이 문제(공제 조합의 설립 établissement des sociétés de secours mutuels. 협회 회원의 유자녀에 대한   20 정신적 및 물질적 지원 Appui moral et matériel accordé aux orphelins de l'association)에 대한 발의는 지난 9월의 협의회[14]에서 이것을 최초로 제안한 스위스 인들에게 일임한다.

2. 노동과 자본 사이의 투쟁에 있어서
협회를 매개로 한
노력의 국제적 결합

5   **(a)** 일반적인 관점에서 볼 때 이 문제는, 지금까지 서로 다른 나라들에서 연결되지 못한 채 노동자 계급이 해방을 위해 기울인 노력들을 결합하고 일반화하는 것을 목표로 하는 국제 협회의 활동 전체를 포괄한다.

    (b) 파업이나 공장 폐쇄의 경우에 언제나 외국인 노동자를 현지 노동자에 맞서는 도구로 악용할 준비가 되어 있는 자본가들의 음모를 좌절시키

10 는 것은 우리 결사가 지금까지 성공적으로 수행해 온 특별한 기능들 가운데 하나이다. 서로 다른 나라들의 노동자들이 해방군의 형제이자 동지로서 느끼도록 만들 뿐만 아니라 그런 식으로 **행동하도록** 만드는 것은 협회의 위대한 목적들 가운데 하나이다.

    (c) 우리가 제기하는 하나의 위대한 '노력의 국제적 결합'은 노동자 계

15 급들 자신에 의해 수행되는 모든 나라 노동자 계급들의 처지에 대한 통계적 조사이다. 성공적으로 활동하려면, 작용이 가해지는 소재에 대해 알아야 한다. 이토록 위대한 사업을 창시함으로써, 노동자 계급들은 자기 자신의 운명을 자기 자신의 손에 거머쥘 수 있는 자신의 능력을 입증하게 될 것이다. 따라서 우리는 다음과 같이 제안한다 :

20   우리 협회의 지부가 존재하는 모든 지방에서 이 사업이 즉각 착수되고, 첨부된 조사 요강에 지정되어 있는 여러 항목들에 관한 증거들이 수집되도록 할 것.

    대회는 노동자 계급의 통계 자료가 취합될 수 있도록 협력할 것을 유럽과 아메리카 합중국의 모든 노동자들에게 요청하고, 보고와 증거들이 중

25 앙 평의회로 전송되도록 할 것. 중앙 평의회는 증거를 부록으로 첨부하여 그것들을 일반 보고서로 구성할 것.

    이 보고서를 부록과 함께 다음 연례 대회에 제출하고, 그 대회의 인가

를 얻은 다음에 협회의 비용으로 인쇄할 것.

일반 조사 요강.

물론 지방에 따라 수정될 수 있다

1. 산업의 명칭.

2. 피고용인의 나이와 성별.

3. 피고용인의 수.

4. 급료 및 임금 : **(a)** 견습공 ; **(b)** 일급인가 성과급인가 ; 중개업자에 의해 지불되는 임금. 주 평균 및 연 평균.

5. **(a)** 공장에서의 노동 시간. **(b)** 사업이 다양한 양식으로 수행될 경우에는, 소고용주에게 고용되는 노동 시간과 가내 노동에서의 노동 시간. **(c)** 야간 노동과 주간 노동.

6. 식사 시간과 대우.

7. 작업장 및 노동의 종류 : 인원 과밀, 불량한 환기, 채광 부족, 가스 조명의 사용, 청결함 등등.

8. 직업의 종류.

9. 육체 상태에 미치는 작업의 영향.

10. 도덕 상태. 교육.

11. 업종의 상태 : 계절을 타는 것인지 아니면 다소 불균등하더라도 일년 내내 고르게 되는 것인지, 변동이 큰지 어떤지, 외국의 경쟁에 처해 있는지 어떤지, 주로 국내 소비를 향한 것인지 외국 소비를 향한 것인지, 등등.

3. 노동일의 제한

선결 조건은 노동일의 제한이며, 그것이 결여되었을 경우에는 개선과 해방을 향한 그 이상의 모든 노력들도 유산될 것이다.

그것은 노동자 계급, 즉 각국민의 다수의 건강과 육체적 에너지를 회복하기 위해, 나아가 그들에게 지적 발전과 사교와 사회적 및 정치적 활동 등의 가능성을 보장하기 위해 필요하다.

134

우리는 노동일의 **법률상의 한도로서 8 노동 시간**을 제안한다. 이것은 아메리카 합중국의 노동자들에 의해 전반적으로 요청되고 있으며, 대회의 결의는 그것을 전세계 노동자의 공동의 강령으로 치켜 들 것이다.

공장법의 경험이 비교적 일천한 대륙의 회원들에게 일러두기 위해 참고로 덧붙일 것은, 이 8 노동 시간이 속하게 될 하루의 기간이 규정되어 있지 않다면 어떠한 법적 한정도 실패할 것이고 자본에 의해 무효로 될 것이라는 점이다. 이 시간의 길이는 8 노동 시간과 식사를 위한 추가의 휴식으로 결정되어야 한다. 예를 들어 식사와 관련한 여러 가지 중단 시간이 한 시간에 달한다면, 법률상의 하루의 기간은 9 시간에 이르러야 하며, 말하자면 오전 7시부터 오후 4시까지, 또는 오전 8시부터 오후 5시까지 등등이 되어야 한다. 야간 노동은 법률에 의해 지정된 업종이나 업종 부문에서만 예외적으로 허용되어야 한다. 경향적으로는 일체의 야간 노동을 폐지해야 한다.

이 항목은 성인 남녀에만 해당되는 것이다 ; 그러나 여성은 야간 노동이라는 것 모두에서 엄격히 제외되어야 하며, 여성의 연약함을 손상시킨다든지 유독하거나 그 밖의 유해한 요소들에 신체를 노출시킨다든지 하게 되는 모든 종류의 노동으로부터 제외되어야 한다. 성인이라고 할 때는 18세 이상의 모든 사람들을 가리킨다.

4. 연소자와 아동의 노동
(남녀)

우리는, 남녀 아동들과 연소자들을 사회적 생산이라는 위대한 작업에서 협력하도록 만드는 현대 산업의 경향이 비록 자본 아래에서는 혐오를 불러일으키는 일로 왜곡되어 있긴 하지만 그래도 진보적이고 건전하며 정당한 경향이라고 간주한다. 합리적인 사회 상태에서는 9세 이상의 모든 아동은 누구라도 생산적 노동자가 되어야 하는데, 이는 건강한 성인이라면 누구라도 일반적 자연 법칙, 즉 먹을 수 있기 위해서는 노동하지 않으면 안 되고 게다가 두뇌로만이 아니라 손으로도 노동하지 않으면 안 된다는 법칙에서 예외로 되어서는 안 되는 것과 같은 것이다. 그러나 당분간 우리는 노동자 계급에 속하는 아동들과 청소년들을 다루기만 하면 된다.[1]

우리는, 생리상의 이유로 인해 남녀 아동들과 청소년들을 세 개의 집단으로 나누어 달리 취급하는 것이 필요하다는 의견을 가지고 있다. 첫번째 집단은 9세부터 12세까지를, 두번째는 13세부터 15세까지를, 세번째는 16 5 세와 17세를 포함하는 것으로 한다. 우리는, 첫번째 집단의 고용은 어떠한 작업장이나 가내 노동에서도 법률상 두 시간으로 한정할 것, 두번째는 네 시간으로 한정할 것, 세번째는 여섯 시간으로 한정할 것을 제안한다. 세번째 집단에 대해서는 식사나 기분 전환을 위해 적어도 한 시간의 쉬는 시간이 있어야 한다. 10

초등 학교 교육은 9세 이전에 시작하는 것이 바람직할 것이다 ; 그렇지만 여기서는, 노동자를 자본 축적을 위한 단순한 도구로 강등시키고 부모들을 빈곤으로 인해 노예 소유주, 즉 자기 자식의 판매자로 전환시키는 사회 체제의 경향에 대항하기 위해 반드시 있어야 할 해독제만을 다룬다. 아동과 연소자의 권리는 옹호되어야 한다. 그들은 자기 자신을 지키기 위해 행동하 15 는 것이 불가능하다. 따라서 그들을 위하여 행동하는 것은 사회의 의무이다.

중류 계급이나 상류 계급이 자기 자손들에 대한 자신들의 의무를 다하지 않는다면, 그것은 그들의 과오이다. 아동들은, 이들 계급의 특권들을 누림으로써 그들의 편견에 의해 고통당할 운명에 있다. 20

노동자 계급의 경우에는 사정이 전혀 다르다. 노동자는 결코 자유로운 행위자가 아니다. 너무도 많은 경우에, 노동자는 자신의 아이들의 진정한 이해 관계나 인간의 발전을 위한 정상적인 조건을 이해하기에는 너무도 무지하다. 그러나 노동자 계급에서 좀 더 계몽된 부분은, 자라나는 노동자 세대의 육성에 자기 계급의 미래, 따라서 인류의 미래가 전적으로 달려 있다

---

1) 영어 판에는 이 문장과 그 뒤의 한 문장이 다음과 같은 하나의 문장으로 되어, 뒤의 문단의 첫 문장을 이루고 있다 : "그러나 당분간 우리는 달리 취급될 세 개의 집단으로 나뉘는 남녀의 아동들과 청소년들을 다루기만 하면 된다." (역자)

는 것을 완전히 이해하고 있다. 그들은 무엇보다도 먼저 아동들과 연소 노
동자들이 현재의 제도의 파괴적인 영향들로부터 보호되어야 한다는 것을
알고 있다. 이것은 사회적 통찰을 사회적 힘으로 전화시킴으로써만 이루어질
수 있으며, 주어진 사정 아래서는 국가의 권력에 의해 시행되는 **일반적 법률**
5   을 통하는 것 이외에 그렇게 할 방도가 존재하지 않는다. 이러한 법률을 시
행하는 가운데 노동자 계급이 정부 권력을 강화시키는 것은 아니다. 오히려
그들은 현재 자신들에 맞서 행사되고 있는 권력을 그들 자신들의 세력으로
바꾸게 된다. 그들은, 고립된 개인적 노력으로는 아무리 시도해도 헛되이
끝날 일을 전반적인 하나의 행위에 의해 이루게 된다.

10   이러한 입장에서 출발하여 우리는, 교육과 결합되어 있을 때가 아니면
연소자의 노동을 이용하는 것이 부모에게도 고용주에게도 허용되어서는 안
된다고 주장한다.

        교육이라는 것을 우리는 다음의 세 가지로 이해한다.

        첫째 : 정신 교육.

15   둘째 : 육체 교육. 체육 학교나 군사 교련에서 실시되는 종류의 것.

        셋째 : 기술 훈련.[2] 모든 생산 과정의 일반적 원리를 전달함과 아울러
아동들과 청소년들에게 모든 업종의 기본적 도구의 실제 사용과 취급을 전
수하는 것.

        정신 훈련, 체육 훈련, 기술 훈련 등의 과정은 앞서 이루어진 연소 노
20   동자의 분류에 따라 단계적이고 점진적으로 이루어져야 한다. 또한 응용 과
학 학교의 비용은 부분적으로는 그 제품의 판매에 의해 지불되어야 한다.

        유급의 생산적 노동, 정신 교육, 육체 단련, 기술 훈련 등을 결합하는
것은 노동자 계급으로 하여금 상류 및 중류 계급의 수준을 훨씬 능가하도록
할 것이다.

25   9세부터 17세까지 (17세 포함)의 모든 사람이 야간 노동이나 건강에 해
로운 업종에 종사하는 것은 법률에 의해 엄격히 금지되어야 한다는 것은 자
명하다.

---

2) 독일어 판에는 '응용 과학 훈련'이라고 되어 있다. (역자)

5. 협동 조합 노동

노동자 계급의 자연 발생적인 운동들을 결합하고 일반화하는 것, 그러나 어떠한 공론적인 제도도 지령하거나 강요하지 않는 것이 국제 노동자 협회의 임무이다. 따라서, 대회는 특별한 협동 조합 제도를 선포하는 것이 아니라 약간의 일반적인 원칙들을 분명히 하는 것에 그쳐야 한다.   5

(a) 우리는 협동 조합 운동을 계급 적대에 기초한 현재의 사회를 변혁하는 힘들 가운데 하나로 인정한다. 그것의 커다란 공적은, 자본에 대한 노동의 예속이라고 하는 빈궁을 낳는 전제적인 현재의 제도가 자유롭고 평등한 생산자들의 연합의 공화주의적이고 다복한 제도에 의해 대체될 수 있음을 실천적으로 보여 준다는 점이다.   10

(b) 그러나 협동 조합 제도는, 개별 임금 노예가 개인적인 노력에 의해 구성하는 왜소한 형태에 한정된다면 결코 자본주의 사회를 변혁할 수 없다. 사회적 생산을 자유로운 협동 조합 노동의 대규모적이고 조화로운 하나의 제도로 전화시키기 위해서는 전반적인 사회적 변화와 사회의 전반적인 조건의 변화가 요구되며, 이러한 변화는 사회의 조직된 힘, 즉 국가 권력이 자본가   15 들과 지주들에게서 생산자들 자신에게로 옮겨지지 않고는 실현될 수 없다.

(c) 우리는 노동자들에게 협동 조합 상점보다는 협동 조합 생산에 종사할 것을 권고한다. 앞의 것은 현재의 경제 제도의 표면을 손댈 뿐이지만, 뒤의 것은 그 토대를 공격한다.

(d) 우리는 모든 협동 조합 결사들에게 공동 수입의 일부를 기금으로   20 전화시킬 것을 권고한다. 그 기금은 실례와 교훈에 의해, 바꿔 말하면 새로운 협동 조합 공장들의 설립을 설명과 설교로 촉진함에 의해 자신의 원리를 선전하는 데 사용된다.

(e) 협동 조합 결사가 보통의 중간 계급의 주식 회사(sociétés par actions)로 타락하는 것을 막기 위해서는, 주주이건 아니건 간에 종사하는   25 모든 노동자가 몫을 똑같이 받아야 한다. 일시적인 조치로서는, 주주가 낮은 율의 이자를 받는 것도 기꺼이 허용할 것이다.

6. 노동 조합. 그 과거, 현재, 미래

(a) 그 과거

자본은 집적된 사회적 힘인 데 반해, 노동자는 자신의 노동력을 마음대로 처리할 수 있을 뿐이다. 따라서 자본과 노동 사이의 계약은 결코 공정한 조건으로 맺어질 수 없다. 한편에는 물질적 생활 수단 및 노동 수단의 소유를 두고 다른 한편에는 살아 있는 생산적 에너지를 두는 사회의 관념으로 보더라도 공정한 조건으로 맺어질 수 없다. 노동자의 유일한 사회적 힘은 그 수이다. 그러나 그 수의 힘은 단결되어 있지 않으면 꺾인다. 노동자가 단결하지 못하는 것은 그들 자신들 사이의 불가피한 경쟁에서 생겨나서 영속화된다.

노동 조합들은 본래, 적어도 노예보다는 조금 나은 계약 조건을 전취하기 위해 그러한 경쟁을 제거하거나 적어도 제한하려는 노동자들의 자연발생적인 시도로부터 생겨났다. 따라서 노동 조합들의 즉각적인 목표는 일상적인 필요에만, 자본의 끊임없는 침해를 저지하는 방편에만, 한마디로 임금과 노동 시간의 문제에만 한정되었다. 노동 조합들의 이러한 활동은 정당할 뿐만 아니라 필요하기도 하다. 현재의 생산 제도가 지속되는 한, 그것은 없어서는 안 된다. 오히려 그것은 모든 나라에 걸쳐 노동 조합들이 결성되고 그것들이 결합됨으로써 일반화되지 않으면 안 된다. 다른 한편, 노동 조합들은 자신도 의식하지 못한 채 노동자 계급의 조직화의 중심을 형성하고 있는데, 이것은 중세의 도시나 꼬뮌이 중간 계급에게 그랬던 것과 마찬가지이다. 노동 조합이 자본과 노동 사이의 유격전에 필요한 것이라면, 임금 노동과 자본 지배라는 체제 그 자체를 폐지하기 위한 조직된 세력으로서는 훨씬 더 중요하다.

(b) 그 현재

자본과의 국지적이고 즉각적인 투쟁에만 지나치게 열중해 왔기 때문에 노동 조합들은 임금 노예 제도 자체에 대항하는 행동에서의 자신들의 힘을 아직 충분히 이해하지 못하고 있다. 따라서 노동 조합들은 일반적인 사회적 및 정치적 운동으로부터 너무나 멀리 떨어진 채 있었다. 그러나 최근 들어 노동 조합들은 자신들의 위대한 역사적 사명의 의의에 대해 어느 정도 눈을 뜨고 있는 것처럼 보인다. 예를 들면 영국에서 최근의 정치 운동에 참여하고 있는 것,[69] 합중국에서 자신의 기능에 대해 확대된 견해를 취하고 있는 것,[70] 최근 셰필드에서 열린 **노동 조합 대표자 대회**에서 이루어진 다음과 같은 결의 등에서 그것을 엿볼 수 있다 :

> "본 대회는 만국의 노동자들을 하나의 공통된 형제적 유대로 단결하게 하려는 국제 협회의 노력을 충분히 평가한다. 그리고 이 협회가 노동자 사회 전체의 진보와 번영에 필수적이라고 확신하면서, 여기에 대표를 보낸 다양한 결사들이 그것의 지부로 되는 것이 적절하다고 권고한다."[71]

(c) 그 미래

본래의 목적은 물론이고, 노동 조합들은 이제 완전한 해방이라는 폭 넓은 이해 관계에 있는 노동자 계급의 조직화의 중심으로서 신중하게 행동하는 것을 배워야 한다. 노동 조합들은 이러한 방향을 향하는 모든 사회적 및 정치적 운동을 지원해야 한다. 스스로를 노동자 계급 전체의 전사이자 대표라고 생각하고 또 그렇게 행동한다면, 노동 조합들은 결사에 소속되지 않은 사람들을 자신들의 대열에 끌어들여야 한다. 노동 조합들은, 예를 들면 예외적인 환경 때문에 무력화되어 있는 농업 노동자들처럼 매우 적은 대가를 지불받고 있는 업계의 이해를 세심하게 돌봐야 한다. 노동 조합들은, 자신들의 노력들이 편협하고 이기적인 것이 아니라 짓밟힌 수백만의 해방을 목표로 하는 것임을 세계 일반에 납득시켜야 한다.

7. 직접세와 간접세

(a) 과세 형태의 어떠한 변형도 노동과 자본 사이의 관계에 중요한 변화를 낳을 수 없다.

(b) 그렇다 하더라도, 두 가지 과세 제도 가운데서 선택해야 한다면 우리는 다음과 같은 이유에서 간접세의 완전한 폐지와 직접세로의 전반적 대체를

권고한다 ;

간접세는 상품 가격을 높이는데, 이는 상인이 간접세 액수뿐만 아니라 그것의 지불에 선대된 자본에 대한 이자와 이윤까지 그 가격에 추가하기 때문이다 ;

간접세는 국가에 지불하고 있는 것을 개인에게 드러내 보이지 않는 데 반해, 직접세는 드러나며, 복잡하지 않으며, 아무리 무지한 사람에게도 오해되지 않기 때문이다. 따라서 직접세는 개인으로 하여금 정부의 권력를 통제하도록 촉진하는 데 반해, 간접세는 자치를 향하는 모든 경향을 파괴한다.

8. 국제적 신용

이것에 관한 발의는 프랑스 인에게 일임한다.

9. 폴란드 문제

(a) 유럽의 노동자들은 왜 이 문제를 거론하는가? 첫째로는, 중간 계급의 저술가들과 선동가들이 대륙의 모든 민족체들, 심지어 아일랜드까지 비호하면서도 이것만큼은 공모하여 묵살하고 있기 때문이다. 이러한 침묵은 어디서 연유하는 것일까? 귀족들과 부르주아 양자가, 그 배후에 있는 암흑의 아시아 강국을 노동자 계급의 지배가 나아가는 조류에 대항하는 최후의 수단으로 간주하기 때문이다. 그 강국은 폴란드를 민주주의적인 기반 위에 재건함으로써만 사실상 타파될 수 있다.

(b) 중부 유럽, 특히 독일에서 현재의 변화된 상태로 볼 때, 민주주의적 폴란드를 가지는 것은 지금까지의 어느 때보다도 훨씬 필요한 일이 되었다. 그것이 없으면 독일은 신성 동맹의 전초가 되지만, 그것이 있으면 공화주의 프랑스의 협력자가 될 것이다. 유럽에서의 이러한 큰 문제가 해결되지 않는 한, 노동자 운동은 끊임없이 방해받고 저지당하고 지체될 것이다.

(c) 이 문제에서 주도권을 쥐는 것은 특별히 독일 노동자 계급의 의무

인데, 이는 독일이 폴란드 분할의 참가자 가운데 하나이기 때문이다.

10. 군대

(a) 생산에 미치는 대규모 상비군의 파괴적인 영향에 대해서는 온갖 종류의 중간 계급의 회의, 평화 회의, 경제 회의, 통계 회의, 박애가 회의, 사회학 회의 등에서 충분하게 폭로된 바 있다. 따라서, 우리는 이 점에 대 5
해 자세히 설명하는 것이 불필요하다고 생각한다.

(b) 우리는 전국민의 무장과 전면적인 무기 사용 교육을 제안한다.

(c) 우리는 민병 장교의 학교를 이루기 위한 소규모 상비군을 일시적으로 필요한 것으로 받아들인다 ; 모든 남자 시민은 매우 제한된 기간이라도 이 군대에 복무해야 한다.

10

11. 종교 문제

이것에 관한 발의는 프랑스 인에게 일임한다.

1866년 8월 말에 씌어짐.
출전 : 『인터내셔널 신보』
제6-7호, 8-10호,
1867년 2월 20일과 3월 13일.

맑스·엥겔스 저작집,
제16권, 190-199면.

영어 원문으로부터 번역.

김태호 번역

프리드리히 엥겔스

[『민주주의 주보』를 위한 『자본』 제1권의 서평]

맑스의 『자본』[1][72]

I

자본가와 노동자가 이 세상에 존재하는 한, 노동자들에게 이 책만큼 중요한 책이 나온 적은 없다. 자본과 노동의 관계, 즉 우리가 살고 있는 오늘날의 사회 체제 전체를 움직이는 추축은 이 책에서 처음으로 과학적으로, 그것도 오직 한 사람의 독일인에게서만 가능했던 철저함과 날카로움 위에서 전개되고 있다. 오웬, 생-시몽, 푸리에의 저술들이 현재 아무리 가치가 있고 또 앞으로도 그러할지라도 —— 산꼭대기에 서서 아래를 내려다보는 사람이 낮은 산악 지대를 볼 때처럼 현대 사회 관계들의 영역 전체를 한눈에 선명하게 조망할 수 있는 그러한 봉우리에 오르는 것은 오직 한 사람의 독일인만이 할 수 있는 일이었다.

지금까지의 정치 경제학은 우리에게, 노동은 모든 부의 원천이며 모든 가치들의 척도라는 것, 그러므로 그 산출에 동일한 노동 시간이 드는 두 개의 대상들은 또한 동일한 가치를 가지며, 평균적으로 동등한 가치들만이 서로 교환될 수 있기 때문에 이 대상들 또한 서로 교환되지 않으면 안 된다는 것을 가르친다. 그러나 이 정치 경제학은 이와 동시에 다음과 같은 것들도 가르친다. 이 정치 경제학이 자본이라고 부르는 일종의 비축된 노동이 존재

---

1) 자본. 정치 경제학의 비판. 칼 맑스 저. 제1권. 자본의 생산 과정. 함부르크, O. 마이스너, 1867년.

한다는 것 ; 이 자본은 그 안에 포함되어 있는 보조적 원천들을 통해 산 노동의 생산성을 수백 배 수천 배 증대시키고, 그 대가로 이윤 혹은 이득이라고 불리는 일정한 보수를 요구한다는 것. 우리 모두가 아는 바와 같이, 이러한 것들은 현실 속에서 다음과 같이 나타난다. 즉 비축된 죽은 노동의 이윤들은 점점 더 많아지고 자본가들의 자본들은 점점 더 거대해지는 반면에, 산 노동의 임금은 점점 더 적어지며 임금으로만 생활하는 노동자 대중은 점점 더 그 수가 많아지고 가난해진다. 이 모순을 어떻게 해결할 것인가? 노동자가 자신의 생산물에 추가한 노동의 가치를 완전히 보상받는다면, 자본가를 위한 이윤은 어떻게 남아 있을 수 있는가? 그런데 동등한 가치들만이 교환되므로 이 경우에도 그렇게 되어야 할 것이다. 다른 한편, 많은 경제학자들이 인정하는 것처럼 이 생산물이 노동자와 자본가 사이에 분할된다면, 어떻게 동등한 가치들이 교환될 수 있으며, 어떻게 노동자가 자신의 생산물의 완전한 가치를 받을 수 있는가? 지금까지의 경제학은 이 모순에 직면하여 어찌할 바를 모른 채, 진부하고도 무의미한 상투어들을 혹은 펜으로 혹은 입으로 늘어놓는다. 지금까지의 사회주의적인 경제학 비판자들까지도 이 모순을 강조하는 것 이상의 일은 할 수 없었다 ; 맑스가 오늘에 와서 마침내 이 이윤의 발생 과정을 그 탄생지에까지 추적하고 그리하여 모든 것을 밝혀 놓기 전까지는 아무도 이 모순을 해결하지 못하였다.

자본을 전개함에 있어 맑스는, 자본가들은 교환을 통해서 자신들의 자본을 증식한다는 간단하고도 누구나 다 아는 사실에서 출발한다 : 자본가들은 자신들의 화폐를 주고 상품을 구매하며 나중에 자신이 들인 것보다 더 많은 화폐를 받고 그것을 판매한다. 예를 들면 어떤 자본가가 면화를 1,000탈러에 구매하고 그것을 다시 1,100 탈러에 판매한다. 따라서 그는 100 탈러를 '버는' 것이다. 본원적 자본을 초과하는 이 100 탈러의 초과분을 맑스는 잉여 가치라고 부른다. 이 잉여 가치는 어디에서 나오는 것인가? 경제학자들의 가정에 따르면 오직 동등한 가치들만이 교환되며, 이것은 추상적 이론의 영역에서는 또한 옳기도 하다. 그러므로 면화의 구매와 그것의 재판매는 은 탈러 한 개를 은 그로셴 서른 개와 교환하고 이 보조 화폐를 은 탈러 한 개와 재교환하는 경우와 마찬가지로 잉여 가치를 제공하지 않는바, 이 경우에 사람들은 더 부유해지지도 더 가난해지지도 않는다. 그러나 잉여 가치는, 판매자가 상품을 그 가치 이상으로 판매하거나 구매자가 그 가치 이하로 구매하는 것으로부터도 발생할 수 없다. 왜냐하면 각자가 번갈아 가며 어떤 때는 구매자이고 어떤 때는 판매자이기 때문이며, 따라서 두 행위는 다시 상쇄될 것이기 때문이다. 그러므로 마찬가지로 잉여 가치는 구매자와 판매자가 서로 속이는 것으로부터도 나올 수 없다. 왜냐하면, 이러한 행위는 그 어떤 새로운 가치 혹은 잉여 가치를 창조하지 않을 것이고 다만 현존의 자본을 자본가들 사이에 다르게 배분할 것이기 때문이다. 자본가는, 상품을 그 가치대로 구매하고 그 가치대로 판매함에도 불구하고 자신이 투자한 것보다 더 많은 가치를 뽑아 낸다. 어떻게 이런 일이 일어나는가?

현재의 사회 관계들에서 자본가는 상품 시장에서 독특한 특성을 가진 한 상품, 즉 그 사용이 새로운 가치의 원천이며 새로운 가치의 창조인 상품을 발견하는바, 이 상품은 다음과 같은 것이다 —— 노동력.

노동력의 가치란 무엇인가? 모든 상품의 가치는 그 상품의 제작에 필요한 노동에 의해 측정된다. 노동력은 산 노동자의 모습으로 존재한다. 이 노동자는 자신의 생존을 위하여, 또 그가 죽은 후에도 노동력의 존속을 보장하는 그의 가족의 부양을 위하여 특정량의 생활 수단을 필요로 한다. 그러므로 이 생활 수단의 제조에 필요한 노동 시간이 노동력의 가치를 표현한다. 자본가는 이 가치를 주마다 지불하고 그 대가로 노동자의 일주일 노동의 사용을 구매한다. 이 점까지는, 경제학자 선생들도 노동력의 가치에 관한 우리의 견해에 그럭저럭 동의할 것이다.

이제 자본가는 자신의 노동자에게 노동을 시킨다. 특정한 시간 동안에 노동자는 자신의 일주일 임금으로 대표되어 있는 만큼의 노동을 제공할 것이다. 어떤 노동자의 일주일 임금이 3 노동일을 대표한다고 가정하면, 월요일에 시작한 노동자는 수요일 저녁에는 지불된 임금의 가치 전체를 자본가에게 보상한 셈이다. 그러나 그렇다고 해서 그가 노동을 중지하는가? 결코 그렇지 않다. 자본가는 그의 일주일 노동을 구매한 것이므로 노동자는 그 주의 남은 3 일 동안 더 노동해야 한다. 그의 임금의 보상에 필요한 시간을 넘어서는 노동자의 이 잉여 노동이 잉여 가치의, 이윤의, 끊임없이 증대되는 자본 팽창의 원천이다.

노동자는 자신이 받은 임금을 3 일 동안 다시 만들어 내고 남은 3 일
동안 자본가를 위해 노동한다는 이야기가 자의적인 가정이라고 말하지 말
라. 노동자가 임금을 보상하는 데 꼭 3 일이 걸리는가 혹은 2 일인가 혹은
4 일인가 하는 것은 여기에서 물론 아무래도 상관없으며 또 그것은 사정 여
하에 따라 달라진다 ; 그러나 중요한 것은 자본가가 자신이 지불한 노동 이   5
외에 지불하지 않은 노동까지 회수한다는 사실이며, 이것은 결코 자의적인
가정이 아니다. 왜냐하면 임금의 형태로 지불된 만큼의 노동밖에 노동자에
게서 얻어내지 못하는 상황이 계속되는 날에는, 자본가는 자신의 이윤 전체
가 없어져 버릴 것이므로 폐업할 것이기 때문이다.

　여기에서 우리는 저 모든 모순들을 해결하게 된다. 잉여 가치(그 가운   10
데 대부분은 자본가의 이윤이다)의 발생은 이제 와서 보니 아주 명료하고
자연스럽다. 노동력의 가치는 지불되지만, 이 가치는 자본가가 노동력으로
부터 뽑아 낼 수 있는 가치보다 훨씬 더 적다. 그리고 이 차액, 즉 불불 노
동이 바로 자본가의, 아니 정확하게 말하면 자본가 계급의 몫을 이룬다. 왜
냐하면 위에서 든 예에서 면화 상인이 자신의 면화로부터 뽑아 낸 이윤조   15
차, 면화 가격이 상승한 것이 아니라면 불불 노동으로 이루어진 것임에 틀
림없기 때문이다. 이 상인은 면화 공장주에게 판매했을 것임에 틀림없는데,
이 면화 공장주는 자신의 제품으로부터 저 100 탈러 말고도 자신을 위한
이득을 뽑아 낼 수 있다. 그러므로 이 공장주는 챙겨 놓은 불불 노동을 상
인과 나누는 것이다. 일반적으로, 노동하지 않는 모든 사회 성원들을 부양   20
하는 것은 바로 이 불불 노동이다. 이 불불 노동으로부터, 자본가 계급이
부담하는 것들인 한에서의 국세와 지방세, 토지 소유자들의 지대 등등이 지
불된다. 현존 사회 상태 전체가 이 불불 노동에 근거하는 것이다.

　한편, 불불 노동은 생산이 자본가들을 한편으로 하고 임금 노동자들을
다른 한편으로 하여 이루어지는 현재의 관계들에서 비로소 발생하였다고   25
생각하는 것은 참으로 어리석은 일이라 할 것이다. 그 반대이다. 피억압 계
급은 어느 시대나 불불 노동을 수행해야 했다. 노예제가 노동 조직의 지배
적 형태였던 장구한 시대 내내, 노예들은 생활 수단의 형태로 자신들에게
보상되는 것보다 훨씬 더 많이 노동하지 않으면 안 되었다. 농노제의 지배
하에서도, 그리고 농민적 부역 노동자가 없어지기 전까지도 사태는 동일하

였다 ; 이 경우에는, 농민이 자기 자신의 생활 유지를 위해서 노동하는 시간과 영주를 위한 잉여 노동 시간 사이의 구별이 손에 잡힐 정도로까지 명확하게 드러나는바, 그것은 다름아니라 뒤의 것이 앞의 것과 분리되어 수행되기 때문이다. 오늘날에 와서 형태는 변화했다. 그러나 사태의 본질은 여전
5 하다. "사회의 한 부분이 생산 수단을 독점하고 있는" 한, "자유로운 노동자이건 자유롭지 않은 노동자이건 간에 노동자는 자기 자신의 유지에 필요한 노동 시간에다가 초과분의 노동 시간을 추가하여 생산 수단의 소유자를 위한 생활 수단을 생산하지 않으면 안 된다."(맑스, 202면)[73]

Ⅱ

10 　앞 글에서 보았다시피, 자본가에게 고용된 모든 노동자는 이중의 노동을 수행한다. 노동자는 자신의 일부의 노동 시간 동안에는 자본가가 자신에게 선대한 임금을 보상하는데, 맑스는 노동의 이 부분을 필요 노동이라고 부른다. 그러나 노동자는 그 후에도 계속해서 더 노동해야 하는데, 이 시간 동안 그는 그 대부분이 이윤인 잉여 가치를 자본가를 위해 생산한다. 노동
15 의 이 부분은 잉여 노동이라고 불린다.
　우리는 노동자가 일주일의 3 일 동안 자신의 임금을 보상하기 위해 노동하고, 3 일 동안 자본가를 위해 잉여 가치를 생산한다고 가정한다. 달리 말하면, 하루에 12 시간 노동할 경우에 노동자는 날마다 6 시간은 자신의 임금을 위해, 6 시간은 잉여 가치를 생산하기 위해 노동한다. 일주일 가운
20 데 오직 6 일, 일요일까지 포함하더라도 7 일밖에 빼내지 못하지만, 하루 중에서는 6, 8, 10, 12, 15 노동 시간, 그리고 심지어 그 이상의 노동 시간까지 빼낼 수 있다. 노동자는 자본가에게 임금을 받고 1 노동일을 판매했다. 그런데 1 노동일이란 무엇인가? 8 시간인가 아니면 18 시간인가?
　자본가는 노동일을 가능한 한 길게 만드는 데 관심을 가지고 있다. 노
25 동 시간이 길어질수록 잉여 가치를 더 많이 산출해 낸다. 노동자는, 자신이 임금의 보상을 넘어서서 행하는 매시간의 노동을 부당하게 뺏기고 있다는 것을 정확히 느낀다 ; 그는 너무 오랜 시간 노동하는 것이 무엇을 의미하는

가를 몸으로 느낄 수밖에 없다. 자본가는 자신의 이윤을 위해 투쟁하며, 노
동자는 자신의 건강을 위해, 일하고 자고 먹는 데서뿐만 아니라 다른 점들
에서도 자신을 인간으로서 실증할 수 있도록 매일 휴식을 취하기 위한 몇
시간을 위해 투쟁한다. 지나가는 김에 말해 두자면, 자본가들이 이 투쟁에
관여하려 할 것인가 아닌가는 결코 개별 자본가들의 선의에 달려 있지 않   5
다. 왜냐하면 경쟁은 그들 가운데 가장 박애주의적인 자본가까지도 그의 동
료들에 동조하도록, 동료들이 실시하는 것만큼의 노동 시간을 상설화하도
록 강제하기 때문이다.

　　노동일의 확정을 둘러싼 투쟁은 자유로운 노동자들이 역사상 처음으로
등장한 때부터 오늘날에 이르기까지 지속되고 있다. 서로 다른 공업 부문들   10
에는 서로 다른 전통적 노동일들이 지배하고 있다 ; 그러나 현실에서 그 노
동일들이 엄수되는 경우는 드물다. 법률이 노동일을 확정하고 그 엄수를 감
시할 때만, 실제로 사람들은 표준 노동일이 존재한다고 말할 수 있다. 그리
고 지금까지 이렇게 되고 있는 곳은 영국의 공장 지대뿐이다. 여기서는 10
시간 노동일(5 일 동안에는 10 $\frac{1}{2}$ 시간, 토요일에는 7 $\frac{1}{2}$ 시간)이 모든 여   15
성들과 13세부터 18세까지의 청소년들에 대해서 확정되어 있다. 그리고 이
들이 없이는 성인 남자들도 노동할 수 없는 까닭에, 성인 남자들도 10 시간
노동일의 혜택을 받고 있다.[74] 영국의 공장 노동자들은 여러 해에 걸친 지
속적 노력을 통해서, 공장주들과의 집요하고 완강하기 그지없는 투쟁을 통
해서, 언론의 자유와 단결 및 집회의 권리를 통해서, 그리고 지배 계급 자   20
신의 분열을 교묘히 이용함으로써 이 법률을 쟁취하였다. 이 법률은 영국
노동자들의 수호신이 되어 있다. 이 법률은 차례차례 모든 대공업 부문들로
확대되어 지난해에 이르러서는 거의 모든 공업 부문들로, 적어도 부인과 아
동이 고용되어 있는 모든 부문들로 확대되었다. 영국에서 전개된 노동일의
이러한 법률적 규제의 역사에 대해 이 책은 극히 상세한 자료를 담고 있다.   25
앞으로 열릴 '북독일 제국 의회'도 공업 법규를, 그리고 아울러 공장 노동
에 대한 규제를 심의해야 할 것이다. 우리는, 독일 노동자들이 선출한 의원
들이 한 명도 빠짐없이 미리 맑스의 이 책을 통달한 뒤에 법률의 심의에 들
어갔으면 한다. 그러면 많은 것을 관철할 수 있을 것이다. 지배 계급 내부의
분열은 한때 영국에서 그랬던 것보다 더 노동자들에게 유리하다. 왜냐하면

보통 선거권이 지배 계급으로 하여금 노동자들의 환심을 얻으려고 애쓰게 만들기 때문이다. 만약 자신들의 지위를 이용할 줄 안다면, 무엇보다도 부르주아들은 모르고 있는 것과는 달리 무엇이 문제인가를 안다면, 이러한 사정하에서 4명 혹은 5명의 프롤레타리아트 대표들은 하나의 세력이다. 그리고 맑스의
5 책은 이를 위해 필요한 모든 자료를 준비하여 그들의 손에 쥐어 준다.

우리는 주로 이론적 흥미를 끄는 그 밖의 일련의 극히 훌륭한 연구들은 건너뛰고, 다만 자본의 축적 혹은 누적을 다루는 마지막 장으로만 가 보기로 한다. 여기서 비로소 다음의 사실들이 증명된다. 자본주의적 생산 방법, 요컨대 자본가를 한편으로 하고 노동자를 다른 한편으로 하여 성취되는
10 생산 방법은 자본가에게 그의 자본을 항상 새로이 생산해 줄 뿐만 아니라 동시에 노동자의 빈곤을 항상 다시 생산하기도 한다 ; 그리하여 한편에는 모든 생산 수단, 모든 원료품, 모든 노동 용구의 소유자들인 자본가들이 존재하고, 다른 한편에는 기껏해야 자신들의 노동 능력을 유지하고 노동 능력이 있는 새로운 프롤레타리아 세대를 길러 내는 데 알맞은 양의 생활 수단
15 을 받고 이 자본가들에게 자신들의 노동력을 판매해야 하는 거대한 노동자 대중이 존재하는 그러한 상태가 언제나 새롭게 생겨나도록 보장되어 있다. 그러나 자본은 재생산되는 데서 그치지 않는다 : 자본은 지속적으로 증가하고 증대한다 —— 더불어 무산 노동자 계급에 대한 자본의 권력도 증가하고 증대한다. 그리고 자본 자체가 더욱 큰 규모로 재생산되는 것과 마찬가지
20 로, 현대의 자본주의적 생산 방식은 더욱 큰 규모로 더욱 많이 무산 노동자 계급을 재생산한다. "자본의 축적은 자본 관계를 확대된 규모로, 즉 한 극에는 더 많은 자본가들 혹은 더 큰 자본가들을 다른 극에는 더 많은 임금 노동자들을 재생산한다……그러므로 자본의 축적은 프롤레타리아트의 증가이다." (600면)[75] 기계의 진보, 농경의 개량 등등에 의해 동일량의 생산물을
25 만들어 내는 데 필요한 노동자들의 수가 점점 줄어들게 되는 마당에, 또 이 개선, 즉 노동자의 이 과잉화가 자본 증대 자체보다 더 급속히 진행되는 마당에, 수적으로 계속 증가하는 이 노동자들은 어떻게 될 것인가? 그들은 산업 예비군을 형성한다. 이 산업 예비군은 경기가 나쁘거나 중간 정도일 때에는 자신의 노동의 가치 이하로 지불받고 불규칙적으로 고용되거나 혹은 공공 빈민 구제에 맡겨지지만, 영국에서 명확히 볼 수 있듯이 특히 경기가

좋을 때에는 자본가 계급에게 필수 불가결하다 ── . 그러나 이들은 어떠한
사정하에서도, 정규적으로 고용되어 있는 노동자의 저항력을 파괴하고 그들
의 임금을 낮은 수준으로 유지하는 데 봉사한다. "사회적 부가 증대할수록
……상대적 잉여 인구Surpluspopulation"(초과 인구) "혹은 산업 예비군도
증대한다. 그러나 이 예비군이 현역"(정규적으로 고용된) "노동자군에 비해   5
증대할수록, 고정된"(항구적인) "잉여 인구, 혹은 그 빈곤이 그 노동의 고
통에 반비례하는 노동자층도 증대한다. 끝으로 노동자 계급 가운데 나자로
와 같은 극빈층과 산업 예비군이 증대할수록, 공공 구제 빈민층도 증대한
다. 이것은 자본주의적 축적의 절대적, 일반적 법칙이다."(631면)[76]

　　이상이 엄밀하게 과학적으로 논증된 ── 그런데 공식 경제학자들은   10
논박을 시도하는 것조차 삼가고 있다 ── 현대 자본주의 사회 체제의 몇
가지 주요 법칙이다. 그러나 이것이 서술의 전부인가? 결코 아니다. 맑스는
자본주의적 생산의 부정적 측면을 강조함과 동시에, 사회의 생산력들을 모
든 사회 성원이 한결같이 인간에 걸맞는 발전을 할 수 있게 할 만큼 높은
수준에까지 발전시키기 위해서는 이 사회 형태가 필요했다는 것을 명확히   15
증명하고 있는바, 이 증명의 명확성은 부정적 측면을 강조할 때의 날카로움
에 못지않다. 이전의 모든 사회 형태들은 그러기에는 너무나 빈약하였다.
자본주의적 생산이 비로소 이에 필요한 부와 생산력들을 창조하고 있다. 그
러나 이와 동시에 자본주의적 생산은 이 부와 생산력들을 사회 전체를 위
해 ── 오늘날처럼 독점 계급을 위해서가 아니라 ── 이용하라는 요구를   20
점점 더 높이 내걸지 않으면 안 되는 피억압 노동자 대중이라는 사회 계급
또한 창조한다.

1868년 3월 2일에서

13일 사이에 쓰어짐.

출전 : 『민주주의 주보』 제12호와 13호,

1868년 3월 21일과 28일자.

맑스·엥겔스 저작집,

제16권, 235-242면.

최인호 번역

칼 맑스

합중국 전국 노동자 동맹에
보내는 글[77]

친애하는 노동자 여러분!

우리 협회의 창립 강령에서 우리는 다음과 같이 언명했습니다 : "노예 제도의 영구화와 선전을 위한 대서양 저편의 치욕적인 십자군 원정으로부터 서유럽을 구한 것은 지배 계급의 슬기가 아니라 그들의 범죄적 어리석음에 대한 영국 노동자 계급의 영웅적 항거였습니다."[78] 이제는 여러분들이 전쟁을 막아야 할 차례입니다. 이 전쟁의 가장 분명한 결과는, 대서양의 양 쪽에서 고양되고 있는 노동자 운동을 무기한 후퇴시킨다는 것입니다.

합중국을 부추겨 영국과의 전쟁에 몰아넣는 것에 마음 졸이며 열중하고 있는 유럽 열강들이 존재한다는 것에 대해서는 여러분께 거의 말할 필요도 없을 것입니다. 무역 통계들을 잠깐만 보더라도, 러시아의 원료품 수출 —— 그런데 러시아는 이것 말고는 수출할 것이 없습니다 —— 이 아메리카의 경쟁 앞에서 급속히 길을 내주고 있던 것은 내전[5]이 급작스럽게 상황을 바꾸어 놓고 있을 당시였다는 것을 알 수 있습니다. 아메리카의 보습들을 칼들로 바꾸는 것은 이제, 여러분들의 공화당 정치가들이 자기들의 믿을 만한 조언자로 지혜롭게 선택한 저 전제 권력을 임박한 파산으로부터 구해 내게 될 것입니다. 그러나 이러저러한 정부의 특별한 이익들은 차치하더라도, 급속히 성장하고 있는 우리의 국제적 협력이 파멸적 전쟁으로 빠져 든다는 것은 우리의 공통의 억압자들에게는 보편적 이익이 아니겠습니까?

　　대통령 재선과 관련하여 링컨 씨에게 보낸 축사에서 우리는, 아메리카
의 독립 전쟁이 중간 계급의 진보를 입증했던 것과 마찬가지로 아메리카 내
전은 노동자 계급의 진보를 입증할 것이라는 확신을 표명하였습니다.[79] 그
리고 실제로 반노예제 전쟁이 승리로 끝난 것은 노동자 계급의 연대기에 새
로운 시대를 열어제쳤습니다. 합중국 자체에서는, 여러분들의 오래된 정당   5
들과 그 정당들의 직업 정치가들이 증오에 찬 눈으로 바라보던 독자적 노동
자 계급 운동이 그날 이후로 탄생하였습니다. 이것을 열매 맺게 하기 위해
서는 평화의 시대가 필요합니다. 이것을 부수기 위해서는 합중국과 영국 사
이의 전쟁이 필요합니다.

　　물론 내전의 그 다음으로 명백한 결과는 아메리카 노동자의 처지를 악   10
화시킨 것이었습니다. 유럽에서처럼 합중국에서도, 국채라는 괴물 같은 악
몽이 이 손에서 저 손으로 떠돌다가는 노동자 계급의 어깨 위에 눌러앉게
되었습니다. 여러분의 정치가들 가운데 한 사람이 말하듯, 생활 필수품들의
가격은 1860년 이래 78 퍼센트 인상된 반면에 미숙련 노동자의 임금은 50
퍼센트, 숙련 노동자의 임금은 60 퍼센트밖에 인상되지 않았습니다.   15

　　　　그는 불평하며 말하기를 "지금 아메리카에서는 빈궁이 인구보다 더 빠
르게 늘어나고 있다"고 합니다.

　　게다가 노동자 계급의 고통은, 금융 귀족들이나 면화 부스러기 귀족
들[80]이나 전쟁으로 부양된 이와 유사한 해충들 사이에서 보이는 최신 유행
의 사치를 돋보이게 하는 배경이 되고 있습니다. 그럼에도 불구하고 이 내   20
전은 노예를 해방시킴으로써, 그리고 그것이 여러분 자신의 계급의 운동에
부여한 그에 따르는 도덕적 자극으로써 이 모든 것들을 보상하였습니다. 숭
고한 목적과 중대한 사회적 필요에 의해 신성화되기는커녕 낡은 세계의 유
형에 속할 뿐인 두번째 전쟁은 노예의 사슬을 산산조각 내어 끊어 버리는
대신에 자유로운 노동자들을 채울 사슬을 벼리게 될 것입니다. 그것의 뒤   25
안길에 쌓이는 비참함은, 여러분의 자본가들이 즉각 상비군의 무자비한 칼
로 노동자 계급에게서 대담하고 정당한 열망을 분리시킬 동기와 수단을 제
공하게 될 것입니다.

그러므로, 이제 마침내 노동자 계급들이 더 이상 굴종적인 종들로서가 아니라 자신들 고유의 책임을 의식하고 있는 배우로서, 주인이라고 자칭하는 자들이 전쟁을 외쳐대는 곳에서 평화를 명령할 수 있는 독자적인 배우로서 역사의 무대를 좌지우지하고 있음을 세상에 입증해야 할 영광스러운 임무는 여러분에게 달려 있는 것입니다.

국제 노동자 협회
총평의회의 이름으로 :

영국 : **R.** 애플가스, 목수 ; **M. J.** 분, 기계공 ; **J.** 버클리, 도장공 ; **J.** 헬즈, 고무포 직공 ; 해리어트 로 ; **B.** 류크래프트, 의자 제조공 ; **G.** 밀너, 재단사 ; **G.** 오저, 제화공 ; **J.** 로스, 구두 가죽 제조공 ; **R.** 쇼, 도장공 ; 코웰 스테프니 ; **J.** 워렌, 여행 가방 제조공 ; **J.** 웨스턴, 난간 제조공

프랑스 : **E.** 뒤뽕, 악기 제조공 ; 쥘르 조아나르, 석판 인쇄공 ; 뽈 라파르그

독일 : **G.** 에카리우스, 재단사 ; **F.** 레스너, 재단사 ; **W.** 림부르크, 제화공 ; 칼 맑스

스위스 : **H.** 융, 시계 제조공 ; **A.** 뮐러, 시계 제조공

벨기에 : **M.** 베르나르, 도장공

덴마크 : **J.** 콘, 담배 제조공

폴란드 : **A.** 자비쯔끼, 식자공

B. 류크래프트, 의장
코웰 스테프니, 회계
J. 게오르크 에카리우스, 총서기

1869년 5월 12일, 런던

전단에 의거함.

맑스 · 엥겔스 저작집,
제16권, 355-357면.

영어 원문으로부터 번역.

김태호 번역

프리드리히 엥겔스

[『독일 농민 전쟁』 제2판과 3판]
서문[81]

다음의 저작은 1850년 여름에, 이제 막 완료된 반혁명의 인상이 생생히 남아 있는 가운데 런던에서 씌어졌다 ; 이 저작은 1850년에 함부르크에서 칼 맑스가 편집하여 발행하던 『신 라인 신문. 정치-경제 평론』의 5/6 합본호에 게재되었다. —— 독일에 있는 나의 정치적 벗들이 이 저작의 재발간을 바라고 있고 나는 그들의 바람에 부응하기로 하였는데, 그 이유는 유감스럽게도 이 저작이 오늘날에도 시의 적절하기 때문이다.

이 저작은 독자적으로 연구된 자료를 제공하고 있다고 말할 만한 권리를 가지고 있지 않다. 반대로 농민 봉기들 및 토마스 뮌쩌와 관련된 재료는 모두 찌머만으로부터 취한 것이다. 그의 책은 비록 여기저기 결함이 있긴 하지만, 사실들의 집대성이라는 점에서는 최고의 것이다. 게다가 늙은 찌머만은 자신의 대상을 기쁜 마음으로 대하였다. 이 책의 도처에서 피억압 계급을 옹호하는 바로 그러한 혁명적 본능이 후에 그를 프랑크푸르트 의회의 극좌파 가운데서 가장 출중한 인물로 만들었다. 물론 그 후에 그는 약간 노쇠해 버렸을 것이다.

그러나 찌머만의 서술이 내적인 연관을 결여하고 있다면 ; 당시의 종교적-정치적 논쟁 문제들이 그 시대의 계급 투쟁의 반영임을 보여 주는 데 실패하고 있다면 ; 이 계급 투쟁들 속에서 다만 억압자와 피억압자, 악인과 선인, 악인의 종국적 승리만을 보고 있다면 ; 투쟁의 발발과 결말을 조건 지은 사회 상태에 대한 통찰에 있어 극히 불충분하다면, 그것은 이 책이 나온 시대의 결함이다. 오히려 이 책은 당시로서는, 독일의 관념론적 역사 저작들 가운데 칭찬할 만한 단 하나의 예외이며 매우 현실주의적으로 쒸어진 것이다.

　나의 서술은 투쟁의 역사적 진행 과정에 대해서는 다만 개략적으로 묘　5
사하면서, 농민 전쟁의 기원, 이 전쟁에 등장하는 다양한 당파들의 입장, 이 당파들이 자신들의 입장에 대해 명확히 깨닫기 위해 만들어 낸 정치적이고 종교적인 이론들, 끝으로 투쟁 자체의 결과 등을 이 계급들이 당시 역사적으로 처하고 있던 사회적 생활 조건들로부터 나오는 필연성으로써 설명해 내고자 했다 ; 그러므로 당시 독일의 정치 제도와 이 제도에 대한 반항들　10
과 당시의 정치적이고 종교적인 이론들 등이, 당시 독일의 농업, 공업, 육로와 수로, 상품 및 화폐 거래 등이 처해 있던 발전 단계의 원인이 아니라 결과임을 증명하고자 했다. 이러한 유일하게 유물론적인 역사 파악은 나로부터 시작된 것이 아니라 맑스로부터 시작된 것인바, 앞서 이야기한 『평론』에 실린 1848/49년의 프랑스 혁명에 관한 맑스의 노작과 『루이 보나빠르뜨　15
의 브뤼메르 18일』[82]에서 이 유물론적 역사 파악을 볼 수 있다.

　1525년의 독일 혁명과 1848/49년의 독일 혁명 사이의 유사성은 너무나 명확했기 때문에 당시 나는 이것을 완전히 도외시할 수는 없었다. 그럼에도 불구하고, 이때나 저때나 동일한 한 군주의 군대가 여러 지방에서 일어난 봉기들을 차례차례 진압해 가는 데서 볼 수 있는 과정상의 일률성, 그리고　20
두 경우에 도시 시민들이 취한 행동이 보여 주는 종종 우스꽝스러울 정도의 유사성 이외에 다음과 같은 명명 백백한 차이가 있었다 :

　"1525년의 혁명에서 누가 이득을 보았는가? 제후들. ——1848년의 혁명에서 누가 이득을 보았는가? 대제후들, 즉 오스트리아와 프로이센. 1525년의 소제후들의 배후에는 조세로써 이들 소제후들을 자신에게 동여맨 채　25
소시민들이 서 있었다. 1850년의 대제후들의 배후에는, 즉 오스트리아와 프로이센의 배후에는 국채로써 이들을 급속히 복속시킨 채 현대 대부르주아들이 서 있었다. 그리고 대부르주아들의 배후에는 프롤레타리아들이 서 있었다."[83]

　유감스럽게도 나는, 이 문장에서 내가 독일 부르주아지에게 너무 경의를 표했다는 것을 말해야만 한다. 오스트리아에서도 프로이센에서도 그들은 군주제를 "국채로써 급속히 복속시킬" 기회를 가진 적이 있다 ; 이 기회가 이용된 적은 한 번도 없었다.

오스트리아는 1866년의 전쟁에 의해 선물로서 부르주아지의 품안에 들어갔다. 그러나 그들은 지배할 줄 몰랐고 무력하였으며 만사에 무능하였다. 그들이 할 수 있는 일은 한 가지밖에 없다 : 노동자들이 움직이기 시작하자마자 이들을 짓밟는 것. 그들이 아직 권력의 자리에 앉아 있는 것은 다만 헝가리 인들이 그들을 필요로 하기 때문이다.

그러면 프로이센에서는 어떠한가? 국채가 엄청나게 증가하였다는 것, 적자가 항구적 현상이 되어 있다는 것, 국가의 지출이 해마다 늘고 있다는 것, 부르주아들이 의회에서 다수파의 위치를 점하고 있다는 것, 이 부르주아들이 없는 한 조세를 추징할 수도 공채를 발행할 수도 없다는 것은 물론 사실이다 —— 그러나 국가에 대한 부르주아들의 권력은 어디에 있는가? 적자가 또다시 현안의 문제로 대두된 몇 달 전까지만 해도 그들은 가장 유리한 위치에 있었다. 조금만 참았더라면 그들은 상당한 양보를 강제할 수 있었다. 그들은 무엇을 하고 있는가? 그들은 한 해에 그치지 않고 해마다, 그것도 앞으로 영원히 9백만 마르크를 정부에 바치도록 정부로부터 허락받은 것을 두고 충분한 양보를 얻었다고 간주하고 있다.

나는 의회 내의 '국민 자유당'[84]에 대해, 그들이 응당 받아야 할 비난 이상의 비난을 가할 생각이 없다. 나는 그들이 자신들의 배후에 서 있는 사람들, 즉 부르주아 대중에 의해 버림받았다는 것을 알고 있다. 이 대중은 지배할 의향이 없다. 그들은 1848년을 아직도 뼈에 사무치는 기억으로 가지고 있는 것이다.

독일 부르주아지가 이와 같은 놀랄 만한 비겁함을 보이는 이유에 대해서는 나중에 서술될 것이다.

이 점을 빼놓고는, 위의 문장은 완전히 확증되었다. 1850년 이래 소국가들의 퇴보는 점점 더 결정적인 것으로 되었고, 이 국가들은 기껏해야 프로이센 아니면 오스트리아의 음모를 위한 지렛대로 작용하고 있을 뿐이다. 1850년 이래 전일적 지배를 둘러싼 오스트리아와 프로이센 사이의 투쟁은 점점 더 격렬해져서 마침내 1866년에 폭력적으로 결말지어졌다. 그 결과 오스트리아는 자신의 본래 지방들을 보존하게 되었고, 프로이센은 북부 전체를 직접적으로나 간접적으로 종속시키게 되었으며, 서남부의 세 국가들은 당분간 문밖에 내버려진 채로 있게 되었다.[85]

이와 같이 추진된 성대한 국사國事 전체에서 독일 노동자 계급에게   5
의의를 지니고 있는 것은 다음의 것들밖에 없다 :

첫째, 노동자들이 보통 선거권을 통해 입법 의회에 직접 자신들의 대표를 보낼 수 있게 된 것.

둘째, 프로이센이 몸소 모범을 보여, 신의 은총을 입은 다른 세 개의 왕권을 삼켜 버린 것. 이러한 절차 후에도 프로이센이, 이전에 주장한 바와   10
같이 신의 은총을 입은 때문지 않은 왕권을 소유하고 있다는 데 대해서는 국민 자유당조차 믿지 않는다.

셋째, 독일에서 혁명의 중대한 적은 이제 기껏해야 하나밖에 없다는 것 —— 프로이센 정부.

그리고 넷째, 독일계 오스트리아 인들은 자신이 무엇이고자 하는가를   15
이제 결국은 자문해야만 한다는 것 : 독일인인가 아니면 오스트리아 인인가? 어느 쪽에 가담하고자 하는가 —— 독일인가 아니면 독일 바깥에 있는 트란스라이타니아의 그들의 부속지[86]인가? 그들이 이 둘 가운데 하나를 포기해야만 한다는 것은 이미 오래 전부터 명백한 일이었다. 그러나 소부르주아 민주주의파는 언제나 이 문제를 얼버무려 왔다.   20

1866년과 관련한 그 밖의 중요한 논쟁 문제들, 요컨대 그때 이래 '국민 자유당'을 한편으로 하고 '인민당'[87]을 다른 한편으로 하여 넌더리 날 정도로 다루어진 그 밖의 논쟁 문제들에 대해서 말하자면, 이 두 입장 사이의 다툼이 격렬했던 이유는 다름아니라 이 두 입장이 매한가지의 편협성을 지닌 채 마주보는 두 극이었다는 데 있음을 이후의 역사가 증명해 줄 것이   25
다.

1866년은 독일의 사회 관계들을 거의 아무것도 변화시키지 않았다. 약간의 부르주아적 개혁들 —— 도량형의 통일, 이주의 자유, 영업의 자유 등등, 관료제라는 틀이 수용할 수 있는 모든 것들 —— 은 그 밖의 서유럽 나라들의 부르주아지가 오래 전에 확보한 수준에도 전혀 미치지 못하는 것이었으며, 관료적 면허 제도[44]라는 주요 방해물은 건드리지 않고 놓아두었다. 더욱이 이 모든 자유 이주법, 시민권법, 통행증 폐지법 및 그 밖의 법률들은 경찰의 일상적 관행으로 말미암아 프롤레타리아트에게는 그림의 떡이나 마찬가지이다.

5 1866년에 펼쳐진 성대한 국사보다 더 중요한 것은, 1848년 이래 독일에서 이루어진 상공업, 철도, 전신, 기선의 대양 항해 등의 현격한 발전이다. 비록 같은 시기에 영국에서 이루어진 진보에 못 미치고, 심지어 프랑스에서 이루어진 진보에도 못 미친다 하더라도, 이 진보는 독일로 보아서는 전대 미문의 것이고 이전 시기에 한 세기를 꼬박 채우고 이룬 것보다 더 많
10 은 것을 20년 동안에 이루어 낸 셈이었다. 이제 비로소 독일은 본격적이고도 확실하게 세계 무역에 발을 들여놓게 되었다. 산업가들의 자본이 급속히 증대하였고 그에 따라 부르주아지의 사회적 지위가 상승하였다. 산업 번영의 가장 확실한 표시인 사기가 성행하였고, 백작들과 공작들은 이 기세 등등한 개선 마차에 꼼짝없이 묶인 신세가 되었다. 15년 전만 하더라도 독일
15 의 철도는 영국의 기업가들에게 동냥하러 갔었는데, 지금은 그 대신에 독일 자본이 러시아와 루마니아의 철도를 부설하고 있다 —— 이들의 전도가 양양하기를! 그러면 부르주아지가 정치적으로도 지배권을 장악하고 있어야 함에도 그렇기는커녕 정부에 대해 그토록 비겁한 태도를 취하고 있다니, 이것은 도대체 어떻게 된 일인가?

20 독일인들이 좋아하는 생활 관습대로 너무 늦게 나타난 데에 독일 부르주아지의 불행이 있다. 독일 부르주아지의 번영기는 다른 서유럽 나라들이 정치적으로 이미 몰락하기 시작했을 때에 해당한다. 영국에서 부르주아지는 선거권의 확대를 통하지 않고는 자신들의 진정한 대표자 브라이트를 의회에 들여보낼 수 없었는데, 이러한 선거권 확장의 결과 틀림없이 부르주아
25 지배 전체에 종지부를 찍고 말 것이다. 프랑스에서는 부르주아지가 부르주아지로서, 요컨대 계급 전체로서 지배한 시기는 공화정하의 1849년과 1850년 두 해뿐인데, 그들은 자신들의 정치적 지배권을 루이 보나빠르뜨와 군대에 양도함으로써만 자신들의 사회적 생명을 부지할 수 있었다. 그리고 영국과 프랑스에서 부르주아지의 정치적 지배가 그 수명을 다한 상태인데 독일에서 부르주아지가 느긋하게 자신의 정치적 지배를 수립한다는 것은, 유럽

에서 가장 진보한 세 나라들 사이의 상호 작용이 엄청나게 증대한 오늘날에
와서는 더 이상 불가능하다.

이전의 모든 지배 계급들에 비해 유독 부르주아지만 갖고 있는 특성은
다음과 같다 : 부르주아지의 발전 도상에는 하나의 전환점이 존재하는데,
이 전환점을 지난 뒤부터 부르주아지의 권력 수단의 증대, 따라서 무엇보다   5
도 자본들의 증대는 그들의 정치적 지배 능력을 감소시키는 데 기여할 뿐이
다. "대부르주아들의 배후에는 프롤레타리아들이 서 있었다." 부르주아지가 자
신들의 공업, 상업, 교류 수단을 발전시키는 것과 같은 정도로 그들은 프롤
레타리아트를 만들어 낸다. 그리고 어느 시점 —— 이 시점은 꼭 모든 곳에
서 동시에 혹은 동일한 발전 단계에서 나타날 필요는 없다 —— 에 이르러   10
그들은, 자신들의 제2의 자아인 프롤레타리아가 자신들이 어찌할 수 없을
정도로 성장하고 있다는 것을 깨닫기 시작한다. 이 순간부터 그들은 정치를
독점적으로 지배할 능력을 상실한다 ; 그들은 동맹자들을 찾아 나서게 되
고, 사정 여하에 따라서 이 동맹자들과 지배권을 나누어 가지거나 혹은 그
들에게 완전히 양도한다.   15

독일에서는 이 전환점이 이미 1848년에 부르주아지에게 닥쳐왔다. 게
다가 당시 부르주아지를 경악케 한 것은 독일의 프롤레타리아트가 아니라
프랑스의 프롤레타리아트였다. 1848년의 빠리 전투[30]는 부르주아지에게,
자신들 앞에 예견되는 것이 무엇인가를 보여 주었다 ; 독일 프롤레타리아트
는 아주 격앙되어 있었기 때문에, 부르주아지에게 여기 독일에서도 동일한   20
수확이 나오게 할 씨앗이 뿌려져 있음을 보여 주기에 충분하였다 ; 이날부
터 부르주아지의 정치적 행동에는 날카로움이 없어져 버렸다. 그들은 동맹
자들을 찾아 헤맸고, 대가의 많고 적음을 불문하고 그들에게 자신들을 팔았
다 —— 그리고 오늘날에도 그들은 여기서 한 걸음도 나아가지 않고 있다.

이 동맹자들은 모조리 반동적 본성을 갖고 있다. 거기에는 군대와 관   25
료를 거느린 왕권이 있다. 거기에는 봉건 대귀족이 있다. 거기에는 보잘것
없는 시골 융커가 있다. 거기에는 심지어 성직자까지 있다. 부르주아지는
오로지 자신의 사랑스러운 피부를 상하게 하지 않기 위해 이들 모두와 계약
을 맺고 협정을 체결하였으며, 그러다가 마침내 더 이상 거래할 것이 남아
있지 않게 되었다. 프롤레타리아트가 발전할수록, 프롤레타리아트가 계급

으로서 자각하기 시작하고 계급으로서 행동하기 시작할수록, 부르주아들은 더욱더 비겁해졌다. 자도바[88]에서 프로이센 군의 놀랄 만큼 졸렬한 전략이 오스트리아 군의 더 졸렬한 전략에 승리를 거두었을 때, 더 기뻐하며 안도의 한숨을 내쉰 것은 누구였는가 —— 자도바에서 함께 격파된 프로이센 부르주아인가 아니면 오스트리아 부르주아인가를 말하기는 어렵다.

우리 나라의 대부르주아들이 1870년에 취하고 있는 행동은 1525년에 중간 시민들이 취한 행동과 조금도 다를 바 없다. 소부르주아들, 즉 수공업 장인들과 소상인들에 대해 말하자면, 이들은 언제까지라도 변함이 없을 것이다. 그들은 대부르주아 층으로 뛰어오르기를 희망하며 프롤레타리아트로 전락될까 봐 두려워한다. 그들은 투쟁이 진행되는 동안 공포와 희망 사이를 왔다갔다 하면서 자신의 소중한 피부를 보호하려 할 것이고, 투쟁이 끝난 뒤에는 승자의 편에 가담할 것이다. 이것이 그들의 본성이다.

프롤레타리아트의 사회적이고 실천적인 행동은 1848년 이래의 공업의 비약과 발을 맞추어 발전하였다. 독일의 노동자들이 오늘날 노동 조합, 협동 조합, 정치 단체 및 정치 집회에서, 선거에서, 그리고 이른바 제국 의회에서 맡고 있는 역할만 보더라도, 독일이 지난 20년 동안 사람들이 모르는 사이에 얼마나 큰 변혁을 겪었는가를 알 수 있다. 프랑스 인들도 영국인들도 오늘날까지 노동자들과 노동자 대표를 의회에 보내지 못했는데, 오직 독일 노동자들만이 그것을 해냈다는 것은 독일 노동자들의 최대의 영예이다.

그러나 프롤레타리아트도 1525년과의 유사성을 불허할 정도로 성장한 것은 아니다. 일생 동안 오로지 임금에만 의지하는 계급이 독일 인민의 대다수를 차지하지 못하고 있음은 지금도 마찬가지이며, 그러려면 아직 멀었다. 그러므로 이 계급 또한 동맹자들에 의지한다. 그리고 소부르주아들, 도시 룸펜 프롤레타리아트, 소농민들과 농촌 날품팔이들 가운데서만 이 동맹자들을 구할 수 있다.

소부르주아들에 대해서는 이미 말하였다. 승리했을 때를 빼놓고는 그들은 참으로 신뢰할 수 없는 존재들인데, 그들이 선술집에서 떠들어대는 소리란 이루 가늠할 수 없을 정도이다. 그럼에도 불구하고 그들 가운데에는 노동자들 편에 스스로 가담하는 대단히 훌륭한 분자들도 있다.

룸펜 프롤레타리아트, 모든 계급의 타락 분자들의 찌꺼기로서 대도시를 본거지로 삼고 있는 이들은 모든 있을 수 있는 동맹자들 가운데서 최악의 것이다. 이 무리는 예외 없이 매수되고 예외 없이 온갖 일에 나선다. 프랑스 노동자들은 혁명을 일으킬 때마다 집집에 Mort aux voleurs! 도둑들을 죽여라!라고 써 붙였고 또 많이 쏴 죽이기도 했는데, 노동자들이 이렇게 한 것은 재산을 지키는 데 열중했기 때문이 아니라, 이러한 더러운 무리들을 목구멍에서 뽑어 내는 일을 모든 일에 앞서 행해야 한다는 것을 정확히 인식했기 때문이다. 이러한 룸펜을 호위대로서 이용하거나 이들에게 기대는 노동자들의 지도자가 있다면, 그는 이 한 가지 사실만으로도 자신이 운동의 배신자임을 증명하는 것이다.

소농민들 —— 왜냐하면 대농민들은 부르주아지에 속하기 때문이다 —— 에는 여러 종류가 있다. 우선 봉건 농민들이 있는데, 이들은 아직도 자애로운 영주에게 부역을 제공해야 한다. 이 사람들을 부역 농노제에서 해방시켜 줄 의무를 지고 있었던 부르주아지가 그 기회를 놓친 마당에 있어, 이제 오직 노동자 계급에게서만 이러한 해방을 기대할 수 있다는 것을 그들에게 납득시키기는 어렵지 않다.

그 다음으로는 차지인들이 있다. 이 경우에는 대부분 아일랜드와 동일한 관계가 존재한다. 차지료가 너무 높게 매겨져 있는 탓에, 농민은 평년작일 경우에 겨우 자신의 가족과 빠듯한 살림을 꾸려 갈 수 있으며 흉작일 경우에는 거의 아사할 정도에 처하여 차지료를 지불할 수 없으며 그 때문에 지주의 온정에 완전히 의존하게 된다. 부르주아지가 이러한 사람들을 위해 무언가를 한다면, 그것은 만부득이한 경우에 처할 때뿐이다. 이들이 노동자들 이외에 누구에게 구원을 기대하겠는가?

이 밖에 자신의 작은 점유지를 경작하는 농민들이 있다. 이들은 대개 저당권에 붙잡혀 있기 때문에, 차지인들이 지주들에게 종속되어 있는 것과 꼭 마찬가지로 고리 대금업자에게 종속되어 있다. 그들의 손에 남는 것이라고는 몇 푼 안되는, 그것도 작황에 따라 극히 변동이 심한 임금뿐이다. 그들은 결코 부르주아지에게서 무언가를 기대할 수 없다. 왜냐하면 바로 부르주아들이, 고리대 자본가들이 그들의 고혈을 짜 내고 있기 때문이다. 그러나 그들은, 자신들의 소유가 실제로는 자신들의 것이 아니라 고리 대금업자의 것임에도 불구하고 대개 이 소유에 매우 연연한다. 그럼에도 불구하고, 인민에게 의존하는 정부가 저당 부채 일체를 국가에 대한 부채로 전화시키고 그리하여 이자율을 낮출 때에만 자신들이 고리 대금업자로부터 해방될 수 있다는 사실을 그들에게 깨우쳐 주어야 한다. 그리고 이렇게 할 수 있는 것은 노동자 계급뿐이다.

5   중간 규모의 토지 소유와 대토지 소유가 지배하는 모든 곳에서는 농업 날품팔이들이 농촌에서 가장 많은 수를 점하는 계급을 이루고 있다. 북부 독일과 동부 독일 전체가 이러한 상태에 있다. 그리고 여기에서 도시의 공업 노동자들은 가장 많은 수의 가장 자연적인 동맹자들을 발견한다. 자본가가 공업 노동자에 대립하는 것과 꼭 마찬가지로 토지 소유자 혹은 대차지인이
10   농업 날품팔이에 대립한다. 앞의 사람에게 도움이 되는 방책들은 틀림없이 뒤의 사람에게도 도움이 된다. 공업 노동자들은 부르주아들의 자본, 즉 생산에 필요한 원료품, 기계, 도구, 생활 수단 등을 사회의 소유로, 즉 자신들이 공동으로 이용하는 자기 자신들의 소유로 전화시킬 때에만 자신들을 해방시킬 수 있다. 이와 마찬가지로 농촌 노동자들은, 무엇보다도 자신들의
15   주요 노동 대상인 토지 자체를 대농민들의, 그리고 이들보다 더 큰 봉건 영주들의 사적 점유로부터 빼앗아 사회적 소유로 전화시키고 그것을 농촌 노동자들의 협동 조합을 통해 공동의 계정으로 경작할 때에만, 자신들이 처한 끔찍한 빈곤으로부터 벗어날 수 있다. 그리고 여기에서 우리는, 바젤 국제 노동자 대회[89]의 다음과 같은 유명한 결의에 다다른다 : 토지 소유를 공동
20   의 국민적 소유로 전화시키는 것은 사회에 이익이 된다. 이 결의는 주로, 대토지 소유 및 이와 연관되어 대농장 경영이 존재하고 이 대농장에 한 사람의 주인과 수많은 날품팔이들이 존재하는 나라들을 위해 작성되었다. 그런데 이러한 상태는 대체로 독일에서 아직도 지배적이다. 그러므로 이 결의는 영국과 아울러 바로 독일에 대해서 극히 시의 적절한 것이었다. 농업 프롤
25   레타리아트, 농촌 날품팔이들 —— 이들은 군주들의 군대에 대량으로 신병을 충원해 주는 계급이다. 이들은 오늘날, 보통 선거권을 통해 봉건 영주들과 융커들을 대량으로 의회에 보내 주는 계급이다 ; 그러나 또한 이들은, 도시의 공업 노동자들에 가장 가깝게 서 있는 계급이며, 그들과 생활 조건들을 공유하며 심지어 그들보다 더 빈곤한 처지에 빠져 있는 계급이다. 이 계급은 분산되어 있고 산재되어 있기 때문에 무력하다. 그러나 정부와 귀족은

그들의 잠재된 힘을 잘 알고 있기 때문에, 의도적으로 학교를 쇠잔케 하고 그리하여 이들이 계속적으로 무지한 상태에 있도록 한다. 이 계급에 생기를 불어넣고 이 계급을 운동에 끌어들이는 것, 이것은 독일 노동자 운동의 최우선적 긴급 과제이다. 농촌 날품팔이 대중이 그들 자신의 이해 관계를 이해할 수 있게 되는 날부터, 그날부터 봉건적이든 관료적이든 부르주아적이 든 반동 정부는 독일에서 존립이 불가능하다.

앞의 글을 쓴 지 사 년도 더 되었다. 그 글은 오늘날에도 그 타당성을 잃지 않고 있다. 자도바[88] 이후와 독일의 분할 이후에 옳았던 이야기가 스당[90] 이후와 프로이센 국민의 신성 독일 제국[91]의 건립 이후에도 확증되고 있다. 이렇듯, 이른바 대정책의 '세계를 뒤흔드는' 성대한 국사도 역사 운동의 방향을 바꿀 수는 없는 것이다.

이와는 반대로 이 성대한 국사가 할 수 있는 일이 있다면, 그것은 이 운동의 속도를 빠르게 하는 것이다. 그리고 이 점에서, 위에서 말한 '세계를 뒤흔드는 사건들'의 장본인들은 뜻하지 않은 성과들을 거두었던 것이다. 이 성과들이야 물론 그들 자신의 바람과는 거리가 먼 것이겠지만, 좋든 싫든 그들은 이 성과들을 감수해야만 한다.

이미 1866년의 전쟁은 낡은 프로이센을 근저에서 뒤흔들었다. 1848년 이후에 서부 지방들의 반항적인 산업적 —— 부르주아적 및 프롤레타리아적 —— 분자들을 다시 옛날의 규율 아래 묶어 두는 데에도 일찍이 적지 않은 노력이 들어간 바 있다 ; 그러나 어쨌든 그렇게 하는 데 성공하여, 동부 지방들의 융커들의 이해는 군대의 이해와 아울러 또다시 국가 내에서 지배적인 것이 되었다. 1866년에는 거의 모든 북서부 독일이 프로이센령으로 되었다. 신의 은총을 입은 다른 세 개의 왕권을 삼켜 버림으로써 신의 은총을 입은 프로이센 왕권이 입게 된 치유할 수 없는 도덕적 손실은 차치하더라도, 군주제의 중심은 오늘날 현저히 서쪽으로 이동하였다. 오백만 명의 라인 지방 사람들과 베스트팔렌 사람들은 먼저 직접 병합된 4백만 명의 독일인에 의해 강화되었고, 다음에는 북독일 연방을 통해서 간접적으로 병합된 6백만 명의 독일인에 의해 강화되었다. 그리고 1870년에는 거기에 또 8백만의 남서 독일인이 보태어졌다. 그리하여 이제 '새로운 제국'에서는 이미 오래 전에 구프로이센의 융커 봉건주의가 감당할 수 없을 정도로 성장해 버린 2천5백만 명이 천4백5십만 명의 구프로이센 인(이들은 엘베 강 동쪽의 6개 지방에 사는 사람들로서, 더욱이 그 가운데에는 2백만의 폴란드 인이 있다)에 대립하게 되었다.[92] 이리하여 다름아니라 프로이센 군의 승리가 프로이센 국가 건물의 기초 전체의 위치를 옮겨 놓았다 ; 융커 지배는 점점 더 정부마저 견딜 수 없는 것으로 되었다. 그러나 이와 동시에, 산업의 급격한 발전은 부르주아들과 노동자들 사이의 투쟁이 융커들과 부르주아들 사이의 투쟁을 뒤로 밀어젖히도록 했다. 그리하여 낡은 국가의 사회적 기초는 내부적으로도 완전한 변혁을 겪었다. 1840년 이래 천천히 사멸해 가고 있던 군주제는 귀족과 부르주아지 사이의 투쟁을 기본 조건으로 하여, 그 투쟁 속에서 균형을 유지하고 있었다 ; 그러나 부르주아지의 쇄도에 대항해 귀족을 보호하는 것이 더 이상 문제로 되지 않고 노동자 계급의 쇄도에 대항해 모든 유산 계급들을 보호하는 것이 문제가 된 순간부터, 낡은 절대 군주제는 특별히 이러한 목적을 위해 만들어진 국가 형태로 완전히 이행하지 않으면 안 되었다 : 보나빠르뜨주의적 군주제. 나는 프로이센의 보나빠르뜨주의로의 이러한 이행에 대해 이미 다른 곳에서 논술하였다(『주택 문제』, 제2분책, 26면 이하[93]). 거기서는 강조할 필요가 없었으나 여기에서는 매우 중요한 사실은, 이 이행이 프로이센이 1848년 이래 이룩한 최대의 진보였다는 점, 그만큼 프로이센이 현대적 발전에 뒤처져 있었다는 점이다. 프로이센은 여전히 반半 봉건적 국가였는데, 보나빠르뜨주의는 어쨌든 봉건주의의 제거를 전제로 하는 현대적 국가 형태이다. 그러므로 프로이센은, 자국 내의 수많은 봉건적 잔재들을 일소하고 그러한 잔재로서의 융커 층을 제물로 삼을 것을 결심하지 않으면 안 되었다! 물론 이것은 가장 부드러운 형식으로, 다음과 같은 인기 있는 멜로디에 따라 이루어진다 : 모름지기 천천히 나아가세![94] 예를 들면, 악명 높은 지방 조례에서 그러하다.[95] 이 지방 조례는 개별 융커가 자기 영지 내에서 가지고 있던 봉건적 특권들을 폐지하고 있긴 하지만, 이는 그 특권들을 지방 전체의 대토지 소유자들 전체의 특권으로서 다시 복구하기 위해서이다. 사태는 변한 것이 없고 다만 봉건적 방언이 부르주아적 방언으로 번역될 뿐이다. 구프로이센의 융커를 강제로 영국의 대지주 비슷한 것으로 전화시키는 것이었고, 융커로서는 이에 반항할 필요가 전혀 없었는데, 왜냐하면 전자는 후자와 마찬가지로 우둔하기 때문이다.

이리하여 프로이센은, 1808-1813년에 시작하여 1848년에 한 걸음을 더 내디딘 자신의 부르주아 혁명을 이 세기의 끝에 보나빠르뜨주의라는 유쾌한 형식으로 완성해야 할 기묘한 운명을 지니게 되었다. 그리고 만약 만사가 잘 진행되고 세계가 순조롭고도 평온한 상태를 계속 유지하며 우리 모두가 충분히 오래 산다면, 우리는 아마도 1900년 쯤에는 프로이센 정부가 실제로 모든 봉건 제도들을 철폐하여 마침내 프로이센이 1792년에 프랑스가 서 있던 지점에 도달하는 것을 볼 수 있을 것이다.

봉건주의의 철폐는, 적극적으로 표현하자면 부르주아적 상태의 수립을 의미한다. 입법은 귀족의 특권들이 줄어드는 것과 같은 정도로 부르주아화된다. 그리고 여기서 우리는 정부에 대한 독일 부르주아지의 관계의 핵심점에 부딪힌다. 이미 보았다시피, 정부는 어쩔 수 없이 이러한 완만하고 조그마한 개혁들을 실시해야 한다. 그러나 정부는 부르주아지에게, 이 모든 조그마한 개혁들이 부르주아들을 위한 희생이고 왕권에게서 가까스로 얻어낸 양보이니 이제 부르주아들이 그 대가로 다시 정부에 무언가를 내놓아야 할 것이라고 이야기한다. 그리고 부르주아들은 사태의 실상을 그런대로 잘 알고 있음에도 불구하고 이러한 기만에 동의한다. 베를린 제국 의회와 프로이센 하원에서 이루어진 모든 토론의 무언의 기초를 이루고 있는 다음과 같은 저 암묵적 계약은 이로부터 나온 것이다 : 한편으로, 정부는 부르주아지의 이익을 위해 달팽이 걸음으로 법률을 개정하고, 산업에 대한 봉건적 장해와 소국 분립으로부터 생겨난 장해를 제거하고, 화폐 및 도량형의 통일과 영업의 자유 등등을 확립하고, 임의 이주권을 통해서 독일의 노동력을 자본의 무제한적 처분에 맡기고, 상업과 사기를 장려한다 ; 다른 한편으로, 부르주아지는 모든 정치적 실권을 정부에 맡기고, 조세와 공채와 징병에 찬성 투표하고, 꺼림칙한 개인들에 대해서 종래의 경찰 권력이 그대로 효력을 유지하는 방향에서 모든 개혁 법률들의 작성이 이루어지도록 돕는다. 부르주아지는 자신의 정치적 권력을 즉각적으로 단념하는 대가로 자신의 점차적인 사회적 해방을 사들이는 것이다. 물론, 부르주아지가 이러한 계약을 받아들일 수 있게 만든 근본 동기는 정부에 대한 공포가 아니라 프롤레타리아트에 대한 공포이다.

그러나 정치적 영역에서 우리 부르주아지가 이렇듯 한심스럽게 행동함에도 불구하고, 상공업적 측면에서는 이들 부르주아지가 결국 자신의 임무를 수행하고 있다는 것은 부인할 수 없다. 제2판 서문에서 지적된 바 있는 상공업의 비약은 그때 이래 더욱 힘차게 전개되었다. 이 점에서, 1869년 이래 라인-베스트팔렌 공업 지대에서 일어난 일들은 독일로서는 전대 미문의 것으로서, 금세기 초엽에 영국 공업 지대에서 이루어졌던 비약을 상기시킨다. 그리고 작센과 상부 슐레지엔에서도, 베를린, 하노버, 발트 해 연안 도시들에서도 같은 일이 일어날 것이다. 우리는 마침내 세계 무역을, 진정한 대공업을, 진정으로 현대적인 부르주아지를 가지게 되었다 ; 그러나 또한 그 대신에 우리는 진정한 파산[96]을 겪었고 또 진정한 프롤레타리아트, 강력한 프롤레타리아트도 얻었다.

미래의 역사 서술가들이 보기에, 슈피헤른, 마르스-라-뚜르, 스당에서 벌어진 전투들[97]의 포성 및 이와 관련된 사건들이 1869에서 1874년까지의 독일 역사에서 점하는 의의는 독일 프롤레타리아트가 이룩한 수수하고 조용하지만 끊임없었던 발전이 점하는 의의보다 훨씬 적을 것이다. 1870년이 되자마자 독일 노동자들에게 어려운 시험이 닥쳐왔다 : 보나빠르뜨주의의 전쟁 도발과 그것의 다음과 같은 자연적 결과 : 독일에서의 전반적인 민족적 열광. 독일의 사회주의적 노동자들은 한 순간도 당황하지 않았다. 그들에게는 민족적 배외주의의 흥분이 나타나지 않았다. 그들은 미친 듯한 승전의 흥분 속에서도 냉정을 유지하고, "프랑스 공화국과의 공정한 강화와 무병합"[98]을 요구하였으며, 계엄령조차도 그들을 침묵케 할 수 없었다. 전투의 영예도, 독일 '제국의 영광'에 관한 이야기도 그들을 유인하지 못했다 ; 그들의 유일한 목표는 어디까지나 유럽 프롤레타리아트 전체의 해방이었다. 그러므로 다음과 같이 말해도 될 것이다 : 지금까지 그 어떤 나라의 노동자들도 이처럼 어려운 시험을 이처럼 훌륭하게 치러 낸 적은 없다.

전시 계엄령에 뒤이어 나타난 것은 대역죄, 불경죄, 관리 모독죄 등과 관련한 소송들이었으며, 평시의 경찰이 휘두르는 횡포의 심화였다. 『인민

국가』의 편집부원들은 보통 서너 명씩 동시에 투옥되었으며 다른 신문들도
마찬가지의 처지에 있었다. 어느 정도 이름이 알려진 당 연설가들은 모두
적어도 일년에 한 번씩 재판소에 출두해야만 했으며, 거의 예외 없이 유죄
판결을 받았다. 추방, 몰수, 집회 해산 등이 우박 쏟아지듯 잇따랐다. 이
모든 것은 허사였다. 구속자와 추방자가 생길 때마다 또 다른 사람이 금방   5
그 자리를 메웠다 ; 집회 하나가 해산될 때마다 사람들은 두 개의 새로운 집
회를 소집하였고, 인내심을 발휘하고 법률을 엄수함으로써 여기저기서 경
찰의 전횡을 난관에 봉착케 하였다. 모든 박해들은 의도한 목적과 반대되는
결과를 낳았다 ; 그러한 박해들은 노동자 당을 분쇄하거나 굴복시키기는커
녕 노동자 당에 끊임없이 신참자들을 공급할 뿐이었으며 그 조직을 확고하   10
게 해 주었다. 당국과의 투쟁에서도 개별 부르주아들과의 투쟁에서도 노동
자들은 어디서나 자신들이 지적으로나 도덕적으로 우월한 존재임을 보여
주었으며, 특히 이른바 '일자리 제공자들 Arbeitgebern' 과의 충돌에서는 이
제 그들 노동자들이 교양 있는 사람들이고 자본가들은 속물들이라는 사실
을 증명하였다. 게다가 노동자들은 대체로 유머를 갖고서 투쟁을 수행하고   15
있는데, 이러한 유머는 노동자들이 자신들의 사업에 대해 확신을 가지고 있
으며 자신들의 우월함을 자각하고 있음을 보여 주는 최상의 증거이다. 이렇
게 수행된 투쟁은 역사적으로 준비된 지반 위에서 거대한 성과를 낳을 것이
틀림없다. 1월 선거의 성공[99]은 지금까지의 현대 노동자 운동의 역사에서
유례를 찾아볼 수 없는 것으로서, 이것이 유럽 전체에 경악을 불러일으킨   20
것은 너무나 당연한 일이다.

　　독일의 노동자들은 그 밖의 유럽 노동자들에 비해 두 가지 점에서 본
질적 이점을 지니고 있다. 첫째, 그들은 유럽에서 가장 이론적인 민족에 속
하며, 독일의 이른바 '배웠다는 사람들'이 완전히 잃어버린 이론적 감각을
보존하고 있다. 독일 철학, 특히 헤겔 철학이 선행되지 않았다면, 독일의   25
과학적 사회주의 —— 지금까지 존재한 단 하나의 과학적 사회주의 —— 는
결코 생겨나지 않았을 것이다. 노동자들 사이에 이론적 감각이 없었다면,
이 과학적 사회주의는 결코 오늘날의 상황처럼 노동자들의 살과 피로 되어
있지 않을 것이다. 그리고, 한편으로 영국 노동자 운동이 개별 노동 조합의
그 모든 출중한 조직 상태에도 불구하고 신속히 전진하지 못하게 만든 근본

원인들 가운데 하나인 일체의 이론에 대한 무관심과 비교해 볼 때, 또 다른 한편으로 프루동주의가 프랑스 인들과 벨기에 인들 사이에 그 원래적 형태로 야기했고 바꾸닌이 에스빠냐 인들과 이딸리아 인들 사이에 더욱 희화화된 형태로 야기했던 비행 및 혼란과 비교해 볼 때, 이것이 얼마나 엄청난 장점인가를 잘 알 수 있다.

두번째 이점은, 독일인들이 시간상 마지막으로 노동자 운동에 뛰어든 편에 속한다는 데 있다. 독일의 이론적 사회주의가, 그 모든 공상과 그 모든 유토피아주의에도 불구하고 모든 시대의 가장 뛰어난 두뇌들에 속하고 수많은 천재적 예견들을 내놓은 사람들이며 그 예견들이 옳았다는 것이 오늘날 과학적으로 증명되고 있는 세 사람인 생시몽, 푸리에, 오웬의 어깨 위에 자신이 서 있다는 사실을 결코 잊지 않을 것이듯이 —— 독일의 실천적 노동자 운동은, 영국과 프랑스의 운동의 어깨 위에서 자신이 발전하였고, 이 운동들이 값비싼 대가를 치르고 얻은 경험들을 간단히 이용할 수 있게 되었으며, 당시에는 거의 불가피했던 오류들을 오늘날 피할 수 있게 되었다는 사실을 결코 잊어서는 안 된다. 영국의 노동 조합들과 프랑스의 정치적 노동자 투쟁들이 선행하지 않았더라면, 특히 빠리 꼬뮌[100]이 가져다 준 엄청난 충격이 없었더라면, 우리는 오늘날 어떻게 되었을 것인가?

독일의 노동자들이 보기 드문 분별력을 갖고서 자신들의 처지로부터 나오는 이점들을 이용하였다는 것을 인정해야 한다. 노동자 운동이 성립한 이래 처음으로, 투쟁은 그 세 가지 측면 —— 이론적 측면, 정치적 측면, 실제적-경제적 측면(자본가에 대한 저항) —— 에 걸쳐서 단일한 음조와 연관을 유지하면서 계획적으로 수행되고 있다. 말하자면, 이 집중적 공격에 바로 독일의 운동이 가지고 있는 강력함과 불패의 힘이 있는 것이다.

한편으로는 독일의 운동이 점하고 있는 이러한 유리한 지위 때문에, 다른 한편으로는 영국 운동의 섬나라적 특성과 프랑스 운동의 폭력적 진압 때문에, 현재 독일의 노동자들은 프롤레타리아 투쟁의 전위에 서 있다. 사건들이 독일 노동자들의 이 명예로운 지위를 얼마나 오랫동안 용인할지는 미리 말할 수 없다. 그러나 이 지위를 점하고 있는 한, 독일의 노동자들은 아마도 응당 그 지위에 속하는 직분을 이행할 것이다. 그러기 위해서는 투쟁과 선동의 모든 영역에서 두 배의 노력을 기울여야 한다. 특히 지도자들

의 의무로 되는 것이 있으니, 그들은 모든 이론적 문제들에 대해 더욱더 이
해를 높여야 하고, 낡은 세계관에 속하는 전래의 공문구들의 영향에서 더욱
더 자신을 해방시켜야 하며, 또한 사회주의는 과학으로 된 이래 과학처럼
추진되기를, 즉 연구되기를 원한다는 사실을 늘 마음에 새겨 두어야 한다.
이리하여 획득된 점점 더 명확해져 가는 인식을 더욱 열심히 노동자 대중   5
속에 보급하여 당 조직과 노동 조합 조직 사이의 연결을 더욱 견고하게 하
는 것이 중요하다. 비록 1월에 사회주의자들이 얻은 표가 이미 상당한 군세
軍勢를 보여 주는 것이라 해도, 독일 노동자 계급의 대다수를 점하기에는
아직 턱없이 부족하다 ; 그리고 농촌 주민들 사이에서의 선전의 성과가 아
무리 고무적이라 하더라도, 이곳이야말로 해야 할 일이 쌓여 있는 곳이다.   10
그러므로 중요한 것은 투쟁에서 피로를 느끼지 않는 것, 적에게서 도시와
선거구를 하나하나 탈취하는 것이다 ; 그리고 무엇보다 중요한 것은 어떠한
애국주의적 배외주의의 발생도 허용하지 않는, 그리고 프롤레타리아 운동
의 새로운 진전이라면 어느 나라에서 일어난 것이든 간에 항상 기쁘게 맞이
하는 진정한 국제주의적 감각을 유지하는 것이다. 독일의 노동자들이 이렇   15
게 나아간다 하더라도 그들이 반드시 운동의 선두에 서서 진군하라는 법은
없지만—— 어떤 한 민족의 노동자들이 선두에 서서 진군하는 것은 결코
이 운동에 이익이 되지 않는다——, 그렇게 나아간다면 그들은 전투의 대
열에서 명예로운 자리를 점하게 될 것이다 ; 그리고 예기치 않은 중대한 시
험이나 큰 사건들이 일어나서 그들에게 더 큰 용기, 더 큰 결의와 실행력을   20
요구하게 된다면, 그들은 그 자리에 만반의 준비를 갖추고 서 있을 것이다.

1874년 7월 1일, 런던   프리드리히 엥겔스

출전 : 프리드리히 엥겔스,   맑스·엥겔스 저작집,
『독일 농민 전쟁』.   제16권, 393-400면,
제3쇄, 라이프찌히, 1875년.   제18권, 512-517면.

                                                          최인호 번역

칼 맑스

독일-프랑스 전쟁에 관한 총평의회의 첫번째 담화문[101]

유럽과 합중국의
국제 노동자 협회 회원들에게

1864년 11월의 우리 협회의 발기문에서 우리는 다음과 같이 말했다 : "노동자 계급의 해방이 서로 다른 민족들의 협력을 필요로 하는 것이라면, 범죄적 목적을 추구하며 민족적 편견에 의해 움직이며 약탈 전쟁에서 인민의 피와 재산을 탕진하는 따위의 대외 정책으로 어찌 저 위대한 과업이 이
10 루어지겠습니까?" 그리고 우리는 인터내셔널이 추구한 대외 정책을 다음과 같은 말로 나타냈다 : "사인私人들의 관계를 규제해야 할 도덕과 정의의 단순한 법칙들을 민족들 교류의 지고의 법칙으로 삼아 시행하도록 할 것."[102]

프랑스 국내의 계급 투쟁을 이용하여 지배권을 찬탈하고 대외 전쟁을 거듭함으로써 그 지배권을 연장해 온 루이 보나빠르뜨가 애초부터 인터내
15 셔널을 위험한 적으로 취급한 것은 전혀 놀랄 일이 못 된다. 국민 투표[103] 직전에 그는, 인터내셔널이 비밀 결사이며 자신에 대한 암살 음모를 계획하고 있다는 구실 아래, 빠리, 리용, 루왕, 마르세이유, 브레스뜨, 요컨대 프랑스 전역에 걸쳐서 국제 노동자 협회의 집행 위원회 위원들을 급습하였다. 그러나 이 구실이란 것이 완전히 엉터리임은 후일 보나빠르뜨 자신의 재판
20 관들에 의해 폭로되었다. 인터내셔널 프랑스 지부들의 진정한 죄는 무엇이었는가? 프랑스 인민에게 다음의 사실을 소리 높여 공표한 데 그 지부들의 죄가 있다 : 국민 투표에서 찬성표를 던지는 것은 국내의 전제 정치와 대외 전쟁에 찬성표를 던지는 것이다. 그리고 사실, 프랑스의 모든 대도시들에

서, 모든 공업 중심지들에서 노동자 계급이 마치 한 사람처럼 떨쳐 일어나
국민 투표를 거부한 것은 이 지부들의 업적이었다. 불행히도 농촌 지역의
답답스러운 무지가 노동자 계급의 표를 압도하였다. 거의 유럽 전체의 증권
거래소들, 내각들, 지배 계급들, 신문들은 국민 투표를 프랑스 노동자 계급
에 대한 프랑스 황제의 빛나는 승리라고 찬미하였다 ; 실제로 그것은 암살,   5
어떤 개인의 암살이 아니라 인민 전체의 암살의 신호였다.

　1870년 7월의 전쟁 음모는 1851년 12월 쿠데타[65]의 개정판일 뿐이다.
이 음모의 어리석음은 한눈에 알 수 있는 것이었고, 때문에 프랑스 국민은
이 음모를 치장하고 있는 위엄 있는 이야기를 믿으려 하지 않았다. 국민은
오히려, 내각의 호전적 언사는 증권 거래소의 책략에 지나지 않는다고 이야   10
기한 의원[104]을 더 믿었다. 마침내 7월 15일에 입법원에 개전이 공식적으
로 통고되었을 때, 반정부파 전체는 임시 지출의 가결을 거부하였다 ; 띠에
르조차 이 전쟁에 “혐오할 만한 것”이라는 낙인을 찍었다 ; 빠리의 모든 자
주적 신문들이 이 전쟁을 비난하였고, 기묘하게도 지방 신문들조차 거의 아
무런 이견 없이 이 비난에 동조하였다.   15

　그 사이에 빠리의 인터내셔널 회원들은 다시 활동에 들어갔다. 그들은
7월 12일자 『기상 나팔』에 「만국의 노동자에게」라는 선언을 발표하였다. 거
기에는 다음과 같이 되어 있다 :

　　“또다시, 유럽의 세력 균형과 국민의 명예라는 구실 아래 정치적 야욕
　이 세계 평화를 위협하고 있다. 프랑스, 독일, 에스빠냐의 노동자들이여! 모   20
　두 한 목소리로 전쟁을 혐오한다고 외치자……노동자의 눈으로 볼 때, 패권
　의 문제와 왕조의 문제에서 기인한 전쟁은 범죄적 어리석음 이외의 다른 것
　일 수 없다. 혈세의 올가미를 피한 채 공중公衆의 불행 속에서 오직 새로운
　투기의 원천만을 보는 자들의 호전적 외침에 대해 우리는, 평화와 노동을 필
　요로 하는 우리는, 항의한다!……독일의 형제들이여! 우리의 분열은 라인   25
　강 양쪽의 전제 정치의 완전한 승리를 불러올 뿐이다……만국의 노동자여!
　우리의 공동의 노력의 결과가 현재 어떠하든 간에, 국경을 인정하지 않는 우
　리 국제 노동자 협회의 회원들은 끊어질 수 없는 연대의 증표로 프랑스 노동
　자들의 호의와 경의를 여러분에게 보낸다.”

우리의 **빠리** 지부들의 이 선언에 뒤이어 무수한 프랑스 어 호소문들이 나왔는데, 여기서 우리는 그 가운데 하나만을 인용할 수 있겠다 : 7월 22일 자 『마르세예즈』에 게재된 뇌이이-쉬르-세느의 성명 :

> "이 전쟁은 정의의 전쟁인가? 아니다! 이 전쟁은 국민의 전쟁인가? 아니
> 다! 이 전쟁은 전적으로 왕조적일 뿐이다. 정의와 민주주의의 이름으로, 프
> 랑스의 진정한 이익의 이름으로, 우리는 전쟁에 반대하는 인터내셔널의 항의
> 에 전폭적으로 열렬히 찬동한다."

이 항의는, 이후에 일어난 독특한 한 사건이 증명해 주듯이 프랑스 노동자들의 진정한 감정을 대변하는 것이었다. 애초에 루이 보나빠르뜨가 대통령이던 시절에 조직된 **12월 10일 동맹**[105]이 작업복을 입고 노동자로 가장한 채 인디언의 전쟁 무용을 통해 전쟁열을 부추기려고 거리로 몰려나왔을 때, **빠리** 변두리의 진정한 노동자들은 이 전쟁 무용을 압도하는 평화 옹호 시위로 이에 답했다. 그러자 경찰청장 삐에뜨리, 충성스러운 **빠리** 인민들이 오랫동안 억눌러 온 애국심과 넘쳐흐르는 전쟁에의 열정을 충분히 발산했다는 구실을 내걸어 그 이상의 가두 정치를 즉각 중지시키는 것이 상책이라고 생각하게 되었다.

루이 보나빠르뜨와 프로이센의 전쟁이 어떻게 진행되든 간에, 이미 제2제정의 조종은 **빠리**에 울려 퍼졌다. 제2제정은 시작할 때와 마찬가지의 모습으로 끝날 것이다 : 패러디로 끝날 것이다. 그러나 루이 보나빠르뜨로 하여금 18년 동안 제정의 복고라는 흉악한 익살극을 연출할 수 있게 한 것이 바로 유럽의 정부들과 지배 계급들이었다는 사실을 잊어서는 안 된다.

독일측에서 보면, 이 전쟁은 방어 전쟁이다. 독일로 하여금 자신을 방어하지 않으면 안 되도록 만든 것은 누구인가? 루이 보나빠르뜨로 하여금 독일에 맞서서 이 전쟁을 수행할 수 있게 한 것은 누구인가? 프로이센이다! 국내의 인민의 반항을 분쇄하고 독일을 호엔쫄레른 왕조에 병합하기 위해 바로 그 루이 보나빠르뜨와 공모한 것은 비스마르크였다. 만약 자도바 전투[88]에서 승리하지 못하고 패배했더라면, 프랑스 군의 대대들이 프로이센의 동맹군이라 하며 독일 땅을 메웠을 것이다. 승리한 후에 단 한 순간이라

도 프로이센이 노예화된 프랑스에 자유로운 독일을 대치시키겠다는 몽상에
젖은 적이 있었는가? 그 정반대였다! 프로이센은 자국의 구래의 제도의 타
고난 아름다움이 스러지지 않도록 온갖 주의를 기울였을 뿐 아니라, 제2제
정의 온갖 술책들, 제2제정의 진정한 전제 정치와 거짓된 민주주의, 제2제
정의 정치적 속임수와 재정상의 사기, 제2제정의 고상한 체하는 문구와 비   5
속한 요술 등을 그 아름다움에 보탰다. 지금까지 라인 강의 한 쪽에서만 번
성했던 보나빠르뜨주의적 통치는 이로써 다른 쪽에도 그 짝을 갖게 된 것이
다. 그리고 사태가 이러할진대, 이로부터 전쟁 이외의 다른 어떤 결과가 나
올 수 있었겠는가?

　　만약 현재 벌어지고 있는 전쟁이 자신의 엄격히 방어적인 성격을 포기   10
하고 프랑스 인민에 대한 전쟁으로 변질되는 것을 독일의 노동자 계급이 허
락한다면, 승리든 패배든 그 결과는 마찬가지로 불행한 것이 될 것이다. 이
른바 해방 전쟁 후 독일에 닥쳐왔던 모든 불행[106]이 더 격화된 형태로 부활
될 것이다.

　　그럼에도 불구하고 인터내셔널의 원칙들이 독일 노동자 계급 사이에   15
극히 광범위하게 퍼져 있고 굳건히 뿌리를 내리고 있으므로, 우리는 이와
같은 비참한 종말을 우려하지 않아도 될 것 같다. 독일은 프랑스 노동자들
의 목소리에 메아리를 보냈다. 7월 16일에 브라운슈바이크에서 개최된 노
동자 대중 집회는 빠리의 선언에 완전히 동의한다고 선언하였으며, 프랑스
에 대한 민족적 적대라는 사고를 배격하고 다음과 같이 결의하였다 :   20

　　"우리는 모든 전쟁들의 적이지만, 무엇보다도 왕조 전쟁의 적이다……
우리는 큰 슬픔과 아픔을 가슴에 안고서, 불가피한 악으로서의 방어 전쟁에
휘말릴 수밖에 없는 상태에 처해 있다 ; 그러나 이와 동시에 독일의 사려 깊
은 노동자 계급 전체에게 호소한다. 평화와 전쟁의 문제를 결정할 권한을 각
국의 인민 자신에게 주라고 요구함으로써, 그리고 인민을 자기 자신의 운명   25
의 주인으로 만듦으로써, 이러한 엄청난 사회적 불행이 재연될 수 없도록 하
자."

　　켐니쯔에서 열린 50,000의 작센 노동자들을 대표하는 대표자들의 회

의는 다음과 같은 결의를 만장 일치로 채택하였다 :

> "우리는 독일 민주주의의 이름으로, 그리고 특히 사회 민주주의당의 노
> 동자들의 이름으로 선언한다. 현재 벌어지고 있는 전쟁은 전적으로 왕조 전
> 쟁이다……우리는 프랑스 노동자들이 내민 형제애의 손을 기쁘게 맞잡는다
> …… '만국의 노동자여, 단결하라!' 라는 국제 노동자 협회의 표어를 명심하고
> 있는 우리는, 만국의 노동자들은 우리의 벗이며 만국의 전제 군주들은 우리
> 의 적이라는 사실을 결코 잊지 않을 것이다."[107]

또한 인터내셔널의 베를린 지부는 빠리의 선언에 다음과 같은 말로 답
했다 :

> "우리는 당신들의 항의에 몸과 마음으로 찬동한다……우리는 엄숙히 맹
> 세한다. 나팔 소리든 대포 소리든, 승리든 패배든 간에 만국의 노동자들의
> 단결이라는 우리의 공동의 사업으로부터 우리를 떼어놓지 못할 것이다."

이러한 자살적 투쟁의 배후에는 러시아라는 섬뜩한 존재가 도사리고
있다. 하필이면 러시아 정부가 그 전략적 철도를 완성하고 이미 군대를 프
루트 강 방향에 집결시켜 놓은 시점에서 현재 벌어지고 있는 전쟁의 신호가
떨어졌다는 것은 심히 불길한 징후이다. 보나빠르뜨의 침략에 맞선 방어 전
쟁인 한에서는 독일인들이 동정을 요구할 만한 권리를 갖고 있지만, 만약
독일 정부가 까자흐 병사들의 원조를 요청하거나 받아들이도록 허용하고
만다면 그들은 금방 그러한 권리를 상실하고 말 것이다. 독일이 나뿔레옹 1
세에 맞선 독립 전쟁 후에 꼼짝없이 수십 년 동안 짜르의 발 아래 있었다는
것을 그들은 상기해야 할 것이다.

영국의 노동자 계급은 프랑스와 독일의 노동자 계급에게 형제애의 손
을 내밀고 있다. 그들은, 임박한 소름끼치는 전쟁이 어떻게 끝나든 간에 만
국의 노동자들의 동맹이 결국은 전쟁을 뿌리뽑고 말 것이라는 확신에 차 있
다. 공식적 프랑스와 공식적 독일이 형제 살해에 비견되는 투쟁에 뛰어들고
있는 동안, 노동자들은 양쪽에서 평화와 우의의 보고를 주고받고 있다. 이
것은 과거의 역사에서 유례를 찾아볼 수 없는, 둘도 없는 위대한 사실이며

한층 밝은 미래에의 전망을 열어 놓는 것이다. 이것은, 경제적 빈곤과 정치
적 광기로 점철된 낡은 사회와 대립되는 새로운 사회가 생겨나고 있음을 증
명하고 있다. 이 새로운 사회의 국제적 원리는 평화일 것이다. 왜냐하면 각
국에서 다음과 같은 동일한 원리가 지배할 것이기 때문이다 —— 노동.

　이 새로운 사회의 개척자는 국제 노동자 협회이다.　　　　　　　　　5

총평의회

레스너, 프레드	밀너, 조지	애플가스, 로버트
륄	브래드니크, 프레드	오저, 조지
르그레뤼에	분, 마틴 J.	타운젠드, W.
린턴, W.	셰퍼드, 조제프	파넬, 제임스　　10
머리, 찰즈	슈무츠	팬더
모리츠, 제비	스테프니, 코웰	해리스, 조지
모터즈헤드, 토마스	스톨	핼즈, 윌리엄
	핼즈, 존	

통신 서기들　　　　　　　　　　　　　　15

으젠느 뒤뽕, 프랑스 담당	A. 세라이에,
칼 맑스, 독일 담당	벨기에, 네덜란드, 스페인 담당
헤르만 융, 스위스 담당	제임스 코엔, 덴마크 담당
조바니 보라, 이딸리아 담당	J. G. 에카리우스,
안또니 자비쯔끼, 폴란드 담당	아메리카 합중국 담당　　　20

벤자민 류크래프트, 의장
존 웨스턴, 회계
J. 게오르크 에카리우스, 총서기

사무소 : 런던, 중앙 서구, 하이 홀버른, 256번지.
1870년 7월 23일.

1870년 7월 19일과   맑스 · 엥겔스 저작집,
23일 사이에 씌어짐.   제17권, 3-8면.
출전 : 『프랑스 내전』,
「국제 노동자 협회 총평의회의 담화문」,
독일어 제3판, 베를린, 1891년.

                                                        최인호 번역

칼 맑스

독일-프랑스 전쟁에 관한
총평의회의 두번째 담화문[108]

유럽과 합중국의
국제 노동자 협회 회원들에게

7월 23일자 우리의 첫번째 선언에서 우리는 다음과 같이 말했다 : "이미 제2제정의 조종은 빠리에 울려 퍼졌다. 제2제정은 시작할 때와 마찬가지의 모습으로 끝날 것이다 : 패러디로 끝날 것이다. 그러나 루이 보나빠르뜨로 하여금 18년 동안 제정의 복고라는 흉악한 익살극을 연출할 수 있게 한 것이 바로 유럽의 정부들과 지배 계급들이었다는 사실을 잊어서는 안 된다."[109]

그러므로 전쟁의 작전들이 개시되기도 전에 이미 우리는 보나빠르뜨주의의 비누 거품같은 공상적 계획을 과거지사로 취급했던 것이다.

우리는 제2제정의 생명력에 대해 오판하지 않았다. 또한 독일의 전쟁이 "자신의 엄격히 방어적인 성격을 포기하고 프랑스 인민에 대한 전쟁으로 변질"[110]될지 모른다는 우리의 우려는 잘못된 것이 아니었다. 방어 전쟁은 루이 나뽈레옹의 항복, 스당의 항복 조약[90], 빠리에서의 공화정의 선포로 사실상 끝이 났다. 그러나 이 사건들이 있기 훨씬 전부터, 요컨대 보나빠르뜨주의의 무기가 완전히 부패했음이 명백해진 그 순간에 이미 프로이센 군부는 정복을 결의했다. 하지만 그 정복의 길에는 거슬리는 장해물이 가로놓여 있었던바, 그것은 바로 개전 당시의 국왕 빌헬름 자신의 선언이었다. 그는 북독일 제국 의회의 개원 칙어에서, 자신이 수행할 전쟁은 프랑스 인민이 아니라 단지 프랑스 황제에 맞서는 것일 뿐이라고 엄숙히 선언하였던 것이

다. 그는 8월 11일에 프랑스 국민에게 보내는 선언을 발표하였고, 거기에서
다음과 같이 말했다 :

> "나뽈레옹 황제는, 프랑스 인민과 평화롭게 지내기를 희망했고 또 지금
> 도 희망하고 있는 독일 국민을 육해군으로 공격하였다 ; 나는 그의 침략을 격
> 퇴하기 위해 독일군의 지휘를 맡았으며, 군사적 정황들로 말미암아 프랑스 국경
> 을 넘어가게 되었다."

"침략을 격퇴하기 위해" 독일군의 지휘를 맡았을 뿐이라는 언명을 통해
전쟁의 '순전히 방어적인 성격'을 주장하는 것에 만족할 수 없었던 그는
"군사적 정황들로 말미암아" 프랑스 국경을 넘어가게 되었다고 덧붙였다.
물론 방어 전쟁은 "군사적 정황들"이 요구하는 공격 작전을 배제하지 않는
다.

그러므로 이 선언에 따르자면, 이 경건한 국왕은 프랑스와 세계 앞에
순전히 방어적인 전쟁을 수행하겠다고 서약했던 것이다. 어떻게 이 엄숙한
서약으로부터 그를 해방시킬 것인가? 무대 감독들은, 그가 독일 국민의 거
역할 수 없는 명령에 마지못해 따르도록 연출해야 했다 ; 그들은 즉각 교수,
자본가, 시 의회 의원, 문인들을 포함한 독일의 자유주의적 중간 계급에게
암시를 주었다. 1846년부터 1870년에 이르기까지 시민적 자유를 위한 투쟁
에서 우유부단, 무능, 비겁으로 점철된 유례없는 광경을 보여 주었던 이 중
간 계급은, 독일의 애국심을 표효하는 사자의 역할을 맡아 유럽의 무대에
오르게 된 데 대해 물론 매우 황홀해 했다. 그들은 프로이센 정부에 무언가
를 강요하는 체하기 위해서, 마치 공민적 독자성을 가지고 있는 것처럼 행
동했다 —— 무엇을? 바로 이 정부의 비밀 계획을. 그들은 프랑스 공화국의
분할을 소리 높여 요구함으로써, 자신들이 루이 보나빠르뜨의 무오류성에
대해 오랜 세월에 걸쳐 거의 신앙에 가까운 믿음을 가진 데 대해 참회하였
다. 이 견실한 애국자들의 수긍할 만한 변명에 잠시 귀를 기울여 보자!

그들은 감히, 알사스와 로렌의 인민이 독일의 품안에 안기기를 갈망한
다고 주장하지는 않는다 : 이와 정반대이다. 이곳 인민의 프랑스에 대한 애
국심을 징벌하기 위해서, 성채 전체를 내려다볼 수 있는 독립된 보루를 갖

춘 하나의 요새인 스뜨라스부르는 6 일 동안이나 무익하고도 야만적인 '독일제' 포탄의 세례를 받아 불바다가 되었으며, 무방비 상태에 있던 엄청난 수의 주민들이 죽음을 당했다! 물론 이 지방의 토지는 아주 옛날에는, 이미 오래 전에 멸망한 독일 제국에 속해 있었다. 그러므로 그 땅과 그 땅에서 살아 온 인간들은, 시효가 소멸되지 않은 독일의 소유로서 몰수되어야 할 것처럼 보인다. 역사적 권리에 의거해서 유럽의 옛 지도가 다시 만들어져야 한다면, 우리는 브란덴부르크 선제후가 옛날에는 폴란드 공화국의 가신으로서 프로이센령을 점하고 있었다는 사실을 결코 잊을 수가 없다.

하지만 교활한 애국자들은, 프랑스의 침략에 대비한 '물질적 담보'로 알사스와 독일어 사용 로렌 지역을 요구한다. 이 추악한 구실이 다수의 우둔한 인물들을 혼란에 빠뜨렸기 때문에, 우리는 이 문제를 더 깊이 파고들어야 할 것 같다.

라인 강 맞은편의 지형과 견주어 본 알사스의 일반적 지형, 그리고 바젤과 게르메르스하임의 중간 쯤에 위치한 스뜨라스부르 같은 요새의 존재가 프랑스의 남부 독일 침공에 매우 유리한 조건을 제공하는 반면에, 남부 독일의 프랑스 침공에는 특별한 곤란을 노정시킨다는 사실에는 의심의 여지가 없다. 더욱이, 알사스와 독일어 사용 로렌 지역을 병합하는 것이 남부 독일에 훨씬 더 튼튼한 국경선을 제공해 줄 것이라는 데에도 의심의 여지가 없다 ; 그렇게 되면 남부 독일은 보주 산맥의 산등성이 모두와 거기서 북쪽으로 통하는 협로들에 세워진 요새들의 주인이 될 것이다. 더욱이 메츠까지 병합될 경우, 프랑스가 당장 두 개의 주요한 대對독일 작전 기지를 빼앗기게 된다는 것은 확실하다. 그렇다고 해서 낭시나 베르덩에 새로운 작전 기지를 건설하는 것을 막을 수 있는 것은 아니다. 독일은 코블렌쯔, 마인쯔, 게르메르스하임, 라슈타트, 울름 등의 훌륭한 대對프랑스 작전 기지들을 보유하고 있으며, 이 기지들은 이번 전쟁에서 충분히 활용되었다 ; 독일은 도대체 어떤 권리를 갖고 있기에, 이 지역에서 프랑스가 보유하고 있는 단 두 개의 중요한 요새인 메츠와 스뜨라스부르에 군침을 흘릴 수 있는 것인가?

게다가 스뜨라스부르는, 남부 독일이 북부 독일로부터 분리된 세력인

한에서만 남부 독일에 대해서 위협이 된다. 1792년부터 1795년에 이르기까지 남부 독일은 결코 이 방면으로부터 공격을 받지 않았다. 왜냐하면 프로이센은 프랑스 혁명에 맞선 전쟁에 가담하고 있었기 때문이다 ; 그러나 1795년에 프로이센이 단독 강화[111]를 맺고 남부 독일을 내버려두었을 때, 스뜨라스부르를 기지로 하는 남부 독일 공격이 시작되었고 이는 1809년까지 지속되었다. 사실 통일된 독일이라면 얼마든지, 그 어떤 프랑스 군이 주둔하든 간에 알사스 주둔 프랑스 군과 스뜨라스부르를 무력화시킬 수 있다. 요컨대 이는, 이번 전쟁에서처럼 모든 병력을 자를루이스와 란다우 사이에 집중시켜 두고 마인쯔에서 메츠를 잇는 도로를 따라 진격하거나 거기에서 응전한다면 언제든지 가능한 일이다. 독일군의 주력이 거기에 배치되어 있는 한, 스뜨라스부르에서 남부 독일로 진입하는 그 어떤 군대도 포위당하게 되며 그 연락선을 위협받게 된다. 이번의 출정이 무언가 증명한 것이 있다면, 그것은 프랑스에 대한 독일의 공격이 용이하다는 것이다.

그러나 정말이지, 군사적 고려를 국경선 결정의 원리로 삼는 것은 정녕 불합리하며 정녕 시대 착오적인 처사가 아니겠는가? 만약 우리가 이러한 규칙을 따르고자 한다면, 오스트리아는 아직도 베네치아와 민초 강 줄기를 요구할 권리를 가지고 있다 할 것이며, 프랑스는 확실히 베를린이 남서 방면으로부터의 공격에 노출되어 있는 것 이상으로 북동 방면으로부터의 공격에 노출되어 있는 빠리를 방어하기 위해 라인 강 줄기를 요구할 권리를 가지고 있다 할 것이다. 만약 국경선이 군사적 이해에 의해 확정되어야 한다면, 요구는 끝이 없을 것이다. 왜냐하면 모든 군사 경계선은 필연적으로 결함을 가지고 있기 마련이고, 따라서 군사 경계선 바깥의 지역을 더 병합해 나감으로써만 개선될 수 있기 때문이다 ; 더욱이 군사 경계선은 결코 최종적으로 확정될 수도 없고 공정하게 확정될 수도 없다. 왜냐하면 군사 경계선은 언제나 승자가 패자에게 강요하는 것이고 따라서 이미 새로운 전쟁의 씨앗을 품고 있는 것이기 때문이다.

모든 역사의 교훈은 다음과 같다 : 국민들의 경우도 개인들의 경우와 같다. 그들로부터 공격의 가능성을 빼앗기 위해서는 모든 방어 수단을 빼앗아야 한다. 목을 조를 뿐 아니라 죽여 버려야 한다. 정복자가 한 국민의 힘을 분쇄하기 위해 '물질적 담보'를 가져간 경우가 있다고 한다면 나뽈레옹 1세가 바로 그 경우에 해당하는바, 그가 체결했던 띨지뜨 조약[112]이 바로 그러하고, 그가 그 조약을 프로이센 및 독일의 그 밖의 지역에 대해서 실시할 때 썼던 방법들이 또한 그러하다. 그럼에도 불구하고 몇 년 뒤 그의 막강한 권력은 독일 인민에 부딪혀서 썩은 갈대처럼 바스러져 버렸다. 나뽈레   5
옹 1세가 프로이센 자신에 강요했던 물질적 담보와 비교해 볼 때, 프로이센이 제멋대로의 몽상 속에서 프랑스에 강요할 수 있거나 혹은 강요해도 좋은 '물질적 담보'는 무엇인가? 이번의 종말도 그것에 못지않게 비참할 것이다. 역사가 보복의 기준으로 삼게 될 것은 프랑스로부터 빼앗은 영토의 평방 마일 수치가 아니라, 19세기 후반에 정복 정책을 부활시킨 죄의 무게일 것이   10
다.

독일주의적 애국심의 대변자들은 이렇게 말한다 : 그러나 독일인을 프랑스 인과 혼동하면 안 된다고. 우리가 원하는 것은 영광이 아니라 안정이라고. 독일인은 본질적으로 평화적인 민족이라고. 독일인의 사려 깊은 후견 속에서는 정복조차도 미래의 전쟁의 원인으로부터 영원한 평화의 담보로   15
바뀐다고. 18세기의 혁명을 총칼로써 쓰러뜨린다는 숭고한 목적을 갖고서 1792년에 프랑스를 침입한 것은 물론 독일이 아니었다! 이딸리아를 예속시키고 헝가리를 억압하고 폴란드를 분할함으로써 자신의 손을 더럽힌 것은 독일이 아니었던가? 독일의 현재의 군사 제도는 성년 남자 인구 전체를 두 부분 —— 복무 중의 상비군과 휴가 중의 상비군 —— 으로 나누어 놓은 채,   20
신의 은총을 입은 통치자들에 대해 묵묵히 복종할 의무를 이 양 부분 모두에 지워 놓고 있다. 이러한 군사 제도는 물론 세계 평화의 '물질적 담보'일 뿐더러 문명의 지고의 목표이다! 다른 곳과 마찬가지로 독일에서도 현존 권력의 아첨꾼들이 감언 이설과 거짓투성이의 자화자찬으로 여론을 오염시키고 있는 것이다.   25

이들은 메츠와 스뜨라스부르의 프랑스 요새들을 보고서 격분하는 것처럼 보이지만 —— 이 독일의 애국자들 ——, 이들은 모스끄바 인들이 바르샤바, 모들린, 이반고로드에 요새를 축성하는 데 대해서는 아무런 부당함도 느끼지 않는다. 그들은 보나빠르뜨의 침략에 대한 공포에는 몸서리를 치면서도, 짜르의 위임 통치라는 치욕에 대해서는 눈을 감아 버린다.

　　1865년에 루이 보나빠르뜨와 비스마르크 사이에 약속이 오고 간 것과 꼭 마찬가지로 1870년에는 고르차꼬프와 비스마르크 사이에 약속이 오고 갔다. 루이 나뽈레옹이 1866년의 전쟁이 오스트리아와 프로이센을 기진맥진하게 만듦으로써 자신을 독일에 대한 최고 재판관으로 만들어 줄 것이라고 생각하며 기분 좋아했던 것과 꼭 마찬가지로, 알렉산드르는 1870년의 전쟁이 독일과 프랑스를 기진맥진하게 만듦으로써 자신을 서유럽에 대한 최고 재판관으로 올려 세울 것이라고 생각하며 기분 좋아했다. 제2제정이 자신과 북독일 연방은 양립할 수 없다고 생각했던 것과 꼭 마찬가지로, 전제 러시아는 프로이센 주도하의 독일 제국이 자신에게 위협이 된다고 믿고 있음에 틀림없다. 이것이 낡은 정치 체제의 법칙이다. 이 법칙의 영역 안에서는, 한 쪽의 득은 다른 쪽의 실이다. 유럽에 대한 짜르의 압도적 영향력은 독일에 대해 그가 갖고 있는 전통적 위엄에 뿌리박고 있다. 그런데 러시아 자체 내에서 화산과 같은 사회 세력들이 독재의 기초를 뿌리에서부터 뒤흔들려 하는 시점에서, 짜르가 외국에 대한 자신의 지위가 약화되는 것을 감수한다는 것이 있을 법이나 한 일인가? 이미 모스끄바의 신문들은 1866년 전쟁 후의 보나빠르뜨 파 신문들의 어조를 그대로 반복하고 있다. 독일 국수주의자들은 정말로, 프랑스를 러시아의 품안에 밀어 넣는다면 독일의 자유와 평화가 보장되리라고 믿는 것인가? 만약 독일이 군사적 행운, 성공에 따른 도취, 왕조적 음모 등에 유혹되어 프랑스 영토를 약탈하는 결과에 이른다면, 독일에 열려 있는 길은 두 가지밖에 없게 된다. 독일은 어떤 결과가 초래되든지 간에 모든 것을 무릅쓰고 러시아 영토 확장의 공공연한 노예로 되거나, 아니면 잠시 쉬고 나서 새로운 '방어' 전쟁, 그것도 최근에 벌어진 것 같은 '지역적' 전쟁이 아니라 슬라브 종족과 라틴 종족의 동맹에 맞선 종족 전쟁을 준비하거나 해야 한다.

　　독일의 노동자 계급은 이 전쟁을 방지할 힘이 없었기 때문에, 이 전쟁을 독일의 독립을 위한, 제2제정이라는 악령의 짓누름으로부터 독일과 유럽을 해방시키기 위한 전쟁으로 여겨 정력적으로 지지하였다. 반쯤 굶주린 가족을 뒤에 남겨 둔 채, 농촌 노동자들과 함께 영웅적 군대에 근육을 제공한 것은 바로 독일의 공업 노동자들이었다. 국외 전투에서 대거 목숨을 잃은 그들은 국내의 빈곤에 의해 또 한번 대거 목숨을 잃고 있다. 그들은 이

제 그들 편에서 '담보'를 요구하고 있다. 요컨대 그들은, 자신들의 막대한
희생을 헛되이 하지 않는다는 담보, 자신들이 자유를 쟁취했다는 담보, 보
나빠르뜨의 군대에 대한 승리[97]가 1815년의 경우처럼[106] 독일 인민의 패배
로 변하지 않는다는 담보를 요구하고 있다. 그리고 그들은 첫번째 담보로서
"프랑스를 위한 명예로운 강화"와 "프랑스 공화국의 승인"을 요구하고 있다.   5
    독일 사회 민주주의 노동자당 중앙 위원회는 9월 5일에 선언을 발표하
여, 이러한 담보를 정력적으로 주장하였다.

    중앙 위원회는 이렇게 말했다. "우리는 알사스-로렌의 병합에 항의한
다. 그리고 우리는, 우리의 이 발언이 독일 노동자 계급의 이름으로 행해지
는 것임을 자각하고 있다. 독일의 노동자들은 프랑스와 독일의 공통의 이익   10
을 위해, 평화와 자유를 위해, 동방의 야만에 맞서 있는 서구 문명을 위해
알사스-로렌 병합을 묵과하지 않을 것이다……우리는 프롤레타리아트의 공
통된 국제적 사업을 위해 만국의 우리 노동자 동지들을 충실히 옹호할 것이
다!"

    불행하게도 우리는 그들이 즉각 성공을 거둘 것이라고 기대할 수 없   15
다. 프랑스 노동자들은 평시에도 침략자를 정지시킬 수 없었다. 그런데 독
일 노동자들이 전시의 소란 속에서 승리자를 더 잘 정지시킬 전망을 가지고
있겠는가? 독일 노동자들의 선언은 루이 보나빠르뜨를 보통의 범죄자와 마
찬가지로 간주하여 프랑스 공화국에 인도할 것을 요구하고 있다. 독일 노동
자들의 지배자들은 루이 보나빠르뜨를 프랑스를 파멸시킬 최적의 인물로   20
간주하여 뛸르리 궁에 복귀시키는 데 온 힘을 다하고 있다. 어쨌든 간에,
독일 노동자 계급은 독일 중간 계급처럼 호락호락한 존재가 아니라는 것을
역사는 증명할 것이다. 그들은 자신들의 의무를 다할 것이다.
    그들과 마찬가지로 우리는 프랑스에서의 공화국의 성립을 환영한다.
그러나 동시에, 근거 없는 것으로 판명되었으면 하는 몇 가지 근심들이 우   25
리를 괴롭히고 있다. 이 공화국은 왕권을 전복한 것이 아니라 단지 그 빈
자리를 차지했을 뿐이다. 이 공화국은 사회적 획득물로서 선포된 것이 아니
라 국민적 방어 조치로서 선포된 것이다. 공화국은, 부분적으로는 악명 높

은 오를레앙 파[113]로 부분적으로는 부르주아 공화파로 구성된 정부의 수중
에 있다 ; 그리고 이 정부의 구성원들 가운데는 1848년 6월 폭동[30]이 그 이
마에 지울 수 없는 낙인을 찍어 놓은 인물들이 몇 명 있다. 이 정부의 구성
원들 사이의 분업은 잘 이루어질 것 같지 않다. 오를레앙 파가 강력한 진
5   지 —— 군대와 경찰 —— 를 차지하고 있는 반면, 자칭 공화파에게는 수다
스러운 부서들이 할당되어 있다. 이들이 취한 최초의 몇 가지 행동들은, 그
들이 제정으로부터 폐허뿐만 아니라 노동자 계급에 대한 공포까지도 상속
받았다는 것을 명확히 보여 주고 있다. 오늘날 그들이 무절제한 표현을 써
가면서 불가능한 일들을 공화국의 이름으로 약속하고 있다면, 이것은 '가능
10   한' 정부를 요구하는 외침을 이끌어 내기 위함이 아니겠는가? 이 공화국은
혹시, 기꺼이 공화국의 장의사가 될 부르주아들의 눈으로 볼 때 단지 오를
레앙 왕조의 복고로 가는 길을 이어 주는 다리로서 봉사해야 하는 존재일
뿐인 것은 아닐까?

      그러므로 프랑스 노동자 계급은 극히 어려운 상황에 처해 있는 것이
15   다. 적이 이미 빠리 성문을 두드리려고 하는 시점에서 새로운 정부를 전복
하려고 시도한다면, 그것은 자포자기에 빠진 어리석은 짓일 것이다. 프랑스
노동자들은 시민으로서의 자신들의 의무를 다해야 한다. 그러나 그들은, 프
랑스 농민들이 제1제정의 국민적 추억에 기만당한 것처럼 1792년의 국민적
추억에 사로잡히면 안 된다. 그들이 해야 할 일은 과거를 반복하는 것이 아
20   니라 미래를 건설하는 것이다. 프랑스 노동자 계급은 공화주의적 자유가 자
신들에게 가져다 준 수단을 냉정하고도 단호히 이용하여, 자기 계급을 확실
히 조직해야 할 것이다. 그렇게 한다면 그들은 프랑스의 재탄생을 위한, 그
리고 다음과 같은 우리의 공동의 과제를 위한 새로운 힘, 헤라클레스와 같
은 힘을 얻게 될 것이다 ——프롤레타리아트의 해방. 그들의 힘과 지혜에
25   공화국의 운명이 달려 있다.

      영국의 노동자들은 이미, 프랑스 공화국을 인정하기를 꺼려하는 그들
정부의 태도를 외부로부터의 효과적인 압력에 의해 분쇄하기 위한 발걸음
을 내디뎠다. [114] 영국 정부가 현재 망설이고 있는 것은 아마도 1792년의
반자꼬뱅 전쟁에 따른, 이전에 쿠데타를 점잖치 못하게 서둘러 인정한 데

따른 손해를 메우기 위해서일 것이다.[115] 더욱이 영국의 노동자들은 그들 정부에 대해, 프랑스의 분할에 온 힘을 다해 반대할 것을 요구하고 있다. 영국의 일부 신문들은 파렴치하게도 바로 이 프랑스의 분할을 떠들어대고 있다. 그런데 이 신문들로 말하면, 지난 이십 년 동안 루이 보나빠르뜨를 유럽의 신으로 받들었던, 그리고 아메리카 노예 소유자들의 반란에 열광적 인 박수 갈채를 보냈던 바로 그 신문들이다. 이 신문들은 당시와 마찬가지 로 지금도 노예 소유자를 옹호하고 있다.

만국의 국제 노동자 협회 지부들은 노동자들이 활동적 운동으로 뛰어들 도록 호소해야 할 것이다. 만약 이 지부들이 자신들의 의무를 망각하고 수 동적 대응에 머문다면, 현재의 공포스러운 전쟁은 한층 더 공포스러운 국제 적 전쟁의 징후일 뿐이게 될 것이며, 노동자들이 또다시 칼과 토지와 자본 의 주인들에게 패배하는 결과를 낳게 될 것이다.

공화국 만세 Vive la république!

총평의회

로버트 애플가스, 마틴 J. 분, 프레드 브래드닉, 케힐, 존 핼즈, 윌리엄 핼즈, 조지 해리스, 프레드 레스너, 로빠찐, B. 류크래프트, 조지 밀너, 토마스 모터즈 헤드, 찰즈 머리, 조지 오저, 제임즈 파넬, 팬더, 륄, 조제프 셰퍼드, 코웰 스테프니, 스톨, 슈무츠

통신 서기들

으젠느 뒤뽕, 프랑스 담당
칼 맑스, 독일 및 러시아 담당
조바니 보라, 이딸리아 담당
제비 모리츠, 헝가리 담당
안또니 자비쯔끼, 폴란드 담당

A. 세라이에,
벨기에, 네덜란드, 스페인 담당
제임즈 코엔, 덴마크 담당
헤르만 융, 스위스 담당
J. G. 에카리우스,
아메리카 합중국 담당

윌리엄 타운젠드, 의장
존 웨스턴, 회계
J. 게오르크 에카리우스, 총서기

사무소 : 런던, 중앙 서구, 하이 홀버른, 256번지.
1870년 9월 9일.

1870년 9월 6일에서
9일 사이에 쓰어짐.
출전 : 『프랑스 내전』,
「국제 노동자 협회 총평의회의 담화문」,
독일어 제3판, 베를린, 1891년.

맑스 · 엥겔스 저작집,
제17권, 271-279면.

최인호 번역

칼 맑스/프리드리히 엥겔스

서한들과 서한들로부터의 발췌들

1

맑스가
맨체스터의 엥겔스에게

1862년 8월 2일, 런던[London]

[…] 내가 지금과 같은 상태에서 아직도 이론적 연구를 계속할 수 있다는 것은 정말로 기적이네. 이제 곧바로 나는 지대론을 이 책의 삽입장으로, 즉 이전에 내세운 명제의 '예증'으로 집어 넣을 작정이네.[116] 그것을 상세히 논하자면 길고 복잡한 이야기가 되겠지만 몇 마디로 적어 보낼 테니, 자네의 의견을 알려 주기 바라네.

자네도 알다시피, 나는 자본을 2 부분으로 구별하네. 그 가치가 생산물의 가치 속에서 단지 재현될 뿐인 불변 자본(원료, 보조 재료 matières instrumentales, 기계 등등)과 두번째는 가변 자본, 즉 노동자가 그 대가로 돌려주는 것보다 더 적은 대상화된 노동을 포함하며 임금으로 지출되는 자본. 예를 들어, 하루의 임금 = 10 시간이고 노동자가 12 시간 노동한다면, 그는 가변 자본 + 그것의 $\frac{1}{5}$ (2 시간)을 보상하는 셈이네. 뒤의 이 초과분을 나는 잉여 가치(surplus value)라고 부른다네.

잉여 가치율(따라서, 노동일의 길이, 그리고 노동자가 임금의 재생산을 위해 행하는 works 필요 노동을 초과하는 잉여 노동이라는 초과분)이 주어져 있다고 가정해 보자. 예를 들면 = 50 퍼센트. 이 경우에, 예를 들어 12 시간이 1 노동일일 때, 노동자는 8 시간은 자신을 위해, 4 시간($\frac{8}{2}$)은 고용주 employer 를 위해 노동하는 것으로 된다. 뿐만 아니라 모든 업계들 trades 에서 이러하다고, 그러므로 평균 노동 시간 average working time

에서의 약간의 차이들은 단지 노동의 난이도 차이 등등에 대한 보상일 뿐이라고 가정하자.

이러한 상황하에서는, 서로 다른 산업 부문들에서 노동자에 대한 착취가 균등하게 이루어진다 하더라도, 또 서로 다른 생산 부문들에 있는 서로 다른 자본들이 같은 크기라 하더라도, 그 자본들은 매우 다른 액수의 잉여가치 amounts of surplus value 를, 따라서 매우 다른 이윤율을 낳을 것이다. 왜냐하면, 이윤은 선대된 총자본에 대한 잉여 가치의 비율일 뿐이기 때문이다 since profit is nothing but the proportion of the surplus value to the total capital advanced. 이것은 자본의 유기적 구성에 의해 좌우될 것이다 ; 즉, 불변 자본과 가변 자본으로의 자본의 분할에 의해.

위에서와 마찬가지로 잉여 노동 = 50 퍼센트라고 가정하자. 그러므로 예를 들어 1 파운드 스털링 = 1 노동일(몇 주일의 노동일 등등이라고 생각해도 상관없다), 1 노동일 = 12 시간, 필요 노동(임금을 재생산하는 노동) = 8 시간이라면, 노동자 30명(혹은 30 노동일)의 임금 = 20 파운드 스털링, 그들의 노동의 가치 = 30 파운드 스털링, 노동자 한 명당 가변 자본(매일 혹은 매주) = $2/3$ 파운드 스털링, 한 노동자가 창출하는 가치 = 1 파운드 스털링으로 될 것이다. 100 파운드 스털링이라는 하나의 자본이 서로 다른 업계들에서 in different trades 생산하는 잉여 가치량은, 100이라는 자본이 불변 자본과 가변 자본으로 분할되는 비율에 따라 매우 달라질 것이다. 불변 자본을 C로, 가변 자본을 V로 놓자. 예를 들어 면 cotton 공업에서 C 80, V 20의 구성이라면, 생산물의 가치 = 110(잉여 가치 또는 잉여 노동 surplus labour 이 50 퍼센트일 경우)이 될 것이다. 잉여 가치량 = 10이고 이윤율 = 10 퍼센트이다. 왜냐하면, 이윤 = 10(잉여 가치) : 100(지출된 자본의 of the capital expended 총가치)의 비율이기 때문이다. 대규모 재봉업에서 구성이 다음과 같다고 가정하면 : C 50, V 50, 그러면 생산물 = 125, 잉여 가치(위에서와 마찬가지로 50 퍼센트일 경우) = 25, 이윤율 = 25 퍼센트로 될 것이다. 또 다른 산업에서 비율이 C 70, V 30이라고 가정한다면, 생산물 = 115, 이윤율 = 15 퍼센트로 될 것이다. 마지막으로 구성 = C 90, V 10의 산업을 가정한다면, 생산물 = 105, 이윤율

= 5 퍼센트로 될 것이다.

　여기에서 우리는, 노동에 대한 착취가 균등할 경우에, 서로 다른 업계들에 있는in different trades 같은 크기의 자본들에 대해서 매우 다른 액수의 잉여 가치를, 그리고 따라서 매우 다른 이윤율different amounts of surplus value, and hence very different rates of profit 을 얻게 된다.　　5

　그런데 위의 4 자본들의 합계를 내면, 다음과 같이 된다 :

			생산물의 가치		
1.	C 80	V 20	110	이윤율 = 10 퍼센트	모든 경우의
2.	C 50	V 50	125	이윤율 = 25 퍼센트	잉여 가치율
3.	C 70	V 30	115	이윤율 = 15 퍼센트	= 50 퍼센트
4.	C 90	V 10	105	이윤율 = 5 퍼센트	

자본 400　　　　　　　　　　이윤 = 55

　이것은 100에 대해서, $13\frac{3}{4}$ 퍼센트의 이윤율로 된다.

　이 계급의 총자본(400)을 보자면, 이윤율 = $13\frac{3}{4}$ 퍼센트로 될 것이다. 그리고 자본가들은 형제들이다. 경쟁(한 업계에서 다른 업계로의 자본의 이전 혹은 자본의 철수transfer of capital or withdrawal of capital from one trade to the other)은 서로 다른 업계들에 있는in different trades 같은 크기의 자본들이 그 자본들의 서로 다른 유기적 구성에도 불구하고 동일한 평균 이윤율을 낳게 해 준다despite their different organic compostions yield the same average rate of profit. 다른 말로 하자면 : 특정한 업계에서in a certain trade 예를 들어 100 파운드 스털링이라는 하나의 자본이 만들어 내는 평균average 이윤은, 특수하게 사용된 자본으로서 만들어 내는 것이 아니라, 즉 그 자본이 잉여 가치를 생산하는 데 비례해서 만들어 내는 것이 아니라 자본가 계급 총자본의 나누어질 수 있는 aliquoter 부분으로서 만들어 내는 것이다. 그것은, 이 계급의 총가변 자본(임금으로 지출된 자본)이 생산하는 잉여 가치(혹은 불불 노동)의 총액으로부터 그 크기에 비례하여 배당금을 지불받는 주식share이다.

이제 위의 예증에서 1, 2, 3, 4가 동일한 평균 이윤을 만들어 내기 위해서는, 각 항목의 자본 모두가 그 상품들을 113 $\frac{1}{3}$ 파운드 스털링에 판매해야 한다. 1과 4는 상품들을 그 가치 이상으로, 2와 3은 그 가치 이하로 판매 한다.

이렇게 조절된 가격 = 자본의 지출the expences of capital + 평균 이윤the average profit(예를 들면 10 퍼센트)은 스미스가 자연 가격natural price, 비용 가격costprice 등등이라고 부르는 것이다. 서로 다른 업계들 사이의 경쟁(자본의 이전transfer of capital 혹은 자본의 철수withdrawal of capital를 통한)은 서로 다른 업계들에서의 가격을 바로 이 평균 가격 average price으로 환원시킨다. 그러므로 경쟁은 상품을 그 가치로 환원시키는 것이 아니라 비용 가격으로 환원시키는바, 이 비용 가격은 자본들의 유기적 구성에 따라 상품 가치보다 혹은 높고 혹은 낮으며 혹은 = 이다.

리카도는 가치와 비용 가격을 혼동하고 있다. 그러므로 그는, 만약 절대 지대(즉, 토지의 비옥도 차이와 무관한 지대)가 존재한다면 농업 생산물 agricultural produce 등등은 비용 가격(선대 자본the advanced capital + 평균 이윤the average profit) 이상으로 판매되기 때문에 항상 가치 이상으로 판매될 것이라고 믿고 있다. 이것은 근본 법칙을 파기하는 것으로 될 것이다. 그러므로 그는 절대 지대를 부정하고 오직 차액 지대만을 인정한다.

그러나 상품의 가치values of commodities와 상품의 비용 가격 costprices of commodities을 동일시하는 그의 생각은 완전히 잘못된 것으로서, A. 스미스로부터 전통적으로 받아들여진 생각이다.

사실은 이렇다 :

모든 비농업 자본not agricultural capital의 평균 구성average composition이 C 80, V 20이라고 가정한다면, 생산물(잉여 가치율이 50 퍼센트일 경우) = 110, 이윤율 = 10 퍼센트로 될 것이다.

나아가, 농업 자본의 평균 구성 = C 60, V 40(이 수치는 통계적으로 영국에서 상당히 타당한 것이다 ; 축산업에서의 지대 등등은, 그것 자체에 의해서가 아니라 곡물 지대cornrent에 의해 규정되므로 이 문제와는 상관이 없다)이라고 가정하자. 그렇다면 위에서와 마찬가지로 노동 착취가 균등

할 경우, 생산물 = 120, 이윤율 = 20 퍼센트로 될 것이다. 그러므로 농부
가 농업 생산물을 그 가치대로 판매한다면, 그는 그것을 120으로 판매하는
것이지 그 비용 가격인 110으로 판매하는 것은 아니다. 그러나 토지 소유는,
농부 = 형제 자본가brother capitalists 들을 위해 생산물의 가치를 비용 가
격에 순응시키는 것을 방해한다. 자본들의 경쟁은 이러한 순응을 강제할 수   5
없다. 토지 소유자가 그 사이에 끼어들어서, 가치와 비용 가격 사이의 차액을
낚아 올린다. 가변 자본에 대한 불변 자본의 비율이 낮다는 것은 일반적으
로, 특수한 노동 부문에서의 노동 생산력의 발전 정도가 낮다(혹은 상대적
으로 낮다)는 사실의 표현이다. 그러므로 예를 들어 농업 자본의 평균 구성
이 C 60, V 40이고, 비농업 자본의 평균 구성이 C 80, V 20이라고 한다면,   10
그것은 농업이 아직 공업과 같은 발전 단계에 이르지 못했음을 증명하는 것
이다. (이것은 너무나 명백한 사실이다. 다른 모든 것을 차치하더라도, 공
업의 전제는 역학이라는 비교적 오래된 과학이고 농업의 전제는 화학, 지질
학, 생리학이라는 완전히 새로운 과학이기 때문이다.) 농업에서의 비율 =
C 80, V 20(위의 전제에서)으로 된다면, 절대 지대는 사라진다. 남는 것은   15
차액 지대뿐이다. 그러나 이 차액 지대에 대해서도 나는, 끊임없는 농업의
악화Deterioration of agriculture 라는 리카도의 Ric[ardo]s 가정이 지극히
우스꽝스럽고 자의적인 것most ridiculous and arbitrary 으로 보이게끔 설
명할 것이다.

　　위와 같이 비용 가격을 가치value 와 구별하여 규정함에 있어 한 가지   20
더 지적되어야 할 것은, 자본의 직접적 생산 과정에서 유래하는 불변 자본과
가변 자본의 구별 외에, 자본의 유통 과정에서 유래하는 고정 자본과 유동 자
본의 구별이 추가된다는 것이다. 그러나 내가 위에서 이것을 끼워 넣으려
했다면, 정식은 상당히 복잡해졌을 것이다.

　　이상이 자네에게 보내는 리카도 R[icardo]schen 이론에 대한 비판 ——   25
거친roughly 비판, 문제가 상당히 복잡하기 때문에 —— 이네. 자네도 인정
할 것이네만, 자본의 유기적 구성organic composition of capital 을 고려함
으로써 지금까지의 많은 외관상 모순들과 문제들이 사라지네. […]

수고에 의거함.

맑스 · 엥겔스 저작집,
제30권, 263-267면.

최인호 번역

2

맑스가
베를린의 요한 밥티스트 폰 슈바이처에게

1865년 2월 13일, 런던[London, 13, Februar 1865]

……오늘 도착한 제21호에 실린 M. 헤쓰H[eß]의 통신 기사에 의해 우리의 성명[117]은 부분적으로 이미 낡은 것이 되어 버렸으니, 그 일은 그것으로 끝난 걸로 해 두어도 좋을 것입니다. 물론 우리의 성명은 그것 말고도 또 다른 점, 즉 빠리 프롤레타리아트의 반보나빠르뜨적 태도에 대한 칭송과 이 본보기를 뒤따르려 하는 독일 노동자들에 대한 경고를 담고 있습니다. 이것은 우리에게 있어 헤쓰H[eß]에 대한 공격보다 더 중요합니다. 어쨌든   10
우리는 다른 곳에서, 프로이센 정부에 대한 노동자들의 관계에 관한 우리의 견해를 상세히 밝힐 것입니다. [118]

2월 4일자 당신의 편지에는 이렇게 되어 있습니다. 추방당하지 않으려면 도를 넘는 행동을 취하지 말라고 바로 제가 리프크네히트에게 충고했다고 말입니다. 그것은 완전히 옳은 말입니다. 그러나 동시에 저는 그에게,   15
올바른 형식에 부합한다면 그 어떤 것을 말해도 좋을 것이라고 썼습니다. 베를린의 상황하에서는 '실행 가능한' 수준에 그친다 할지라도, 정부에 맞선 논전은 정부에 대한 아양이나 정부와의 겉보기의 타협과는 확실히 큰 차이가 있습니다! 저는 바로 당신에게 보내는 편지에서, 『사회-민주주의자 Soc[ial]-Demok[rat]』 자신이 이러한 겉치레를 피해야만 한다고 쓴 적이 있   20
습니다.

당신의 신문을 보건대, 내각이 단결 금지법의 폐지에 관해 시간을 질질 끌면서 애매 모호한 입장을 표명하고 있다고 되어 있더군요. 이와는 반대로 『타임즈』의 전보[119]는, 내각이 국가에서 협동 조합에 대한 원조를 해줄 것이라면서 보호자적인 언사를 내비쳤다고 보도하고 있습니다. 『타임즈』가 예외적으로 정확한 전보를 보낸 것이라 하더라도, 그것은 저로서는
5   하등 놀랄 만한 일이 못 됩니다!

단결과 그것으로부터 성장해 나오는 노동 조합은 부르주아지와 투쟁하기 위한 노동자 계급의 조직적 수단으로서 엄청난 중요성——이 중요성은, 합중국 노동자들조차 선거권과 공화제가 있음에도 불구하고 그것 없이는 지닐 수 없다는 데서 특히 잘 드러납니다——을 갖고 있습니다. 뿐만
10   아니라 프로이센과 독일 전반에서 단결권은 경찰 지배와 관료 제도를 돌파하는 것이며, 고용법과 농촌에서의 귀족 경제를 분쇄하는 것입니다. 요컨대 단결권은 '신민'이 성인成人으로 되기 위한 방책입니다. 진보당[39]이라도, 즉 프로이센의 그 어떤 자유주의적 반정부당이라도 미치지만 않는다면, 프로이센 정부나 하물며 비스마르크 같은 자의 정부보다 몇 백 배 더 일찍 이
15   방책을 허용할 수 있을 것입니다! 다른 한편, 이와는 반대로 협동 조합에 대한 왕국 프로이센 정부의 원조는——프로이센의 정세를 알고 있는 사람이라면 누구나가 그 필연적인 왜소한 규모를 미리부터 알고 있습니다——경제적 방책으로서는 제로인 동시에, 그 원조에 의해 후견 제도는 확대되며 노동자 계급의 일부가 매수되어 운동이 거세당하게 됩니다. 프로이센의 부
20   르주아 당은, '새로운 시대'의 도래와 함께 섭정궁의 은총이 정부를 자신들의 품안에 떨구어 줄 것이라고 진지하게 믿는 바람에 웃음거리가 되고 말았으며, 그리하여 오늘날과 같은 비참한 상태를 초래하고 말았습니다. 이와 마찬가지로 노동자 당도, 만약 비스마르크 시대나 그 밖의 어떤 프로이센 시대를 통해 국왕의 은총이 자신들의 입에 금 사과를 떨구어 주게 될 것이
25   라고 상상한다면 그들보다 훨씬 심한 웃음거리가 되고 말 것입니다.[36] 어느 프로이센 정부의 사회주의적 간섭이라는 라쌀레의 불길한 환상에 대한 환멸이 나타나리라는 것은 의심의 여지가 없습니다. 사물의 논리가 말해 줄 것입니다. 그러나 노동자 계급의 명예는, 그러한 망상의 공허함이 경험에 의해 증명되기 전에 그것을 거부할 것을 요구하고 있습니다. 노동자 계급은 혁명적입니다. 그러나 혁명적이지 않으면 아무것도 아닙니다.

출전 : 1865년 2월 18일에
맑스가 엥겔스에게 보낸 서한.

맑스 · 엥겔스 저작집,
제31권, 445/446면.

최인호 번역

3

맑스가
맨체스터의 엥겔스에게

1867년 8월 24일, 런던 [London]

[…] 나의 책[120]에서 가장 훌륭한 것은 다음과 같네. 1. (사실들에 대한 모든 이해는 이것에 근거하네.) 제1장에서 곧바로 강조된, 사용 가치로 표현되는가 교환 가치로 표현되는가에 따르는 노동의 이중성 ; 2. 잉여 가치를 이윤, 이자, 지대 등등의 그 특수 형태들로부터 독립시켜서 취급한 것. 이것은 특히 제2권에서 드러날 것이네. 이 특수 형태들을 항상 일반 형태들과 혼동하는 고전 경제학에 있어서 특수 형태들의 취급은 하나의 잡탕Olla Potrida 이네.

자네의 바람Desiderata, 질책, 의문queries 등등을 교정지에 써넣어 주기 바라네. 나는 조만간 제2판을 낼 생각이기 때문에, 이것은 내게 아주 중요하다네. 제4장chapter 과 관련해서 말하자면, 사태 자체를 발견하는 데, 즉 사태의 연관을 발견하는 데 애를 먹었네. 이 연관을 발견하는 일이 이루어진 후 마지막 퇴고를 하고 있는 동안에, 청서[121]가 차례차례 끼어들었네. 그리고 나는 나의 이론적 결론들이 사실들에 의해 완전히 확증되는 것을 보고 매우 황홀해졌다네. 끝으로 이 책은 종기, 그리고 매일같이 방문하는 채권자에 시달리면서 써어졌네!

지금 쓰고 있는 제2부(유통 과정)의 결말 부분에서, 나는 몇 년 전과 마찬가지로 한 가지 점에 대해 다시 한 번 자네의 조언을 구하지 않을 수 없네!

　　고정 자본은 예를 들면 10년 후에야 비로소 현물로 보상될 필요가 생기네. 그 동안에 고정 자본의 가치는 그것을 사용하여 생산된 상품의 판매와 더불어 부분적이고 단계적으로partiell und gradatim 환류하네. 고정 자본의 이 누진적 환류분progressive return은, 고정 자본이 그 소재적 형태 측면에서, 예를 들면 기계로서 죽었을 때 비로소 보상(수리repairs 및　　5 그와 유사한 것은 별도로 하고)을 위해 필요해지네. 그러나 그 동안에 자본가는 이 연속적 환류분들successive returns을 손안에 넣어 두지.

　　나는 몇 년 전에 자네에게 이렇게 썼네. 환류된 화폐로 고정 자본 Capital fixe을 보상하기 전까지의 그 동안에 자본가가 그 화폐를 사용하기 때문에 하나의 축적 기금이 형성되는 것으로 보인다고. 자네는 어떤 편지에　　10 서, 다소 피상적이지만somewhat superficially 이에 반대하는 자네의 의견을 밝힌 바 있네. 그 후 나는 맥컬로크MacC[ulloch]가 이 상각 기금sinking fund을 축적 기금으로 표현하는 것을 보았네. 맥컬로크는 결코 올바른 생각을 할 수 없다는 확신에서 나는 이 문제를 제쳐놓았네. 게다가 그의 변호론적 의도는 이미 맬더스주의자들에 의해서 논박되어 있네. 그러나 그들 맬더　　15 스주의자들 또한 이 사실을 인정하고 있네.

　　그런데 자네는 공장주이니 만큼, 고정 자본이 현물로 보상될 필요가 생기기 전에 고정 자본의 이 환류분들로 바로 자네들이 무엇을 하는지 틀림없이 알고 있을 걸세. 그런즉 자네는 이 점에 관해 (이론은 말고 순전히 실무적으로) 대답해 주어야 하네. […]

수고에 의거함.

　　　　　　　　　　　　　　　　　　맑스 · 엥겔스 저작집,

　　　　　　　　　　　　　　　　　　제31권, 326/327면.

　　　　　　　　　　　　　　　　　　최인호 번역

4

맑스가
맨체스터의 엥겔스에게

1868년 1월 8일, 런던[London]

친애하는 프레드,

뒤링에 대해서 Ad vocem Dühring.[122] 그가 '본원적 축적'에 관한 절[123]을 거의 적극적으로 받아들이고 있다는 것은 기특한 일이네. 그는 아직 젊네. 케어리의 지지자로서, 자유 무역론자들 freetraders 과 정반대의 입장에서 있네. 게다가 사강사私講師이기 때문에, 그들 모두의 길을 막고 있는로셔 교수가 발길질에 채이는 데 대해 슬퍼하지 않는다네.[124] 그의 서술 가운데 하나가 강하게 나의 시선을 끄네. 즉, 리카도에게 있어서조차 그러한 것처럼 노동 시간에 의한 가치 규정이 '불명확한' 한에 있어, 그것은 사람들을 뒤흔들 shaky 수 없다는 것이네. 그러나 노동일 및 노동일의 변화들과 정확히 결합되자마자, 그들에게는 참으로 불유쾌한 새로운 촛불이 켜진다네. 나는, 뒤링이 이 책의 서평을 쓴 것은 아마도 로셔에 대한 그의 악의 때문일 것이라고 믿고 있네. 자신 역시 로셔처럼 취급될지도 모른다는 그의 우려는 물론 금방 감지할 수 있네. 이 친구가 이 책의 근본적으로 새로운 세 요소들을 감지하지 못했다는 것은 기이한 일이네. 그 요소들은 다음과 같네. 1. 이전의 모든 경제학이 지대, 이윤, 이자 등의 고정적 형태를 취하고 있는 잉여 가치의 특수한 단편들을 주어진 것으로서 다루는 것과는 반대로, 애초부터 나는 무엇보다도 이러한 모든 단편들이 아직 분해되지 않은 채로, 말하자면 용액 상태로 있는 잉여 가치의 일반 형태를 다루고 있다

는 것 ;

2. 상품이 사용 가치와 교환 가치의 이중체二重體 라면, 상품으로 표현된 노동 역시 이중성을 가질 수밖에 없다는 간단한 사실을 경제학자들은 예외 없이 간과하고 있는데, 스미스나 리카도 등등에게 있어서처럼 아무런 수식어가 없는sans phrase 노동이라는 것에 대한 단순한 분석은 언제나 불   5
명확함에 부딪힐 수밖에 없다는 것. 이것이야말로 사실상 비판적 견해의 비밀 전체라네 ;

3. 처음으로 임금이, 그 배후에 숨어 있는 관계의 비합리적 현상 형태로서 서술되고, 이러한 사실이 임금의 다음과 같은 두 형태와 정확히 연관지어져서 서술된다는 것 : 시간 임금과 성과급 임금. (고등 수학에서 종종   10
그러한 공식들이 발견된다는 사실은 내게 큰 도움을 주었네.)

뒤링 씨가 가치 규정에 대해 겸손하게 제기한 이견에 대해서 말하자면, 그는 가치 규정이 부르주아 사회 내에서 '직접적으로는' 전혀 들어맞지 않는다는 것을 제2권에서 보고 깜짝 놀랄 것이네. 사실상 그 어떠한 사회 형태도, 사회의 처분 가능한 노동 시간이 이러저러한 방식으로one way or   15
another 생산을 규제하는 것을 방해할 수 없네. 그러나 이러한 규제가 사회의 노동 시간에 대한 사회의 직접적이고 의식적인 통제 —— 이것은 오직 공동 소유의 경우에만 가능한 일이네만 —— 에 의해 이루어지지 않고 상품 가격의 운동에 의해 이루어지는 한, 자네가 이미 『독불 연보』에서 아주 적절하게 말한[125] 그대로 될 것이네. […]

수고에 의거함.

맑스 · 엥겔스 저작집,
제32권, 11/12면.

최인호 번역

5

맑스가
맨체스터의 엥겔스에게

1868년 4월 30일, 런던

친애하는 프레드,

문제가 된 경우case에 있어서, m(잉여 가치)이 생산 부문 자체 내에서 만들어진 잉여 가치보다 양적으로 $>$인가 아니면 $<$인가는 아무래도 좋네.

예를 들어 $\dfrac{100m}{400c + 100v} = 20\%$였던 것이 화폐 가치의 $^1/_{10}$ 하락의 결과 $= \dfrac{110m}{400c + 110v}$ 로 된다 하더라도(불변 자본의 가치가 하락한다는 전제하에),

이 경우에 자본주의적 생산자가 자신이 생산한 잉여 가치의 절반만을 챙기는가 아닌가 하는 것은 아무래도 좋네. 왜냐하면, 그에게 있어서의 이윤율은 그 경우 $= \dfrac{55m}{400c + 110v}$ 이 되어서 이전의 $\dfrac{50m}{400c + 100v}$ 보다 $>$일 것이기 때문이네. 여기에서도 m을 그대로 쓰는 것은, 이윤이 어디에서 오는가를 표현 자체에서 질적으로 보여 주기 위해서이네.

그럼에도 불구하고, 자네가 이윤율의 전개 방법을 알고 있다는 것은 참으로 잘된 일이네. 그러므로 나는 자네에게 아주 일반적인 필치로 과정을 서술하겠네. 자네도 알다시피, 제2부에서 자본의 유통 과정은 제1부에서 전개된 전제들하에서 서술되네. 요컨대 고정 자본, 유동 자본, 자본의 회전 등등과 같은, 유통 과정에서 유래하는 새로운 형태 규정들. 마지막으로, 제1부에서는 가치 증식 과정에서 100 파운드 스털링이 110으로 되면 이 110

은 자신이 새로이 전환될 요소들을 시장에서 발견한다고 가정하는 것으로 만족하네. 그러나 이제는 이 발견의 조건들을, 요컨대 다양한 자본들, 자본 부분들, 수입(= m)의 사회적 뒤얽힘을 연구하네.

그 다음 우리는 제3부에서 잉여 가치의 그 다양한 형태들 및 상호 분리된 구성 부분들로의 전화로 넘어가네.

I. 이윤은 무엇보다도 잉여 가치에 대한 또 다른 이름 혹은 또 다른 범주일 뿐이다. 임금이라는 형태 때문에 노동 전체가 지불된 것으로 현상하는 탓에, 불불 노동 부분은 필연적으로 노동으로부터가 아니라 자본으로부터, 가변 자본 부분으로부터가 아니라 총자본으로부터 유래하는 것으로 현상한다. 그럼으로써 잉여 가치는 이윤이라는 형태를 취하지만, 앞의 것과 뒤의 것 사이에는 아무런 양적 차이도 없다. 이윤은 잉여 가치의 환상적 현상 형태일 뿐이다.

더욱이 상품 생산에 소비된 자본 부분(상품 생산을 위해 선대된 불변 및 가변 자본에서, 고정 자본 가운데 사용되었으되 소비되지 않은 부분을 뺀 것)은 이제 상품의 비용 가격으로 현상한다. 왜냐하면 자본가에게 있어 상품 가치 가운데 자신이 비용을 들인 부분은 상품의 비용 가격이지만, 이와는 반대로 상품 속에 포함되어 있는 불불 노동은 그의 입장에서 보면 상품의 비용 가격에 들어가지 않기 때문이다. 잉여 가치 = 이윤은 이제 상품의 비용 가격에 대한 상품의 판매 가격의 초과분으로 현상한다. 따라서 우리가 상품의 가치를 W라 하고 그것의 비용 가격을 K라 하면, $W = K + m$, 따라서 $W - m = K$, 따라서 $W > K$가 된다. 비용 가격이라는 새로운 범주는 이후의 상세한 전개에 있어서 매우 필요한 것이다. 애초부터 분명해진 사실은, 자본가는 상품을 그 가치 이하로(단, 그 비용 가격 이상으로) 판매해도 이득을 얻을 수 있다는 것이다. 이것은 경쟁에 의해 이루어지는 균등화를 이해하기 위한 근본 법칙이다.

그러므로 이윤이 잉여 가치와 무엇보다도 형식적으로만 구별되는 데 반해, 이윤율은 잉여 가치율과 즉각 실질적으로 구별된다. 왜냐하면 하나의 경우에는 $\dfrac{m}{v}$ 이고 다른 하나의 경우에는 $\dfrac{m}{c + v}$ 으로 되어, $\dfrac{m}{v} > \dfrac{m}{c + v}$

이므로, 이로부터 c = 0이 아닌 한 이윤율 〈 잉여 가치율[die] Rate des Mehrwerts 이라는 것이 처음부터 도출되기 때문이다.

그럼에도 불구하고 제2부에서 전개된 것을 고려하면, 우리는 임의의 상품 생산물, 예를 들면 매주의 상품 생산물과 관련하여 이윤율을 계산하면 안 된다는 것, 여기에서 $\frac{m}{c+v}$ 은 일년 동안 선대된(회전된 것과는 다른) 자본에 대한 일년 동안 생산된 잉여 가치의 비율을 의미한다는 것으로 된다. 그러므로 여기에서 $\frac{m}{c+v}$ 은 연간 이윤율이다.

그 다음으로 우리가 가장 먼저 연구하는 것은, 잉여 가치율이 그대로 머물러 있을 때 자본의 서로 다른 회전(이것은 부분적으로는 고정 자본 구성 부분들에 대한 유동 자본 구성 부분들의 비율에 의존하고, 부분적으로는 유동 자본의 연간 회전수 등등 등등에 의존한다)이 이윤율을 어떻게 변화시키는가 하는 것이다.

그러나 회전을 전제하고 $\frac{m}{c+v}$ 을 주어진 연간 이윤율로 한 다음에 우리가 연구하는 것은, 어떻게 해서 이 이윤율이 잉여 가치율의 변화와 상관없이, 게다가 잉여 가치량과도 상관없이 변화될[sich] ändern 수 있는가 하는 것이다.

잉여 가치량 m = 잉여 가치율 곱하기 가변 자본이므로, 우리가 잉여 가치율을 r, 이윤율을 p'로 할 경우, $p' = \frac{r \cdot v}{c+v}$ 이다[ist]. 여기에서 우리는 네개의 양, p', r, v, c를 가지는바, 그 가운데 어떤 것이라도 3 개의 양만 이리저리 다루면 미지량으로서의 제4의 양을 언제든지 구할 수 있다. 이로부터, 잉여 가치율의 운동과 다른 한에 있어서의, 그리고 어느 정도는to a certain extent 잉여 가치량과도 다른 한에 있어서의 이윤율의 운동들에서 생길 수 있는 모든 가능한 경우들이 도출된다. 물론 이것은 지금까지의 그 어떤 설명에 기대어 보아도 불가해한 것이었다.

이렇게 발견된 법칙들은, 예를 들어 원료 가격이 이윤율에 미치는 영향을 이해하는 데 있어 대단히 중요하며, 또한 잉여 가치가 나중에 생산자

들 등등 사이에 어떻게 분배되더라도 여전히 타당하다. 그러한 것은 현상 형
태만을 변화시킬 수 있을 뿐이다. 게다가 이 법칙들은, $\dfrac{m}{c+v}$ 이 사회적 자
본에 대한 사회적으로 생산된 잉여 가치의 비율로 취급되는 경우에도 직접
적으로 적용 가능하다.

Ⅱ. 특정 생산 부문의 자본의 운동이건 사회적 자본의 운동이건 간에   5
Ⅰ에서 운동들 —— 자본의 구성 등등을 변화시키는 운동들 —— 로 취급된
것이 이번에는 서로 다른 생산 부문들에 투하된 자본량의 차이들로 파악된다.

그럴 경우에 잉여 가치율, 즉 노동 착취도가 균등하다고 전제하더라도
가치 생산은, 따라서 잉여 가치 생산은, 따라서 이윤율은 서로 다른 생산
부문들에서 서로 다르다는 사실이 밝혀진다. 그러나 경쟁은 이러한 서로 다   10
른 이윤율들로부터 하나의 중간적 혹은 일반적 이윤율을 형성한다. 이 일반
이윤율은, 그 절대적 표현으로 환원되면 사회적 범위에서의 선대 자본에 대
한 자본가 계급에 의해 생산된 잉여 가치(연간)의 비율 이외에 다른 어떤 것
일 수 없다. 예를 들어 사회적 자본 = 400c + 100v이고 이 사회적 자본에
의해 연간 생산되는 잉여 가치 = 100m이라면, 사회적 자본의 구성 = 80c   15
+ 20v이고 생산물의 구성(백분율로) = 80c + 20v ‖ + 20m = 20%의
이윤율이다. 이것이 일반 이윤율이다.

거주하는 생산 분야들이 서로 다르고 구성이 서로 다른 자본량들 사이
의 경쟁이 추구하는 것은 자본가적 공산주의이다. 즉, 각 생산 분야에 속하는
자본량이 각각 사회적 총자본의 부분을 이루는 비율에 따라 총잉여 가치의   20
나누어질 수 있는 부분을 재빨리 거머쥐는 것이다.

그런데 이것은, 각 생산 분야에서 (앞서 말한 대로, 총자본 = 80c +
20v이고 사회적 이윤율 = $\dfrac{20m}{80c + 20v}$ 이라는 전제하에) 연간 상품 생산물
이 비용 가격 + 선대된 자본 가치에 대한 20% 이윤(선대된 고정 자본 가운데
얼마 만큼이 연간 비용 가격에 들어가는가는 아무래도 좋다)으로 판매됨으   25
로써만 달성된다. 그러나 이를 위해서는 상품의 가격 규정이 상품의 가치로
부터 어긋나야 한다. 자본의 백분율 구성이 80c + 20v인 생산 부문에서만,

K(비용 가격) + 선대된 자본에 대한 20%라는 가격은 가치와 일치한다. 구성이 더 높은 부문(예를 들면, 90c + 10v)에서는 이 가격이 상품 가치 이상이고, 구성이 더 낮은(예를 들면, 70c + 30v) 부문에서는 상품 가치 이하이다.

사회적 잉여 가치를 자본량들 사이에 그 크기에 따라 균등하게 분배하는 이러한 균등화된 가격이 상품의 **생산 가격**이며, 시장 가격 변동의 중심점이다.

자연적 독점이 존재하는 생산 부문들은, 그 이윤율이 사회적 이윤율보다 높다 할지라도 이 균등화 과정으로부터 배제된다eximiert. 이것은 후에 지대의 전개를 위해 중요하다.

이 장[126]에서는 더 나아가, 서로 다른 자본 투하들 사이의 서로 다른 균등화 근거들이 전개된다. 이 근거들은 속류 경제학자들에게는 그만큼 많은 수의 이윤 성립 근거들로 현상한다.

더욱이 : 앞에서 전개되었으며 계속해서 유효한 법칙들, 즉 가치와 잉여 가치에 관한 법칙들이 지금 가치가 생산 가격으로 전화한 후에 취하는 변화된 현상 형태.

Ⅲ. 사회의 진보에 따른 이윤율의 저하 경향. 이것은 이미, 사회적 생산력의 발전에 따른 자본 구성의 변화에 관해 제1부에서 전개된 것으로부터 분명해진다. 이것이야말로 지금까지의 모든 경제학의 궁색한 미봉책pons asini에 대한 가장 위대한 승리들 가운데 하나이다.

Ⅳ. 지금까지는 오직 생산 자본에 관해서만 다루었다. 이제 상인 자본에 의한 변경이 시작된다.

지금까지의 전제에 의거할 때, 사회의 **생산 자본** = 500(단위는 백만이건 10억이건 상관없다 n'importe)이다. 그리고 : 400c + 100v ‖ + 100m. 일반 이윤율 p' = 20%. 이제 상인 자본 = 100으로 가정하자.

그러면 100m은 500이 아니라 600에 대해서 계산되어야 한다. 따라서 일반 이윤율은 20%에서 16$\frac{2}{3}$%로 내려간다. 생산 가격(편의상 여기에서 우리는, 고정 자본 전체가 포함된 400c 전체가 연간 생산되는 상품량의 비용 가격에 들어간다고 가정하려 한다)은 이제 = 583$\frac{1}{3}$이다. 상인은 600으로 판매한다. 따라서 우리가 상인 자본의 고정 구성 부분을 무시한다면, 상인

은 그의 100에 대해서 생산 자본가와 마찬가지로 16 $\frac{2}{3}$ %를 실현한다. 혹
은 다른 말로 하면, 사회적 잉여 가치의 $\frac{1}{6}$을 자기 것으로 한다. 상품
은 —— 전체적으로, 그리고 사회적 규모에서 —— 그 가치대로 판매된다.
그의 100 파운드 스털링은 (고정 구성 부분을 무시한다면) 그에게 유동 화
폐 자본으로서만 봉사한다. 상인이 더 삼키는 것이 있다면, 그것은 단순한   5
사기이든가, 상품 가격의 변동을 노린 투기이든가, 초라한 비생산적 노동의
대가이긴 하지만 본래의 소매 상인의 경우에서 볼 수 있는 이윤 형태의 임
금 등이다.

　　Ⅴ. 이제 우리는 이윤을, 그것이 실제로 주어진 것으로 현상하는 형태
로, 즉 우리의 전제에 따르면 16 $\frac{2}{3}$ %로 귀착시켰다. 이제 이 이윤의 기업 이   10
득 및 이자로의 분열. 이자를 낳는 자본. 신용 제도.

　　Ⅵ. 잉여 이윤의 지대로의 전화.

　　Ⅶ. 마침내 우리는 현상 형태들에 도달했지만, 속류 경제학자들에게
있어서 이 형태들은 출발점으로 봉사했다 : 토지에서 생겨나는 지대, 자본에
서 생겨나는 이윤(이자), 노동에서 생겨나는 임금. 그러나 이제 우리의 관   15
점에서 보면 사태는 다른 양상을 띤다. 외관상의 운동은 해명된다. 더욱이
지금까지의 모든 경제학의 초석이 되어 있던 A. 스미스의 헛소리, 즉 상품
의 가격은 저 세 수입들, 요컨대 가변 자본(임금)과 잉여 가치(지대, 이윤,
이자)로만 구성된다는 헛소리가 타파된다. 이 현상적 형태에 있어서의 총운
동. 끝으로, 저 셋(임금, 지대, 이윤(이자))은 토지 소유자, 자본가 및 임금   20
노동자라는 세 계급의 소득원이므로 —— 똥 덩어리 전체의 운동과 분해가
귀착되는 결론으로서의 계급 투쟁. [...]

수고에 의거함.
　　　　　　　　　　　　　　　　　　　　　　맑스 · 엥겔스 저작집,
　　　　　　　　　　　　　　　　　　　　　　제32권, 70-75면.

　　　　　　　　　　　　　　　　　　　　　　최인호 번역

6

맑스가
하노버의 루드비히 쿠겔만에게

1868년 7월 11일, 런던

　[···] 『중앙』에 관해 말씀드리자면, 그 사람[서평 기고인]이 할 수 있는 최대의 양보는, 무릇 가치라는 것을 상정하는 사람이라면 나의 결론을 인정할 수 밖에 없다는 사실을 인정하는 것입니다. 불행하게도 이 사람은, 나의 책[120]에 '가치'에 관한 장이 전혀 없다 하더라도 내가 제시한 실재적 관계에 대한 분석이 현실적 가치 관계들의 증거와 증명을 포함하리라는 것을 깨

10　닫지 못하고 있습니다. 가치 개념을 증명할 필요성에 관한 수다는, 문제가되는 사태에 대한, 과학의 방법에 대한 완전한 무지에 근거할 뿐입니다. 일 년은 고사하고 몇 주 동안만이라도 노동을 중단한다면 그 어떤 국민이라도 쓰러져 죽을 것이라는 사실은 삼척 동자도 알고 있습니다. 여러 가지 욕구량에 조응하는 생산물의 양은 사회적 총노동의 여러 가지 일정량을 요구하

15　는바, 이 또한 삼척 동자라도 알고 있는 사실입니다. 일정 비율로 사회적 노동이 분배될 필요성은 사회적 생산의 특정 형태에 의해 없어지는 것이 아니라 다만 그 현상 방식만을 변화시킬 수 있을 뿐이라는 것은 자명합니다 self-evident. 자연 법칙들은 없앨 수 없는 것입니다. 역사적 상태들이 서로 다름에 따라 변화될 수 있는 것은 다만, 저 법칙들이 관철되는 형태일 뿐입

20　니다. 그리고, 사회적 노동의 연관이 개인적 노동 생산물들의 사적 교환으로 나타나는 사회 상태에서 노동의 이러한 비례적 분배가 관철되는 형태는 다름아니라 이 생산물들의 교환 가치입니다.

과학의 요체는 가치 법칙이 어떻게 관철되는가를 전개하는 데 있습니다. 그러므로 처음부터 사람들이 외견상 법칙에 모순되는 것처럼 보이는 모든 현상들을 '설명'하고자 한다면, 과학에 앞서서 과학을 제시해야 할 것입니다. 리카도는 가치에 관한 자신의 제1장[127]에서, 처음부터 전개되어야 할 모든 가능한 범주들을 주어진 것으로서 전제한 다음 그 범주들이 가치 법칙에 타당하다는 것을 증명하려 했던바, 바로 여기에 그의 오류가 있습니다.

물론 다른 한편, 당신이 올바로 상정하신 바대로 이론의 역사는, 명확하건 불명확하건 간에 환상들로 장식된 것이건 과학적으로 규정된 것이건 간에 가치 관계에 대한 파악은 언제나 동일한 것이었다는 사실을 증명하고 있습니다. 사유 과정 자체가 관계들로부터 자라나므로, 요컨대 그 자체가 하나의 자연 과정이므로, 현실적으로 파악하는 사유는 언제나 동일할 수밖에 없으며, 차이가 있다고 해 보았자 그것은 발전의 성숙 정도, 그러므로 사유하는 기관의 성숙 정도에 따른 차이일 뿐입니다. 그 밖의 모든 것은 헛소리입니다.

속류 경제학자는 현실적인 매일의 교환 관계들과 가치 크기들이 직접적으로 동일할 수 없다는 사실을 전혀 감지하지 못하고 있습니다. 부르주아 사회라는 위트의 요체는 다름아니라, 생산에 대한 선험적으로 의식된 사회적 규제가 전혀 없다는 데 있습니다. 이성적인 것과 자연 필연적인 것은 오직 맹목적으로 작용하는 평균으로서만 관철됩니다. 그리하여 속류 경제학자는 내적 연관의 폭로에 맞서서, 현상에서 사태는 달리 보인다고 주장하면서 자신이 위대한 발견을 한 것으로 믿고 있습니다. 사실상 그는, 자신이 가상에 얽매여 있으며 가상을 종국의 것으로 간주한다며 자부하고 있는 셈입니다. 그렇다면 과학은 대관절 무엇을 위해 있는 것이겠습니까?

그러나 여기에서 사태는 또 다른 배경을 가지고 있습니다. 연관에 대한 통찰과 더불어, 실천적 붕괴 이전에 현존 상태의 영원한 필연성에 대한 모든 이론적 믿음이 붕괴됩니다. 그러므로 여기에서는 사상 없는 혼란을 영구화하는 것이야말로 지배 계급의 절대적 이익이 됩니다. 그리고 정치 경제학에서는 결코 사유해서는 안 된다는 이야기 외에는 그 어떤 과학적 주장도 할 줄 모르는 비방을 일삼는 수다쟁이들은 무엇 때문에 대가를 받겠습니까!

이 정도면 충분하고 또 충분합니다 satis superque. 어쨌든 노동자들과 공장주들 및 상인들조차 내 책을 이해하고 잘 알고 있는 데 반하여 이 '율법 학자들(!)'은 내가 자신들의 지성에 무리한 것을 요구한다고 불평하고 있는바, 이러한 사실은 이들 부르주아지의 성직자들이 얼마나 부패하였는가를 잘 보여 주고 있습니다. […]

수고에 의거함.

맑스·엥겔스 저작집,
제32권, 552-554면.

최인호 번역

7

맑스가
하노버의 루드비히 쿠겔만에게

1869년 11월 29일, 런던

[…] 나는 점점 더 확신에 도달하고 있습니다 —— 그리고 이제 필요한 것은 잉글랜드 노동자 계급의 머리 속에 이 확신을 불어넣는 것뿐입니다 —— 그들이 이곳 잉글랜드에서 무언가 결정적인 일을 할 수 있기 위해서는 먼저 아일랜드에 관한 정책에 있어 지배 계급과 확연히 구별되어야 하며, 아일랜드 인과 공동의 사업을 추진해야 할 뿐만 아니라 1801년에 이루어진 합병[128]을 해체하는 데, 그리고 자유로운 연방적 관계로 그것을 대체하는 데 주도적으로 관여해야 한다는 것입니다. 게다가 이것은 아일랜드에 대한 동정의 일환으로서가 아니라 잉글랜드 프롤레타리아트의 이해에 기초한 요구로서 추진되어야 합니다. 그렇게 하지 않는다면, 잉글랜드 인민은 지배 계급의 의도에 계속해서 끌려 다니게 될 것입니다. 왜냐하면 그들은 지배 계급과 공동으로 아일랜드에 대항할 수밖에 없기 때문입니다. 잉글랜드 자체 내의 모든 인민 운동은, 잉글랜드 자체 내에서 노동자 계급의 상당 부분을 점하고 있는 아일랜드 인들과의 알력으로 인해 계속 마비되어 있게 될 것입니다. 여기에서의 해방의 제1조건 —— 잉글랜드의 토지 과두 정치의 전복 —— 은 계속 불가능한 상태로 있게 될 것입니다. 왜냐하면 이곳의 진지들은, 아일랜드에 있는 강력한 전초 진지들이 유지되는 한 공략될 수 없기 때문입니다. 그러나 사태가 아일랜드 인민의 수중에 놓여지자마자, 그들이 그들 자신의 입법자와 통치자로 되자마자, 요컨대 그들이 자치권을 획득

하자마자, 그곳에서 토지 귀족(그 대부분은 잉글랜드의 지주들과 동일 인물들입니다)을 절멸시키는 것은 이곳에서의 그것보다 훨씬 용이한 일이 될 것입니다. 왜냐하면, 아일랜드에서는 그것이 단순한 경제 문제일 뿐만 아니라 동시에 민족 문제이고, 그곳의 지주들은 잉글랜드에서와 달리 전통적 고관들이나 대표적 인물들이 아니라 죽일 듯한 증오를 받는 민족 억압자들이기 때문입니다. 그리고 잉글랜드의 내적 사회 발전뿐만 아니라 그 대외 정책, 특히 러시아 및 아메리카 합중국과 관련한 정책 또한 아일랜드와의 관계 때문에 마비 상태에 빠져 있습니다.

그러나 잉글랜드 노동자 계급이야말로 틀림없이 사회적 해방 일반이라는 저울에서 결정적인 비중을 차지하기 때문에, 바로 이들로부터 일이 일어나야 합니다. 사실, 크롬웰 치하의 잉글랜드 공화국은 암초에 부딪혀 좌초하였습니다 —— 아일랜드. [129] 이러한 일이 두 번 다시 일어나지 않기를 Non bis in idem! 아일랜드 인들은 '유죄 판결을 받은 범죄자convict felon'인 오도노반 로사를 하원 의원에 당선시킴으로써 잉글랜드 정부를 멋지게 골탕먹였습니다. 정부 신문들은 벌써부터, 인신 보호법[130]을 다시 폐지하겠다고, 공포 정치를 다시 부활시키겠다고 위협하고 있습니다! 사실, 잉글랜드는 다음과 같은 방법 이외의 방법으로 아일랜드를 통치한 적은 없었으며, 또 오늘날의 관계가 지속되는 한 잉글랜드는 다음과 같은 방법 이외의 방법으로 통치할 수 없습니다 —— 더없이 잔인한 공포 지배와 더없이 사악한 매수. [⋯]

수고에 의거함.

맑스 · 엥겔스 저작집,
제32권, 638/639면.

최인호 번역

후 주

[1] 「발기문」은 국제 노동자 협회(제1인터내셔널)의 강령적 창립 선언서이다. 집필 시에 맑스는 각각의 나라들에서의 프롤레타리아트의 서로 다른 투쟁 조건들, 그리고 노동 운동의 다양한 발전 단계와 서로 다른 이론적 수준 등을 고려하였다.

국제 프롤레타리아트의 최초의 혁명적 대중 조직인 국제 노동자 협회가 지니고 있던 과제는 노동자 운동이 부르주아 이데올로기의 모든 영향들로부터 쉽게 벗어나도록 하는 것, 이론적 및 실천적 공동 행동과 민족내 조직 통일과 국제 프롤레타리아트의 조류들의 통일을 과학적 사회주의라는 기초 위에서 촉진하는 것, 독자적인 프롤레타리아 당의 형성을 앞당기는 것 등이었다. 맑스는, 그리고 1870년부터는 엥겔스도 인터내셔널의 상설 지도 조직인 총평의회(1866년까지는 중앙 평의회)의 평의원이었다. 1872년의 헤이그 대회는 총평의회를 뉴욕으로 이전할 것을 결의하였다. 1876년의 필라델피아 회의에서는 그것의 해체를 공식적으로 선언하였다.

영어로 작성된 발기문은 1864년 11월 5일자 『벌집 신문』 제160호에 처음으로 게재되었고, 또한 같은 달에 「임시 규약」과 함께 「국제 노동자 협회의 발기문과 임시 규약. 1864년 9월 28일 런던 롱 에이커의 세인트 마틴 홀에서 개최된 공개 집회에서 창립」이라는 소책자로 출판되었다. 『사회-민주주의자』를 위한 독일어 번역은 맑스에 의해 이루어진 것이다. 3

[2] 1864년 4월 7일 하원에서의 글래드스턴의 연설에서. 3 5

[3] 1860년대 초에 영국에서는, 특히 런던에서는 교살 강도들(Garroters)에 의한 노상 강도 사건이 증가하여, 심지어 의회까지 그것에 몰두해야 할 정도였다. 3

[4] 청서(Blue Books)란, 17세기 이래 영국에서 의회 문서들과 외교 문서들로 간행된 출판물을 말한다. 이것은 이 나라의 경제사와 외교사에 관한 가장 중요한 공식 자료이다. 4

[5] 아메리카 내전(1861-1865)에서 북부 주들은 농장 노예 제도를 경영하고 있는 남부 주들에 대해 승리를 거두었다. 노예 소유 제도는 자본주의의 발전과 아메리카 합중국 존립의 장애물로 알려져 있었다. 4 18 76 150

[6] 아메리카 내전(후주 5를 보라) 당시 북부 주들의 함대는 남부 주들이 유럽으로 면화를 조달하는 것을 봉쇄하였는데, 이로 인해 영국 면화 산업의 대부분이 마비되었고 영국 노동자의 처지는 악화되었다. 4 19 79

[7] 1863년 4월 16일 하원에서의 글래드스턴의 연설에서. 6

[8] 차티즘은 혁명적이기는 하나 사회주의적이지는 않았던 영국 노동자들의 운동으로서, 1836년에서 1848년까지의 기간에 그 정점에 도달하여 거의 40,000명의 회원들을 보유하고 있었다. 차티스트들은 인민 헌장(People's Charter)의 실현을 위해 투쟁하였던바, 그 헌장의 요구들은 영국의 국가 질서의 민주주의화를 향한 것이었다. 50년대 후반의 경제 호황과 점차 강력해지고 있는 노동 조합 운동과 더불어 차티즘은 점차적으로 지반을 잃게 되었다. 9 119

[9] 아동들과 여성 노동자들에게만 적용되는 10 시간 법(10 시간 노동일에 관한 법률)이 1847년 6월 8일에 영국 의회에 의해 통과되었다. (후주 74도 보라.) 9 52 73 147

[10] 1863년 6월 23일 하원에서의 파머스턴의 연설에서. 12

[11] 아메리카 내전(후주 5를 보라) 당시 영국의 노동자들은 1861년 말과 1862년 초에, 노예를 소유하고 있던 남부의 주들 편에 서서 영국 정부가 전쟁에 개입하는 것을 단호한 행동으로 저지하였다. 12

[12] 국제 노동자 협회(후주 1을 보라)의 강령의 가장 중요한 원칙들이 그 서두에 요약되어 있는 「임시 규약」은 맑스에 의해 「발기문」과 동시에 영어로 작성되어, 1864년 11월 1일에 임시 위원회에서 만장 일치로 통과되었으며 1866년에 제네바 대회에서 승인되었다. 런던 협의회의 결정에 따라 1871년에 맑스와 엥겔스는 규약의 새로운 공인된 판을 준비하였는데, 거기에는 대회의 모든 결정들과 런던 협의회의 결정들이 고려되어 있는 동

시에 타당성을 잃은 규정들은 제거되었다. 새로 작성된 「국제 노동자 협회의 일반 규약과 운영 규정」은 1871년 11월에 영어로 된 소책자로 발간되었으며, 맑스와 엥겔스가 교정한 독일어 번역은 1872년 2월 10일자 『인민 국가』 제12호에 게재되기도 하였고 소책자로 발간되기도 하였다.

　　「임시 규약」에 대해 「일반 규약」에서 행해진 모든 중요한 변경들은 후주에 소개되어 있다. 14

[13]　인터내셔널의 강령적 문서의 작성을 위해 구성된 위원회의 다른 위원들의 요청에 따라 맑스가 수용한 이 문장은 「일반 규약」에는 삭제되어 있다. 15

[14]　국제 노동자 협회(후주 1을 보라)의 제1차 대회는, 원래 계획된 것처럼 1865년 브뤼셀에서가 아니라 1866년 9월 3일부터 8일까지 제네바에서 개최되었다. 맑스는 대회 대신에 우선 런던에서 사전 협의회를 소집하자고 중앙 평의회 평의원들을 납득시키는 데 성공하였다. 그렇게 한 것은 그가 볼 때 인터내셔널의 각 지역 지회들이 아직 충분히 안정되지 않아 대회 소집은 너무 일렀기 때문이었다. 런던 협의회는 1865년 9월 25일부터 29일까지 열렸다.

　　제네바에서의 국제 노동자 협회 제1차 대회는 또한 노동 조합의 역할에 대해서도 상세히 다루었다 (본 서 138-139면을 보라). 15 65 131

[15]　「일반 규약」에는 제3항에서 제5항까지가 다음과 같은 내용으로 되어 있다 :

　　"제3조. 일반 노동자 대회는 해마다 소집되며, 협회의 지부의 대의원들로 구성된다. 대회는 노동자 계급의 공통된 열망을 공표하며, 국제 협회의 성공적 운영을 위해 요구되는 필요한 조처들을 강구하고, 협회의 총평의회을 임명한다.

　　제4조. 대회마다 다음 대회의 개최 일시와 개최지를 지정한다. 대의원들은 특별한 소환이 없어도 지정된 일시와 장소에 집합한다. 총평의회는 필요한 경우에 개최지를 변경할 수는 있지만, 그 시점을 연기할 수는 없다. 대회는 해마다 총평의회의 소재지를 지정하고 그 평의원들을 임명한다. 그렇게 임명된 총평의회는 새로운 평의원들을 추가할 권한을 갖는다. 연례 회의에서 대회는 총평의회의 연례 업무에 대해 공식 보고를 받는다. 총평의회는 긴급한 경우에 정규 연례 회기 이전에 대회를 소집할 수 있다.

　　제5조. 총평의회는 국제 협회에서 자국을 대표하는 각국의 노동자들

로 구성된다. 총평의회는 회계, 총서기, 각국 담당 통신 서기들 등등과 같이 업무 처리에 필요한 직책들을 소속 평의원들 가운데에서 선출한다." 16

[16] 「일반 규약」에는 다음과 같은 내용이 이어지고 있다 : "협회 지부들과의 교류를 용이하게 하기 위해 총평의회는 정기적인 회보를 발간한다". 16

[17] 제8항은 「일반 규약」에는 다음과 같은 문구로 되어 있다 :

"제8조. 모든 지회는 총평의회와 통신하는 각자의 독자적인 서기를 임명할 권한을 갖는다.

제9조. 국제 노동자 협회의 원리들을 승인하고 지지하는 모든 사람들은 회원이 될 자격이 있다. 협회의 모든 지부는 자신이 받아들인 회원들의 성실성에 책임을 진다." 16

[18] 「일반 규약」에는 제9항과 10항이 제10조와 11조로 되어 있다. 그 뒤에는 다음과 같은 내용이 이어진다 :

"제12조. 현재의 규약은 출석 대의원의 3분의 2가 찬성을 표하면 대회마다 개정될 수 있다.

제13조. 본 규약에 규정되지 않은 모든 것들은, 대회마다 수정될 수 있는 특별한 규칙으로 보충된다." 17

[19] 1864년 11월 22일에 국제 노동자 협회 중앙 평의회는 평의원 딕과 호웰의 제안으로, 에이브러햄 링컨의 대통령 재선을 축하하자는 결의안을 통과시켰다.

맑스에 의해 작성된 링컨에게 보내는 편지의 원본은 런던 주재 아메리카 대사 애덤즈를 통해 송달되었다. 1865년 1월 28일에 링컨의 이름으로 중앙 평의회에 답장이 왔다. 이 답장은 1월 31일의 회의에서 낭독되었고 1865년 2월 6일자 『타임즈』에 게재되었다. 18

[20] 1776년 7월 4일에 필라델피아에서 열린 북아메리카의 13개 영국 식민지들의 대회에서 채택된 독립 선언에서는 부르주아-민주주의적인 주요 원칙들이 선언되었다. 이 원칙들의 선언은 유럽, 특히 프랑스의 부르주아 혁명 운동에 커다란 영향을 미쳤다. 19

[21] 맑스는 영국의 정치가 존 브라이트가 1862년 12월 18일에 버밍검에서 행한 연설로부터 인용하고 있다. 19

[22] 남부 연합파란, 아메리카 내전(후주 5를 보라) 당시 남부의 노예 소유자주들의 연합을 지지한 사람들을 말한다. 19 45

[23] 프루동의 죽음에 즈음해서 쓰여진 이 글에서 맑스는 프루동주의의 철학

적, 경제학적, 정치적 견해들에 대한 자신의 비판의 결론을 이끌어 내었고, 동시에 간접적 형태로 라쌀레주의의 본질적 특징들과 대결하기도 하였다. 21

[24] 베르지에의『언어의 기본 요소들』(브장송, 1837년)에 수록된 프루동의 논문「일반 문법 시론」을 가리킨다. 21

[25] 본『저작 선집』제1권의 283면을 보라. 25

[26] 이 괄호 속의 문구는 맑스가 이 글에서 삽입한 것이다. 25

[27] 본『저작 선집』제1권의 288면을 보라. 26

[28] 2월 혁명(1848년 2월 22일에서 25일까지)에서 빠리의 노동자들과 수공업자들과 학생들은 루이-필립의 부르주아-입헌 군주제를 타도하고 프랑스 공화정의 선포를 강제하였다. 27 119

[29] 1848년 7월 31일 프랑스 국민 의회의 회의에서 프루동은 빠리 6월 봉기(후주 30을 보라)의 참가자에게 가해진 폭력 행위와 전횡적 행위들을 비난하고 일련의 소부르주아적-공상적 동의안을 제출하였다. 27

[30] 1848년 6월 23일에서 26일에 걸친 빠리 프롤레타리아트의 봉기인 6월 폭동은 부르주아지와 프롤레타리아트 사이의 최초의 대투쟁이었다. 빠리의 프롤레타리아트는 소부르주아 및 농민 동맹자들로부터 고립되어 결집되지 못한 채 유혈적으로 진압되었다. 이 봉기는 유럽 전체에서 혁명의 전환점이 되었다. 반혁명이 마침내 형성되어 반격에 착수하였다. 27 53 159 184

[31] 『맑스·엥겔스 저작집』제13권의 64-69면을 보라. 27

[32] 프레데리끄 바스띠아/삐에르-조세프 프루동, 『신용의 무상無償. Fr. 바스띠아 씨와 프루동 씨 사이의 토론』, 빠리, 1850년. 28

[33] 삐에르-조세프 프루동, 『조세론. 1860년 보 캔톤 참사회가 제출한 현상 과제』, 빠리, 1861년. 28

[34] 프루동의 저술『12월 2일의 쿠테타에 의해 입증된 사회 혁명』(빠리, 1852년)과 『1815년 협약이 존재하지 않는다면? 장래 의회의 의정서』(빠리, 1863년)를 말한다. 29

[35] 자신의 저술『프로이센의 군사 문제와 독일의 노동자 당』에서 엥겔스는, 독일에서 긴급하게 결정되어야 할 문제였던 부르주아적 국민 국가 창출이라는 문제를 혁명적이고 민주주의적인 방식으로 해결하기 위해 노동자 계급은 어떤 전략과 전술을 따라야 하는가를 서술하였다. 그의 연구의 출발점은, 1859년 이래 프로이센 정부가 자유주의적 부르주아지의 저항

에 맞서서 관철시키고자 했던 군대 개편이었다. 엥겔스는 계급들의 역관계를 분석적으로 비교하였고, 수적으로나 장비면에서 우월한 현대적 군대를 수단으로 하여 전쟁을 일으키고 이 전쟁을 통해서 그 밖의 독일 국가들을 프로이센의 지도 아래로 통일시킴은 물론 성장하는 민주주의 운동을 억압하겠다는 목적이 군대 개편과 함께 추구되고 있음을 보여 주었다. 그는 프롤레타리아트에게 자신의 계급 이익을 위해 민주주의 운동의 전위 투사가 되라고 가르쳤고, 민주주의를 위한 투쟁과 사회주의를 위한 투쟁 사이의 연관이 얼마나 밀접한가를 증명해 보였다. 이 저술에서 엥겔스는, 노동자 계급이 부르주아-민주주의 혁명에서 지도권을 넘겨받아야 한다는 것을 이미 암시하고 있다.

본 판에는 짧은 머리말과 제2, 3장이 수록되어 있다. 제1장은 프로이센 정부의 군대 개편 계획에 대한 상세한 비판적 평가를 담고 있다. 31

[36] 1858년 10월에 섭정궁에 임명된 후 프로이센의 빌헬름 왕자는 "자유주의적" 방향으로 갈 것을 고지하고 반동적 만토이펠 내각을 온건 자유주의자들로 교체하였다. 이 정책은 부르주아 언론에 의해 "새로운 시대"라고 칭송되었다. 그렇지만 이러한 정책은 순전히 프로이센 군주제 및 융커의 권력상의 지위를 강화하는 데 봉사할 뿐이었다. 1862년 9월에 비스마르크가 권력을 잡음으로써 "새로운 시대"는 종말을 고했다. 36 196

[37] 1823년에 설치된 주·군 신분제 의회(지방 의회)는 영주, 귀족, 도시, 농촌 구역의 대표자들로 구성되어 있었다. 주 의회 선거에 참여하기 위해서는 토지 자산을 보유하고 있어야 했기 때문에, 주민의 대부분은 선거권을 가지지 못했으며 귀족이 다수파의 지위를 보장받게 되어 있었다. 국왕에 의해 소집되는 주 의회의 권한은 지방 경제와 주 행정의 문제들에 한정된 것이었다. 36

[38] 진보당(후주 39를 보라)의 지도적 당원이었던 슐쩌-델리취의 '저축 장려 운동'은 노동자들의 자금으로 협동 조합과 신용 조합을 만들자는 것이었는데, 이는 자본에 맞선 노동자들의 혁명적 투쟁을 오도하고자 하는 시도였다. 슐쩌-델리취는, 그러한 협동 조합과 신용 조합의 설립을 통해 자본주의에서의 노동자들의 처지가 개선될 수 있으며 수공업자들이 몰락으로부터 구출될 수 있다고 주장하였다. 37

[39] 1861년에 창립된 진보당의 지지자들을 말한다. 진보당은 그 강령에서 프로이센 지도하의 독일 통일, 전독일 의회, 의회에 책임을 지는 자유주의적 내각의 형성 등을 요구하였다. 1866년에 진보당의 우익과 그 밖의 자

유주의적 세력들로 국민 자유당(후주 84를 보라)이 형성되었다. 38 196

[40] 정의와 보편적 평등과 부유한 생활 등의 '천년 왕국'은 천년기설千年期說이라는 신비적이고 종교적인 교의 속에서 예고되었다.

천년기설은 노예 소유자 사회의 해체기에 생겨났으며 초기 기독교 시대와 중세에 널리 퍼졌다. 39

[41] 입헌적-자유주의적 대부르주아지의 이해를 대변했던 사르디니아(삐에몬떼) 왕국의 지도하에서 1861년에 이탈리아의 통일은 인민 대중을 배제한 '위로부터의 혁명'이라는 방식으로 이루어졌다. 40

[42] 1864년에 프로이센과 오스트리아가 덴마크와 격돌한 전쟁을 말한다. 이 전쟁은 덴마크의 패배로 끝났다. 슐레스비히와 홀슈타인은 오스트리아와 프로이센의 공동 점령지로 선포되었고, 1866년의 프로이센-오스트리아 전쟁 후에 프로이센으로 병합되었다. 42

[43] 덴마크와 전쟁을 벌이던(후주 42를 보라) 1864년 4월 18일에 프로이센 군은 뒤펠에 세워져 있던 덴마크의 방어벽(뒤펠 보루)을 격파하였다. '내부의 뒤펠'이라는 말은 '내부의 적'을 의미하는바, 비스마르크의 기관지 『북독일 종합 신문』 1864년 9월 30일자에서 처음으로 사용되었고 그 후 자주 쓰이는 개념이 되었다. 44

[44] 프로이센에서는 기업을 창업하고 경영하기 위해 국가 관청의 특별한 허가 —— 이른바 면허 —— 가 필요하였다. 이 면허 의무 제도는 1870년 6월 11일의 개정된 회사법과 더불어 비로소 없어졌다. 46 158

[45] '프로이센의 선두적 지위'라는 표현은 독일을 자신의 패권 아래 통일시키려는 프로이센의 노력을 가리킨다. 프로이센 국왕 프리드리히 빌헬름 4세는 1848년 3월 20일에 "독일을 구원하기 위해 전체 조국의 선두적 지위에" 자신이 나서겠노라고 공표하였다.

삼분 방식이란, 독일을 오스트리아, 프로이센, 독일 내 중소 국가들의 연방 등으로 삼분하려는 독일 연방 재조직 계획을 말한다. 이 계획은 프로이센 및 오스트리아의 주도권에 맞서는 것이며 독일 내 소국가들의 분립주의적 이익을 표현하는 것으로서, 특히 바이에른과 작센에 의해 대표되었다. 47

[46] 개혁 법안(선거 개혁에 관한 법률)은 1831년에 하원에서 승인되고 1832년 6월에 국왕에 의해 재가되었다. 이 개혁은 토지 귀족과 금융 귀족의 정치적 독점에 반대하는 것이었으며, 산업 부르주아지의 대표자들이 의회에 들어올 수 있는 길을 열어 놓았다. 프롤레타리아트와 소부르주아는

선거권을 가지지 못했다. 59

[47] 1830년 7월 27일에서 29일까지의 프랑스 혁명에서 빠리의 노동자들, 소부르주아들, 학생들은 샤를르 10세 치하의 부르봉 왕가 지배를 전복하였다. 그러나 금융 부르주아지는 이 혁명의 미조직성을 이용하여 권력을 손에 넣고서 오를레앙공 루이-필립을 이른바 시민 국왕으로 옹립하였다. 7월 왕정은 모든 나라들의 진보적 사회 영역에 큰 반향을 불러일으켰으며 벨기에, 독일, 폴란드, 이딸리아에서의 혁명적 민족 봉기들에 자극을 주었다. 59 123

[48] 노작 『임금, 가격, 이윤』은 맑스가 1865년 6월 20일과 27일에 국제 노동자 협회(후주 1을 보라) 중앙 평의회의 회의에서 영어로 행한 강연들의 원고이다. 그 강연을 하게 된 동기는 노동 조합의 효용 및 과제와 관련한 국제 노동자 협회 중앙 평의회 내부의 논쟁이다. 자신의 강연에서 맑스는, 후에 『자본』에서 상세하게 설명되는 가치, 가격, 잉여 가치, 또는 이윤, 임금 등에 대한 이론을 대강 발전시켰다. 이로부터 생겨났고 맑스에 의해 정식화되어 총평의회에 의해 통과된 노동자 계급의 투쟁을 위한 결론들은, 노동 조합의 혁명적 정책의 중요한 문서에 속한다. 63

[49] 프랑스 혁명 당시 국민 공회는 1793년에 곡물, 곡분, 그리고 다른 소비재의 최고 고정 가격에 관한 몇몇 법률들을 공포하였다. 그 밖에, 임금의 최고액도 결정되었다. 73

[50] 회의에서 연설을 한 것은 협회의 경제 분과 의장인 윌리엄 뉴마치이며, 맑스는 그의 성을 오기하고 있다. 73

[51] 영국, 프랑스, 사르디니아, 투르크가 러시아에 맞서 수행한 크림 전쟁(1853-1856)을 가리킨다. 75 121

[52] 「농업에서 사용되는 힘들에 관하여」라는 강연은 1864년에 사망한 존 모턴의 아들인 존 차머스 모턴에 의해 행해졌다. 그것은 『기예 협회 회보』 1859년 12월 9일자에 발표되었다.

기예 협회 및 협회 연맹(Society of Arts and Trades)은 1754년에 설립된 부르주아-박애주의적 단체이며, 노동자들과 기업가들 사이의 중재자로서 영국의 대중 파업 운동을 저지하려고 하였다. 75

[53] 1815년에 영국에서 대토지 소유자들의 이해에 따라 도입되어 외국으로부터의 곡물 수입의 제한이나 금지를 의도했던 곡물법은, 저렴한 노동력을 얻기 위한 산업 부르주아지의 주도로 1846년에 폐지되었다. 75

[54] 중농주의자들은 18세기 후반 프랑스에서 성립된 부르주아 정치 경제학파

의 대표자들이었다. 중상주의자들과는 달리 그들은 잉여 가치를 유통으로부터 추론하지 않고 생산으로부터 추론하였으며 이로써 경제적 합법칙성의 인식에 기여하였다. 그들의 견해에 따르면 잉여 가치는 농업에서만 발생하는 것인 까닭에, 그들은 토지 자산에만 과세할 것을 제안하였고 국가의 경제 관여에 반대하였으며 자유 경쟁을 지향하였다. 91

[55]   애덤 스미스,『국민들의 부의 본성 및 원인들에 관한 연구』, 제1권(에딘 버러, 1814년), 93면. 92

[56]   1793년부터 1815년까지 혁명 프랑스에 맞선 영국의 전쟁들을 가리킨다. 108 114

[57]   익명의 저술『무역과 상업에 관한 시론 : ……조세에 관한 고찰들을 포함하여……』의 저자는 존 커닝엄이라고 알려져 있다. 109

[58]   아동과 청소년에 대한 노동일의 제한과 관련하여 1831년에 제출된 법률은 영국 하원에서 1832년 2월부터 3월까지 토의되었다. 그것은 면화 공장에서 21세 미만 청소년의 야간 노동을 금지시켰고, 모든 공장에 대해 18세 미만 청소년의 최고 노동 시간을 하루 12 시간(토요일에는 9 시간)으로 확정하였다. 109

[59]   자가나트는 힌두교의 3대 최고 신의 하나인 비쉬누 신의 화신들 가운데 하나이다. 종교적 축제일에 광신적 신자들은 그 신의 형상이 새겨져 있는 차 바퀴 아래로 몸을 던졌다. 110

[60]   영국에서 16세기 이래 존재했던 구빈법에 따르면 교구마다 구빈세가 걷혔고, 특별히 구제가 필요한 주민들은 이러한 수입으로 보조를 받았다. 114

[61]   미완성인 채로 남아 있는 이 일련의 논설들을 엥겔스가 쓴 것은, 다가올 제네바 대회에서 폴란드 독립 문제를 다루어야 한다는 1865년 런던 협의회(후주 14를 보라)의 결정을 둘러싸고 국제 노동자 협회(후주 1을 보라) 중앙 평의회에서 벌어진 논쟁과 관련한 맑스의 요청에 의한 것이다. 민족 문제에 관한 혁명적 노동자 운동의 입장을 기초할 때 중요했던 것은, 민족 문제에 있어서의 프루동주의자들의 허무주의에 반대하는 것과 보나빠르뜨 파에 의해 제기된 '민족체 원리'의 거짓 선동적 성격을 폭로하는 것이었다. 119

[62]   1848년 5월 15일에 빠리 노동자들은 헌법 제정 국민 회의를 타도하고 새로운 임시 정부를 수립하려고 시도하였다. 이 혁명적 행동은 진압되었다. 정부는 폭도 규합의 금지 및 민주주의적 클럽들의 해산에 관한 법률

을 시행하였다. 119

[63]　나뽈레옹 1세에 맞서 싸웠던 모든 나라들이 참여한 가운데 1814년 9월 18일부터 1815년 6월 9일까지 개최된 빈 회의에서 빈 조약의 평화 조정 안이 확정되었다.

　　　회의의 주요 목적은, 프랑스 혁명 이전에 존재하던 봉건적 체제와 1792년 이전의 프랑스 국경의 복구였다. 122

[64]　1834년에 스위스에서 국제적인 비밀 조직인 청년 유럽이 창설되어 1836 년까지 존속하였다. 그것에 속한 것으로는, 반정부적 소부르주아들의 망 명자 조직인 청년 이딸리아, 청년 폴란드, 청년 독일 등이 있었다. 123

[65]　1851년 12월 2일의 반혁명적 쿠데타를 통해 루이 보나빠르뜨는 자신의 대통령 임기를 10년 정도 연장하고 자신의 전권을 확대하는 데 성공하였 다. 1852년 12월 2일에 그는 자신을 황제라고 선언하고 제2제정을 선포 하였다. 124 171

[66]　맑스와 엥겔스는 1848년이나 그 이후에나 민족 문제를 고립된 문제로 다 루지 않았고, 오히려 다양한 나라들에서의 혁명의 공동 증진이라는 기준 에서 다루었다. 따라서 예를 들어 체코와 남슬라브의 1848/49년 민족 운 동은, 객관적으로는 짜르주의의 범슬라브주의적 지향을 지지하고 사실상 유럽 혁명에 해를 끼치는 것이었다. 125

[67]　「지시들」을 맑스가 쓴 것은 1866년 9월 3일부터 8일까지 제네바에서 개 최된 국제 노동자 협회(후주 1을 보라) 제1차 대회의 대의원들을 위해서 이다. 맑스의 「지시들」은 중앙 평의회의 공식 보고서로 낭독되었다. 대회 는 제2-6항과 제10항을 결의로 채택하였다.

　　　「지시들」의 공식적 출간은 1867년 2월 20일과 3월 13일의 『인터내셔 널 신보』(런던)와 1867년 3월 9일과 16일의 『신보 인터내셔널』(런던)에서 이루어졌다. 독일어로는 처음에 『선구자』(제네바)의 1866년 제10호와 제 11호에 게재되었다. 131

[68]　본 서 14-17면을 보라. 131

[69]　영국의 노동 조합들은, 국제 노동자 협회(후주 1을 보라) 중앙 평의회의 발의로 일어난 1865년부터 1867년까지의 제2차 선거권 개혁 운동에 참가 하였다. 1867년에 통과된 개정법에 따르면, 소부르주아 층과 노동자 계 급 가운데 형편이 좋은 층만이 선거권을 갖게 되어 있었다 ; 그러나 노동 자 계급의 대부분은 그 이전이나 이후나 제외되어 있었다. 139

[70]　아메리카의 노동 조합들은 아메리카 내전(후주 5를 보라) 당시, 노예를

소유하고 있는 남부 주들에 대한 북부 주들의 투쟁을 지지하였다. 1864
년 봄에 그들은 당시 시행되고 있던 반동적인 반파업법에 대항하였다.
139

[71] 영국 노동 조합 대표자 대회는 1866년 7월 17일부터 21일까지 셰필드에
서 개최되었다. 대회에서 통과된 결의는, 노동 조합들이 국제 노동자 협
회(후주 1을 보라)에 가입하도록 촉구하는 것이었고 「연합 왕국 노동 조
합 대표자 대회의 보고서. 1866년 7월 17일부터 4일 동안 셰필드……에
서 개최」(셰필드, 1866년)로 발표되었다. 139

[72] 1859년에 맑스의 『정치 경제학의 비판을 위하여』가 출판되었을 때 독일
의 공인 국민 경제학자들은 그것에 대해 어떠한 종류의 주의도 돌리지
않았고, 그럼으로써 그 노작의 직접적인 효과가 크게 저하되었다. 『자본』
이 동일한 운명에 빠지는 것을 막기 위해 엥겔스와 다른 전우들은 그것
이 출판된 직후에, 부르주아들의 "침묵이라는 공모"에 대항하기 위해 독
일 언론에 서평과 주해를 발표하는 일을 조직하였다. 1868년 7월까지 그
와 관련하여 적어도 15 가지가 발표되었다. 엥겔스는, 부르주아 신문들
에 익명으로 쓴 서평들에서는 경제학자들로 하여금 의견을 말하게 하기
위해 외견상 부르주아적인 관점에서 그 책을 비판하는 한편, 노동자 신
문들에서는 맑스의 본래의 관심사들을 노동자들에게 이해시키고 결정적
인 인식을 분명하게 지적하고 밝힐 수 있었다. 142

[73] 『맑스·엥겔스 저작집』 제23권의 249면을 보라. 146

[74] 1847년의 10 시간 법(후주 9를 보라)은 1850년의 공장법에 의해 보충되
었는데, 이에 따르면 부인과 청소년에 대한 노동일은 6시부터 18시까지
의 시간으로 고정되고 하루 10 $\frac{1}{2}$ 시간(토요일에는 7 $\frac{1}{2}$ 시간)이 되어야
했다. 147

[75] 『맑스·엥겔스 저작집』 제23권의 641/642면을 보라. 148

[76] 같은 책의 673/674면을 보라. 149

[77] 아메리카 합중국의 전국 노동자 동맹(National Labor Union)은 1866년
부터 1872년까지 존속하였다. 이 동맹은 국제 노동자 협회를 지지하였으
며, 1870년에 신서내티 대회에서는 국제 노동자 협회에 가입할 것을 결
의하였다. 그러나 이 결의는 현실화되지 않았다. 150

[78] 본 서 12면을 보라. 150

[79] 본 서 19면을 보라. 151

[80] 면화 부스러기-귀족들이란, shoddy라고 부르는 면화 부스러기를 가공하

여 특히 아메리카 내전(후주 5를 보라) 동안 엄청난 이득을 얻은 온갖 사람들을 일컫는 것이다. 151

[81]   엥겔스는 자신의 저술 『독일 농민 전쟁』(본 『저작 선집』 제2권의 127-167면에 있는 발췌를 보라)의 제2쇄의 이 서문 가운데 첫번째 부분을 1870년 2월 중순에 썼으며, 두번째 부분은 1875년에 제3쇄에 추가하였다. 154

[82]   맑스의 저작들 『1848년에서 1850년까지의 프랑스에서의 계급 투쟁』(본 『저작 선집』 제2권의 1-114면을 보라)과 『루이 보나빠르뜨의 브뤼메르 18일』(본 『저작 선집』 제2권의 277-393면을 보라)에 대한 암시. 155

[83]   본 『저작 선집』 제2권의 167면을 보라. 155

[84]   국민 자유당은 1866년 가을에 부르주아 진보당(후주 39를 보라)이 분열한 후에 형성되었다. 국민 자유당은 독일 부르주아지, 특히 프로이센 부르주아지의 이해를 대변하였다. 국민 자유당은 부르주아지의 정치적 지배권에 대한 요구를 포기하고 프로이센 지도하의 독일 국가들의 통일을 자신들의 주요 목표로 삼았다. 그들의 정책은 비스마르크에 대한 자유주의적 부르주아지의 항복을 반영하는 것이었다. 국민 자유당이 독일 제국의 성립 후에 종국적으로 자신을 완성시킨 모습은 대부르주아지, 특히 산업 부르주아지의 당이었다. 156

[85]   1866년에 오스트리아에 승리를 거둔 후, 프로이센은 하노버 왕국, 헤쎈-카쎌 선제후국, 나싸우 공국 등을 병합하였다 ; 그 밖에 슐레스비히-홀슈타인과 자유 제국 도시 프랑크푸르트(마인)가 프로이센에 합병되었다. 이로써 1815년 이래 모든 독일 국가들을 포괄하였던 독일 연방은 더 이상 존재하지 않게 되었다. 프로이센은 마인 강 북쪽의 22개 독일 국가들을 프로이센 지도하에 통일시킨 북독일 연방을 건립하면서도, 세 개의 남독일 국가들, 즉 바이에른, 뷔르템베르크, 바덴 및 헤쎈의 일부는 연방 바깥에 놓아 두었다. 북독일 연방은 1866년 8월 18일부터 1870년 12월 31일까지 존속하였다. 157

[86]   트란스라이타니아는 이중 왕국 오스트리아-헝가리의 라이타 강 동쪽의 부분을 가리키는 말로 1918년까지 사용되었다. 157

[87]   독일 인민당은, 프로이센의 열강 정책과 친프로이센적 자유주의에 반대하여 1863년부터 1866년 사이에 진행된 민주주의 운동으로부터 성립하였다. 이 당은 주로 남서 독일과 중부 독일의 민주주의적 소부르주아들을 중심으로 느슨하게 조직된 당이었으며, 인민 혁명의 경로를 긍정하였다. 그러나 분립주의적 경향으로부터 완전히 자유롭지는 못하였다. 157

[88] 1866년 7월 3일에 자도바 읍 근교의 쾨니히그래쯔에서 오스트리아 군은 프로이센-오스트리아 전쟁에서 결정적인 패배를 당했다. 160 163 172

[89] 국제 노동자 협회(후주 1을 보라)의 대회가 1869년 9월 6일에서 11일까지 바젤에서 열렸다. 대회에는 영국, 프랑스, 독일, 스위스, 벨기에, 오스트리아, 이딸리아, 에스빠냐, 북아메리카 등지로부터 78명의 대의원들이 참가하였다. 162

[90] 스당 지역에서 1870년 9월 1일과 2일에 1870/71년의 독일-프랑스 전쟁 가운데 가장 큰 전투가 벌어졌다 ; 프랑스 군은 프로이센 군에게 격파되었고 나뽈레옹 3세가 붙잡혀 포로가 되었다. 스당에서의 비참한 결말은 프랑스 제2제정의 몰락을 재촉하였고, 1870년 9월 4일에는 공화정이 선포되기에 이르렀다. 163 177

[91] "프로이센 국민의 신성 독일 제국"이란, 프로이센의 주도권 아래 1870/71년 이래 존속하고 있던 독일 제국(후주 92를 보라)을 특징 짓기 위해, 1805년까지 유효했던 "독일 국민의 신성 로마 제국"이라는 명칭을 이용한 말 장난이다. 163

[92] 라인 지방과 베스트팔렌은 1815년 빈 회의(후주 63을 보라)의 결의에 의해 프로이센령이 되었다. 직접적으로 병합된 4백만의 독일인들이란 1866년의 프로이센-오스트리아 전쟁 이후 프로이센에 합병된 지역의 주민들을 말한다. 간접적으로 병합된 6백만의 독일인들이란 북독일 연방에 통합된 마인 강 북쪽의 22개 소국가들의 주민들을 말한다(후주 85를 보라).
　　　　1870년 11월에 네 개의 남독일 국가들(바덴, 헤쎈, 바이에른, 뷔르템베르크)이 북독일 연방에 합쳐졌다. 남독일 국가들이 북독일 연방에 합쳐짐으로써 북독일 연방은 공식 서류에서 자신을 독일 연방이라고 불렀다(1870년 11월 15일부터). 1870년 12월 9일, 이 명칭은 제국 의회의 결의에 따라 독일 제국으로 바뀌었다. 독일 제국의 공식적 건립은 때로는 1871년 1월 18일 베르사이유에서의 황제의 포고를 기점으로 삼기도 한다. 164

[93] 본 『저작 선집』 제4권의 245-248면을 보라. 164

[94] "모름지기 천천히 나아가세"는 1813년에 불려진 민요 「시골뜨기 변방 수비대」의 후렴이다. 164

[95] 동서 프로이센, 브란덴부르크, 포머른, 포젠, 슐레지엔 및 작센 지방들에 대한 1872년 12월 13일의 지방 조례는 프로이센 행정 개혁의 기초였다. 토지 소유자의 경찰권 상속 권리가 폐지되었고, 지방 자치의 일정 요소

들이 도입되었다. 그럼에도 불구하고 토지 소유자들 혹은 그들의 대리인들이 대부분의 새로운 피선거 관직들을 차지하였다. 164

[96] 1870/71년의 독일-프랑스 전쟁 이후에 시작된, 산업의 급속한 비약과 격심한 투기와 증권 거래소 조작 시대인 이른바 독일의 창업의 해는 1873년의 '창업 파산'으로 끝났다. 166

[97] 1870년 8월 6일의 슈피헤른 전투(포바흐 전투)에서 프로싸르 장군 휘하의 프랑스 제2군단은 프로이센 군에게 격파되었다.

　　　1870년 8월 16일의 마르스-라-뚜르 전투(비옹비으 전투)에서 바젠느 장군 휘하의 프랑스 제3군단은 프로이센 군에게 패하였다.

　　　스당 전투에 대해서는 후주 90을 보라. 166 183

[98] 이러한 해결책은 1870년 9월 21일에 독일 군이 나뽈레옹 3세에 승리한 뒤에 『인민 국가』에 게재되었다. 166

[99] 1874년 1월 10일의 제국 의회 선거에서 사회 민주주의 노동자당은 171,351표를 얻어 의원 수를 2명에서 6명으로 늘릴 수 있게 되었다. 요새 금고형에 처해 있던 아우구스트 베벨과 빌헬름 리프크네히트도 당선되었다. 전독일 노동자 협회는 180,319표를 얻어 처음으로 3명의 의원을 제국 의회에 보낼 수 있게 되었다. 167

[100] 빠리 꼬뮌(1871. 3. 18-5. 28)은 노동자 계급의 정치적 지배를 수립하려는 프롤레타리아트 최초의 시도였다. 빠리 꼬뮌은 낡은 국가 기구의 분쇄, 모든 국가 공무원의 피선거권 및 파면권, 입법부와 행정부의 분리, 전인민의 무장에 의한 기존 군대의 대체 등과 같은 매우 중요한 정치적 조처들을 취하였다. 투쟁에 대한 명백한 정치적 구상이 없고 지도적인 혁명당이 없었으므로 빠리 꼬뮌은 반혁명의 압도적으로 우세한 힘에 부딪혀 좌초하였다. 168

[101] 1870년 7월 19일에 독일-프랑스 전쟁이 발발하자 국제 노동자 협회(후주 1을 보라) 총평의회는 맑스에게 이 전쟁에 즈음한 담화문의 준비를 위임하였다. 담화문은 7월 23일 총평의회 산하 위원회에 의해 승인되었고 1870년 7월 26일에 열린 총평의회 회의에서 만장 일치로 재가되었다. 이 담화문은 처음에 「국제 노동자 협회 총평의회가 전쟁에 관하여」라는 제목으로 런던의 석간 신문 『더 폴 몰 가제트』 1870년 7월 28일자에 영어로 게재되었고, 며칠 뒤 1,000부가 전단으로 뿌려졌다. 이 담화문은 독일어로는 『인민 국가』 1870년 8월 7일자에 빌헬름 리프크네히트의 번역으로 게재되었다. 170

[102] 본 서 12-13면을 보라. 170

[103] 1870년 5월에 나뽈레옹 3세는 국민 투표를 실시하였다. 표결에 부쳐진 문제들은, 그의 정책에 동의하지 않는다는 것은 동시에 모든 종류의 민주주의적 개혁들 또한 동의하지 않는 것을 의미하도록 짜여져 있었다. 170

[104] 쥘 파브르를 가리킨다. 171

[105] 본 『저작 선집』 제2권의 339-341면을 보라. 172

[106] 나뽈레옹의 지배에 맞선 1813-1815년 독일 인민의 해방 전쟁 이후에 독일에서 봉건적 반동이 승리한 것에 대한 풍자. 173 183

[107] 브라운슈바이크와 켐니쯔에서 열린 회의들에서 채택된 결의는 1870년 7월 20일의 『인민 국가』에 게재되었다. 174

[108] 1870년 9월 6일 인터내셔널(후주 1을 보라) 총평의회는 제2제정이 붕괴하고 전쟁의 새로운 단계가 개시됨으로써 전개된 새로운 상황을 평가하기 위해 「독일-프랑스 전쟁에 관한 두번째 담화문」을 발표하기로 결의하였다. 맑스는 「담화문」을 집필함에 있어 엥겔스가 건네준 자료들을 이용하였다. 이 자료들 속에서 엥겔스는, 프로이센의 군국주의자들, 융커 층, 부르주아지 등이 프랑스 영토의 병합이라는 자신들의 요구를 군사 전략적 고려하에 정당화시키려 한다고 폭로하였다. 이 담화문은 1870년 9월 9일에 특별히 소집된 총평의회의 회의에서 만장 일치로 통과되었다. 이 담화문은 9월 11일과 13일 사이에 「전쟁에 관한 국제 노동자 협회 총평의회의 두번째 담화문」이라는 제목의 전단으로 1,000부가 영어로 인쇄되어 배포되었다. 1870년 9월 말에는 첫번째 담화문과 두번째 담화문이 한데 묶여서 새로운 판으로 출판되었다. 독일어 번역은 맑스의 감수하에 1870년 9월 21일자 『인민 국가』에 게재되었다. 177

[109] 본 서 172면을 보라. 177

[110] 본 서 173면을 보라. 177

[111] 1795년 4월 5일에 바젤에서 프로이센과 프랑스 사이의 강화 조약이 체결되었다. 그 결과 프로이센은, 폴란드의 제3차 분할을 위해 자신의 힘을 자유로이 쓸 수 있도록 유럽 국가들의 제1차 반프랑스 동맹을 탈퇴했다. 180

[112] 1807년 7월 7일과 9일에 띨지뜨에서 나뽈레옹 치하의 프랑스를 한편으로 하고 러시아 및 프로이센을 다른 한편으로 하는 강화 조약이 체결되었다. 181

[113] 오를레앙 파란, 7월 왕정(1830-1848) 당시 프랑스를 통치했던 오를레앙 왕조의 추종자들을 말한다. 184

[114] 1870년 9월 4일에 프랑스 공화국이 선포된 직후, 영국의 많은 도시들에서는 영국 정부의 프랑스 공화국 인정을 요구하는 노동자들의 대중 집회와 시위들이 있었다. 184

[115] 영국은 1792년에 혁명 프랑스에 맞선 전쟁을 시작한 절대주의적 봉건 국가들의 동맹 결성에 주도적으로 참가하였다. 또한 영국은 1851년 12월 2일에 루이 보나빠르뜨가 일으킨 쿠데타(후주 65를 보라)에 의해 세워진 정부를 제일 먼저 인정한 유럽 국가였다. 185

[116] 1861년부터 1863년까지 맑스는, 1859년에 출판된『정치 경제학의 비판을 위하여』제1권의 직접적인 후속이 될 새로운 방대한 경제학 원고의 집필에 열중하고 있었다. 1863년에 그는, 그 후『자본』에서 현실화된 것과 같은 새로운 구성 계획을 세웠다. 189

[117] 맑스/엥겔스, 「『사회-민주주의자』 편집부에게. 성명」(맑스 · 엥겔스 저작집, 제16권, 35면). 195

[118] 본 서 31-61면에 있는 발췌를 보라. 195

[119] 『타임즈』는 1865년 2월 13일에, 의회에서 2월 11일에 낭독된 프로이센 정부의 문서에 대한 전보 통지를 게재하였다. 196

[120] 맑스, 『자본. 정치 경제학의 비판. 제1권. 제1부 : 자본의 생산 과정』, 함부르크, 1867년. 198 208

[121] 청서(후주 4를 보라)라고 하면서 맑스가 여기서 가리키고 있는 것은 1863년부터 1867년까지 출판된 아동 고용 실태 조사 위원회의 여섯 개의 보고서들이다. 198

[122] 『자본』 제1권에 대한 오이젠 뒤링의 서평을 가리키는데, 그것은 『현재에 대한 인식의 보충판』 제3권의 제3분책(힐트부르크하우젠, 1867년)에 발표되었다. 200

[123] 『맑스 · 엥겔스 저작집』 제23권의 741-791면을 보라. 200

[124] 맑스는 『자본』 제1권에서 윌리엄 로셔의 속류 경제학적 견해들을 비판하였다. 200

[125] 엥겔스, 「국민 경제학 비판 개요」(맑스 · 엥겔스 저작집, 제1권, 499-524면 ;『1844년의 경제학 철학 초고』, 박종철 출판사, 1991년, 363-397면). 201

[126] 1894년에 엥겔스가 출간한『자본』제3권에서는 맑스의 수고에서 언급된

장이 제2장 「이윤의 평균 이윤으로의 전화」(맑스·엥겔스 저작집, 제25권, 151-220면)를 이루고 있다. 206

[127] 데이비드 리카도, 『정치 경제학 및 과세의 원리』, 제3판, 런던, 1821년. 1-52면. 209

[128] 1789년의 아일랜드 봉기 진압 이후에 잉글랜드 정부에 의해 강제로 이루어진 앵글로-아일랜드 합병은, 아일랜드의 자치의 최후 흔적을 제거하였다. 합병 폐기의 요구는 1820년대 이래 아일랜드에서 가장 대중적인 구호가 되었다. 211

[129] 1649년부터 1652년까지 아일랜드의 독립 운동은 올리버 크롬웰에 의해 잔인하게 탄압받았고, 대규모의 몰수가 새로운 잉글랜드 지주들을 위하여 실시되었다. 이러한 조처는 잉글랜드의 대토지 소유자들의 지위를 강화하였고, 1660년의 왕정 복고를 위한 지반을 준비하였다. 212

[130] 1679년에 영국 의회에서 결의된 인신 보호법Habeas-Corpus-Akte에 따르면, 모든 체포 영장은 이유가 있어야 했으며 체포된 사람은 짧은 기간 (3일에서 20일) 내에 법정으로 넘겨지거나 아니면 석방되어야 했다. 212

문헌 찾아보기

I. 맑스와 엥겔스에 의해 인용되고 언급된 저술들의 목록

1. 기명 저자 및 익명 저자들의 저작들과 논문들

ㄱ

『공중 보건. [보고서]』. 〔Public Health. [Reports.]〕
—— 『추밀원 의무관의 제6차 보고서. 부록 첨부. 1863년. 의회 법령에 따라 제
　　출』. 런던, 1864년. 〔Sixth report of the medical officer of the Privy
　　Council. With app. 1863. Presented pursuant to Act of Parliament.
　　London 1864.〕 4-6
글래드스턴, 윌리엄 유어트 : [「1863년 4월 16일 하원에서의 연설」]. 수록 : 『타임
　　즈』, 1863년 4월 17일. 〔Gladstone, William Ewart : [Rede im Unterhaus
　　am 16. April 1863]. In : The Times, vom 17. April 1863.〕 6
—— [「1864년 4월 7일 하원에서의 연설」]. 수록 : 『타임즈』, 1864년 4월 8일.
　　〔[Rede im Unterhaus am 7. April 1864]. In : The Times, vom 8. April
　　1864.〕 3 5

ㄷ

뒤느와이에, 샤를르 : 『노동의 자유에 관하여, 혹은 인간의 능력이 가장 위력적으로 발휘되는 조건들에 관한 간단한 설명』. 전3권. 빠리, 1845년. 〔Dunoyer, Charles : De la liberté du travail ou simple exposé des conditions dans lesquelles les forces humaines s'exercent avec le plus de puissance. T. 1-3. Paris 1845.〕 27

뒤링, 오이겐 : 「맑스. 자본, 정치 경제학의 비판 ; 제1권, 함부르크, 1867년」. 수록 : 『현재에 대한 인식의 보충판(힐트부르크하우젠)』, 제3권, 1867년. 〔Dühring, Eugen : Marx. Das Kapital, Kritik der politischen Oekonomie ; 1. Band, Hamburg 1867. In : Ergänzungsblätter zur Kenntniß der Gegenwart(Hildburghausen), Bd. 3, 1867.〕 200 201

띠에르, 아돌프 : 〔「1848년 7월 26일 국민 의회에서의 연설」〕. 수록 : 『국민 의회 회의록』. 전10권. 빠리, 1849년-1850년. 제2권. 〔Thiers, Adolphe : 〔Rede in der Nationalversammlung am 26. Juli 1848〕. In : Compte rendu des séances de l'Assemblée nationale. T. 1-10. Paris 1849-1850. T. 2.〕 27

ㄹ

〔랑게, 시몽-니꼴라-앙리 : 〕『민법 이론, 혹은 사회의 기본 원리들』. 전2권. 런던, 1767년. 〔〔Linguet, Simon-Nicolas-Henri : 〕 Théorie des loix civiles, ou principes fondamentaux de la société. T. 1-2. Londres 1767.〕 29

로셔, 빌헬름 : 『국민 경제학의 원리』. 개정 증보 제3판. 슈투트가르트, 아우그스부르크, 1858년. (국민 경제의 체계. 제1권) 〔Roscher, Wilhelm : Die Grundlagen der Nationalökonomie. 3., verm. und verb. Aufl. Stuttgart, Augsburg 1858. (System der Volkswirthschaft. Bd. 1.)〕 200

리카도, 데이비드 : 『정치 경제학 및 과세의 원리들에 관하여』. 런던, 1817년. 〔Ricardo, David : On the principles of political economy, and taxation. London 1817.〕 85 115-116

──『정치 경제학 및 과세의 원리들에 관하여』. 제3판. 런던, 1821년. 〔On the principles of political economy, and taxation. 3. ed. London 1821.〕 209

□

맑스, 칼 : 「국제 노동자 협회 발기문. 1864년 9월 28일 런던 롱 에이커의 세인트 마틴 홀에서 개최된 공개 집회에서 창립」. (『맑스 · 엥겔스 저작집』, 제16권, 5-13면). 〔Marx, Karl : Inauguraladresse der Internationalen Arbeiter-Assoziation, gegründet am 28. September 1864 in öffentlicher Versammlung in St. Martin's Hall, Long Acre, in London (MEW, Bd. 16, S. 5-13).〕

—— 「발기문」. 수록 : 「국제 노동자 협회의 발기문과 임시 규약. 1864년 9월 28일 런던 롱 에이커의 세인트 마틴 홀에서 개최된 공개 집회에서 창립」. [런던], 1864년. 〔Address. In : Address and Provisional Rules of the Working Men's International Association. Established September 28, 1864, at a Public Meeting held at St. Martin's Hall, Long Acre, London. [London] 1864.〕 150 170

—— 「국제 노동자 협회 임시 규약」(『저작집』, 제16권, 14-16면). 〔Provisorische Statuten der Internationalen Arbeiter-Assoziation (Werke, Bd. 16, S. 14-16).〕

—— 「협회 임시 규약」. 수록 : 「국제 노동자 협회의 발기문과 임시 규약. 1864년 9월 28일 런던 롱 에이커의 세인트 마틴 홀에서 개최된 공개 집회에서 창립」. [런던], 1864년. 〔Provisional Rules of the Association. In : Address and Provisional Rules of the Working Men's International Association. Established September 28, 1864, at a Public Meeting held at St. Martin's Hall, Long Acre, London. [London] 1864.〕 131

—— 「독일-프랑스 전쟁에 관한 총평의회의 첫번째 담화문」. (『맑스 · 엥겔스 저작집』, 제17권, 3-8면). 〔Erste Adresse des Generalrats über den Deutsch-Französischen Krieg (MEW, Bd. 17, S. 3-8).〕

—— 「국제 노동자 협회 총평의회가 전쟁에 관하여. 유럽과 합중국의 국제 노동자 협회 회원들에게」. [런던, 1870년]. 〔The General Council of the International Workingmen's Association on the war. To the members of the International Workingmen's Association in Europe and United States. [London 1870.]〕 177

—— 『루이 보나빠르뜨의 브뤼메르 18일』. 제2판. 함부르크, 1869년 (『맑스 · 엥겔

스 저작집』, 제8권, 111-207면). 〔Der Achtzehnte Brumaire des Louis Bonaparte. 2. Ausg. Hamburg 1869 (MEW, Bd. 8, S. 111-207).〕155

──「아메리카 합중국 대통령 에이브러햄 링컨에게」. 수록 : 『사회-민주주의자』, 1864년 12월 30일 (『맑스 · 엥겔스 저작집』, 제16권, 18-20면). 〔An Abraham Lincoln, Präsident der Vereinigten Staaten von Amerika. In : Der Social-Demokrat, vom 30. Dezember 1864 (MEW, Bd. 16, S. 18-20).〕151

──『자본. 정치 경제학의 비판』, 제1권. 제1부 : 자본의 생산 과정. 함부르크, 1867년 (『맑스 · 엥겔스 저작집』, 제23권). 〔Das Kapital. Kritik der politischen Oekonomie. Bd. 1. Buch 1 : Der Produktionsprocess des Kapitals. Hamburg 1867 (MEW, Bd. 23).〕142-149 198 200 202 203 206 208

──『자본. 정치 경제학의 비판』, 제2권. 제2부 : 자본의 유통 과정. 프리드리히 엥겔스 편. 함부르크, 1885년 (『맑스 · 엥겔스 저작집』, 제24권). 〔Das Kapital. Kritik der politischen Oekonomie. Bd. 2. Buch 2 : Der Cirkulationsprocess des Kapitals. Hrsg. von Friedrich Engels. Hamburg 1885 (MEW, Bd. 24).〕198 201 202 204

──『자본. 정치 경제학의 비판』, 제3권. 제3부 : 자본주의적 생산의 총과정. 프리드리히 엥겔스 편. 함부르크, 1894년 (『맑스 · 엥겔스 저작집』, 제25권). 〔Das Kapital. Kritik der politischen Oekonomie. Bd. 3. Buch 3 : Der Gesamtprocess der Kapitalistischen Produktion. Hrsg. von Friedrich Engels. Hamburg 1894 (MEW, Bd. 25).〕203 206

──「정치 경제학의 비판을 위하여」. 제1분책. 베를린, 1859년 (『맑스 · 엥겔스 저작집』, 제13권, 3-160면). 〔Zur Kritik der Politischen Oekonomie. Erstes Heft. Berlin 1859 (MEW, Bd. 13, S. 3-160).〕27

──『1848년에서 1850년까지 프랑스에서의 계급 투쟁』. (『맑스 · 엥겔스 저작집』, 제7권, 9-107면). 〔Die Klassenkämpfe in Frankreich 1848 bis 1850 (MEW, Bd. 7, S. 9-107).〕

────「1848년에서 1849년까지」. 수록 : 『신 라인 신문. 정치-경제 평론』. 제1-3호. 1850년. 〔1848 bis 1849. In : Neue Rheinische Zeitung. Politisch-ökonomische Revue. H. 1-3. 1850.〕155

────「평론. [1850년] 5월에서 10월까지」. 수록 : 『신 라인 신문. 정치-경제 평론』. 제5/6호. 1850년. 〔Revue. Mai bis Oktober [1850]. In : Neue

Rheinische Zeitung. Politisch-ökonomische Revue. H. 5/6. 1850.〕
155

── 『철학의 빈곤. 프루동의 『빈곤의 철학』에 대한 응답』. (『맑스·엥겔스 저작집』, 제4권, 63-182면). 〔Das Elend der Philosophie. Antwort auf Proudhons "Philosophie des Elends" (MEW, Bd. 4, S. 63-182).〕

── 『철학의 빈곤. 프루동의 빈곤의 철학에 대한 응답』. 빠리, 브뤼셀, 1847년. 〔Misère de la philosophie. Réponse à la philosophie de la misère de M. Proudhon. Paris, Bruxelles 1847.〕 24-26

맑스, 칼/프리드리히 엥겔스 : 「『사회-민주주의자』 편집부에게. 성명」. (『맑스·엥겔스 저작집』, 제16권, 35면). 〔Marx, Karl, Friedrich Engels : An die Redaktion des "Social-Demokrat". Erklärung (MEW, Bd. 16, S. 35).〕
195

[맬더스, 토마스 로버트 :]『장래의 사회 발전에 영향을 미치는 인구의 원리에 관한 시론. 고드윈 씨와 꽁도르세 씨 및 다른 저자들의 사색에 대한 논평을 덧붙여』. 런던, 1798년. 〔[Malthus, Thomas Robert :] An essay on the principle of population, as it affects the future improvement of society, with remarks on the speculations of Mr. Godwin, M. Condorcet, and other writers. London 1798.〕 22

맬더스, 토마스 로버트 : 『지대의 본성, 발전, 그리고 그것을 규제하는 원리들에 관한 연구』. 런던, 1815년. 〔Malthus, Thomas Robert : An inquiry into the nature and progress of rent, and the principles by which it is regulated. London 1815.〕 108

모턴, 존 차머즈 : 「농업에서 사용되는 힘들에 관하여」. 수록 : 『기예 협회 회보』, 1859년 12월 9일. 〔Morton, John Chalmers : On the forces used in agriculture. In : The Journal of the Society of Arts, vom 9. Dezember 1859.〕 75

ㅂ

바스띠아, 프레데리끄/[삐에르-조세프] 프루동 : 『신용의 무상無償. Fr. 바스띠아 씨와 프루동 씨 사이의 토론』. 빠리, 1850년. 〔Bastiat, Frédéric, [Pierre-Joseph] Proudhon : Gratuité du crédit. Discussion entre M. Fr. Bastiat et M.

Proudhon. Paris 1850.〕 28

브라이트, 존 : 「1862년 12월 18일 버밍검 시청에서의 하원 의원 브라이트 씨의 연설」. 버밍검, 출판 년도 미상. 〔Bright, John : Speech of Mr. Bright, M. P., in the Town Hall, Birmingham, December 18, 1862. Birmingham o. J.〕 19

브리소 드 와르비으, 자끄-삐에르 : 「자연과 사회에서 고찰된 소유권과 절도에 관한 철학적 연구」. 수록 :『입법자, 정치가, 법학자의 철학 총서……』, 제4권. 베를린, 빠리, 리용, 1782년. 〔Brissot de Warville, Jacques-Pierre : Recherches philosophiques sur le droit de propriété et sur le vol, considérés dans la nature et dans la société. In : Bibliothèque philosophique du législateur du politique, du jurisconsulte... T. 4. Berlin, Paris, Lyon 1782.〕 23

빌헬름 [1세] : 「북독일 제국 의회 개회에 즈음한 황제 폐하의 칙어.」 수록 :『쾰른 신문』, 1870년 7월 19일. 〔Wilhelm [I.] : Thronrede Sr. Majestät des Königs bei Eröffnung des Norddeutschen Reichstages. In : Kölnische Zeitung, vom 19. Juli 1870.〕 177

── [「프랑스 국민에게 보내는 선언」]. 수록 :『쾰른 신문』, 1870년 8월 12일. 〔[Manifest an die französische Nation]. In : Kölnische Zeitung, vom 12. August 1870.〕 178

ㅅ

「사회-민주주의 노동자당 위원회의 선언」. 수록 :『인민 국가』, 1870년 9월 11일. 〔Manifest des Ausschusses der sozial-demokratischen Arbeiterpartei. In : Der Volksstaat, vom 11. September 1870.〕 183

손턴, 윌리엄 토마스 :『과잉 인구와 그 해결책 ; 혹은 브리튼 제도의 노동 계급 사이에 만연하는 곤궁의 정도, 원인들, 그 해결 수단에 대한 연구』. 런던, 1846년. 〔Thornton, William Thomas : Over-population and its remedy ; or, an inquiry into the extent and causes of the distress prevailing among the labouring classes of the British Islands, and into the means of remedying it. London 1846.〕 113

스미스, 애덤 :『국민들의 부의 본성 및 원인들에 대한 일 연구……각주와 부록 첨부』, 데이비드 부캐넌 편. 전3권, 제1권. 에딘버러, 1814년. 〔Smith, Adam : An inquiry into the nature and causes of the wealth of nations... With notes, and an add. vol., by David Buchanan. Vol. 1-3. Vol. 1. Edinburgh 1814.〕 92

시골뜨기 변방 수비대. 민요. 〔Die Krähwinkler Landwehr. Volkslied.〕 164

ㅇ

아동 고용 실태 조사 위원회. [『1863년-1867년 보고서』.〕〔Children's employment commission. [Reports 1863-1867. 〕〕 198

──「위원회의 첫번째 보고서」. 부록 첨부. 여왕 폐하의 명으로 의회 양원에 제출. 런던, 1863년. 〔First report of the commissioners. With app. Presented to both Houses of Parliament by command of Her Majesty. London 1863.〕 6

어커트, 데이비드 : 『선박 수색권 : 두 가지 연설(1862년 1월 20일과 27일.)』. 런던, 1862년. 〔Urquhart, David : The right of search : two speeches. (January 20 and 27, 1862.) London 1862.〕 76

엥겔스, 프리드리히 : 「국민 경제학 비판 개요」. 수록 : 『독불 연보』. Lfg. 1/2. 빠리, 1844년(『맑스·엥겔스 저작집』, 제1권, 499면-524면). 〔Engels, Friedrich : Umrisse zu einer Kritik der Nationaloekonomie. In : Deutsch-Französische Jahrbücher. Lfg. 1/2. Paris 1844 (MEW, Bd. 1, S. 499-524).〕 201

──「독일 농민 전쟁」. 수록 : 『신 라인 신문. 정치-경제 평론』. 제5/6호. 1850년 (『맑스·엥겔스 저작집』, 제7권, 327-423면). 〔Der deutsche Bauernkrieg. In : Neue Rheinische Zeitung. Politisch-ökonomische Revue. H. 5/6. 1850 (MEW, Bd. 7, S. 327-423).〕 154 155

──[『독일 농민 전쟁』 제2쇄(1870년)] 「서문」. 수록 : 프리드리히 엥겔스 : 『독일 농민 전쟁. 제2쇄, 서설이 딸린 개정판』. 라이프찌히, 1870. 〔Vorbemerkung [zum Zweiten Abdruck (1870) "Der deutsche Bauernkrieg"]. In : Friedrich Engels : Der Deutsche Bauernkrieg. 2., mit einer Einl. vers. Abdr. Leipzig 1870 (MEW, Bd. 16, S. 393-400).〕 163

──『주택 문제에 대하여. 제2분책 : 부르주아지는 어떻게 주택 문제를 해결하는

가』. 『인민 국가』로부터의 별쇄본. 라이프찌히, 1872년(『맑스·엥겔스 저작집』, 제18권, 213-263면). 〔Zur Wohnungsfrage H. 2 : Wie die Bourgeoisie die Wohnungsfrage löst. Sonderabdruck aus dem "Volksstaat". Leipzig 1872(MEW, Bd. 18, S. 233-263).〕 164

── 『프로이센의 군사 문제와 독일의 노동자 당』. 함부르크, 1865년(『맑스·엥겔스 저작집』, 제16권, 37-78면). 〔Die preußische Militärfrage und die deutsche Arbeiterpartei. Hamburg 1865(MEW, Bd. 16, S. 37-78).〕 195

「연합 왕국 노동 조합 대표자 대회의 보고서. 1866년 7월 17일부터 4일 동안 셰필드 타운 헤드 가 템프런스 홀에서 개최」. 셰필드, 1866년. 〔Report of the conference of Trades' delegates of the United Kingdom, held in the Temperance Hall, Townhead Street, Sheffield, on July 17th, 1866, and four following days. Sheffield 1866.〕 139

오웬, 로버트 : 『공장 제도의 영향에 관한 고찰들 : 건강과 도덕에 가장 유해한 부분들의 개선 조치에 대한 암시를 덧붙여』. 제2판. 런던, 1817년. 〔Owen, Robert : Observations on the effect of the manufacturing system : with hints for the improvement of those parts of it which are most injurious to health and morals. 2. ed. London 1817.〕 74

『유형과 징역에 관한 법률들(빅토리아 여왕 통치기 제16-17년 법률 제99호와 빅토리아 여왕 통치기 제20-21년 법률 제3호)의 집행을 조사하도록 임명받은 위원회의 보고서』. 제1권, 보고서 및 부록. 제2권, 여왕 폐하의 명으로 의회 양원에 제출된 증언록. 런던, 1863년. 〔Report of the commissioners appointed to inquire into the operation of the acts(16 & 17 Vict. c. 99. and 20 & 21 Vict. c. 3.) relating to transportation and penal servitude. Vol. 1. Report and app. Vol. 2. Minutes of evidence presented to both Houses of Parliament by command of Her Majesty. London 1863.〕 4 6

ㅈ

『제빵공들의 불평』에 관한 청서. 『제빵공들의 불평에 관해 여왕 폐하의 내무 장관에게 제출된 보고서……』를 보라. 〔Blaubuch über die "Beschwerden der Bäckergesellen".〕

『제빵공들의 불평에 관해 여왕 폐하의 내무 장관에게 제출된 보고서 ; 증거를 부록으로 첨부. 여왕 폐하의 명으로 의회 양원에 제출』. 런던, 1862년. 〔Report addressed to Her Majesty's Principal Secretary of State for the Home Department, relative to the grievances complained of by the journeymen bakers ; with app. of evidence. Presented to both Houses of Parliament by command of Her Majesty. London 1862.〕 6

찌머만, 빌헬름 :『농민 대전쟁의 일반적 역사』, 제1-3부. 슈투트가르트, 1841년- 1843년. 〔Zimmermann, Wilhelm : Allgemeine Geschichte des großen Bauernkrieges. Th. 1-3. Stuttgart 1841-1843.〕 154 155

ㅊ

「1861년도 잉글랜드와 웨일즈의 센서스」. 런던, 1863년. 〔Census of England and Wales for the year 1861. London 1863.〕 7

『1863년의 청서』『유형과 징역에 관한 법률들……의 집행을 조사하도록 위임받은 위원의 보고서』를 보라. 〔Blaubuch von 1863.〕

ㅋ

[커닝엄, 존 :]『무역과 상업에 관한 시론 : 우리 나라 공장에서의 노동의 가격에 영 향을 미친다고 여겨지는 조세에 관한 고찰들을 포함하여 : 아메리카로의 우 리 나라 무역의 중요성에 대한 몇 가지 흥미 있는 반성들을 덧붙여』.『조세 에 관한 고찰들』의 저자 편. 런던, 1770년. 〔[Cunningham, John :]An essay on trade and commerce : containing observations on taxes, as they are supposed to affect the price of labour in our manufactories : together with some interesting reflections on the importance of our trade to America. By the author of "Considerations on taxes". London 1770.〕 109

ㅌ

[「토지 소유에 관한 바젤 대회의 결의」]. 수록 :『스위스 바젤에서 개최된 국제 노동

자 협회 제4차 연례 대회의 보고서. 1869년 9월 6일에서 11일까지』. 런던,
[1869년]. 〔[Resolution des Baseler Kongresses über Grundeigentum.]
In : Report of the fourth annual Congress of the International Working
Men's Association, held at Basle in Switzerland. From the 6ᵗʰ to the 11ᵗʰ
September 1869. London [1869].〕 162

투크, 토마스 :『물가 및 통화 상태의 역사. 1793년부터 1837년까지……』. 전2권,
제1-2권. 런던, 1838년. 〔Tooke, Thomas : A history of prices, and of the
state of the circulation, from 1793 to 1837…In 2 vols. Vol. 1-2.
London 1838.〕 73 92

── 『물가 및 통화 상태의 역사. 1838년과 1839년……』. 런던, 1840년. 〔A
history of prices, and of the state of the circulation, in 1838 and
1839…London 1840.〕 73 92

── 『물가 및 통화 상태의 역사. 1839년부터 1847년까지……』. 런던, 1848년. 〔A
history of prices, and of the state of the circulation, from 1839 to 1847
inclusive…London 1848.〕 73 92

투크, 토마스/윌리엄 뉴마치 :『물가 및 통화 상태의 역사. 1848년-1856년의 9년 동
안』. 전2권 ;『물가의 역사. 1792년부터 현재까지』의 제5권과 제6권으로 간
행. 제5권, 제6권. 런던, 1857년. 〔Tooke, Thomas, William Newmarch : A
history of prices, and of the state of the circulation, during the nine
years 1848-1856. In 2 vols. ; forming the 5. and 6. vols. of the History
of prices from 1792 to the present time. Vol. 5. 6. London 1857.〕 73
92

ㅍ

파머스턴[, 헨리 존 템플] :「1863년 6월 23일의 연설」]. 수록 :『영국 의회 의사록』.
제171권. 런던, 1863년. 〔Palmerston [, Henry John Temple] : [Rede am
23. Juni 1863]. In : Hansard's Parliamentary Debates. Vol. 171. London
1863.〕 12

프랭클린, 벤자민 :「지폐의 본성과 필요성에 관한 소연구」. 수록 :『저작집……』,
제어드 스팍스 편. 제2권. 보스톤, 1836년. 〔Franklin, Benjamin : A modest
inquiry into the nature and necessity of a paper currency. In : The

works...By Jared Sparks. Vol. 2. Boston 1836.〕88

프루동, 삐에르-조세프 : 『경제적 모순의 체계, 혹은 빈곤의 철학』. 전2권. 빠리, 1846년. 〔Proudhon, Pierre-Joseph : Système des contradictions économiques, ou philosophie de la misère. T. 1-2. Paris 1846.〕24 26 28

—— 『소유란 무엇인가? 혹은 권리와 통치의 원리에 관한 연구』. 빠리, 1840년. 〔Qu'est-ce que la propriété? Ou recherches sur le principe du droit et du gouvernement. Paris 1840.〕21-24 26

—— 『12월 2일의 쿠데타에 의해 입증된 사회 혁명』. 제2판. 빠리, 1852년. 〔La révolution sociale démontrée par le coup d'état du 2 décembre. 2 éd. Paris 1852.〕28 29

—— 「일반 문법 시론」. 수록 : 〔니꼴라 쉴브스뜨르〕 베르지에 : 『언어의 기본 요소들……신판. 일반 문법 시론을 증보』, 편자의 자비 인쇄. 브장송, 1837년. 〔Essai de grammaire générale. In : [Nicolas-Sylvestre] Bergier : Les élémens primitifs des langues...Nouv. éd., augmentée d'un essai de grammaire générale, par l'imprimeur-éditeur. Besançon 1837.〕21

—— 『조세론. 1860년 보 캔톤 참사회가 제출한 현상 과제』. 빠리, 1861년. 〔Théorie de l'impôt, question mise au concours par le conseil d'état du canton de Vaud en 1860. Paris 1861.〕28

—— 〔「1848년 7월 31일 국민 의회에서의 연설」〕. 수록 : 『국민 의회 회의록』, 전10권. 빠리, 1848년-1850년. 제2권 (후주 29도 보라). 〔[Rede in der Nationalversammlung am 31. Juli 1848]. In : Compte rendu des séances de l'Assemblée nationale. T. 1-10. Paris 1849-1850. T. 2〕27

—— 『1815년 협약이 존재하지 않는다면? 장래 의회의 의정서』. 빠리, 1863년. 〔Si les traités de 1815 ont cessé d'exister? Actes du futur congrès. Paris 1863.〕29

ㅎ

헤[쓰, 모제스] : 「빠리, 2월 7일. 아메리카-동양-이딸리아-국제 노동자 협회」. 수록 : 『사회-민주주의자』, 1865년 2월 12일. 〔H[eß, Moses] : Paris, 7. Febr.

Amerika. —Der Orient. —Italien. —Die Internationale Arbeiter-Association. In : Der Social-Demokrat, vom 12. Februar 1865.〕195

홉스 토마스 : 『리바이어던 : 혹은 교회적이고 시민적 국가의 소재, 형식, 힘』. 수록 : 『영문 저작집』, 이번에 처음으로 윌리엄 몰즈워스 경이 편찬. 제3권. 런던, 1839년. 〔Hobbes, Thomas : Leviathan : or, the matter, form, and power of a commonwealth, ecclesiastical and civil. In : The English works. Now first coll. and ed. by Sir William Molesworth. Vol. 3. London 1839.〕94

「힐데브란트의 노래」. 수록 : 『8-12세기 독일 전통 시가 산문집』, K. 뮐렌호프와 W. 쉐러 편. 베를린, 1864년. 〔Das Hildebrandslied. In :、Denkmäler deutscher Poesie und Prosa aus dem Ⅷ. - Ⅻ. Jahrhundert. Hrsg. von K. Müllenhoff und W. Scherer. Berlin 1864.〕58 61

2. 정기 간행물

기상 나팔 Le Réveil 1870년 7월 12일. 「만국의 노동자에게」Aux travailleurs de tous pays. 171

독일 문예 중앙 Literarisches Centralblatt für Deutschland 1868년 7월 4일. 「맑스, 칼, 자본. 정치 경제학의 비판. (전3권.) 제1권. 제1부. 자본의 생산 과정. 함부르크, 1867년」 Marx, Karl, das Kapital. Kritik der politischen Oekonomie. (In 3Bdn.) Erster Bd. Buch Ⅰ. Der Produktionsprocess des Kapitals. Hamburg 1867. 208

라 마르세예즈 La Marseillaise 1870년 7월 22일. 「전쟁에 반대하는 항의」 Protestation contre la guerre. 172-174

인민 국가 Der Volksstaat 1870년 7월 20일. 173 174

타임즈 The Times 1865년 2월 13일. 「특전 特電. 프로이센, 베를린, 2월」 Telegraphic despatches. Prussia. Berlin, Feb. 196

Ⅱ. 언급된 잡지들과 신문들 찾아보기

공화국 The Commonwealth —— 주간지 ; 1866년 2월부터 1867년 7월까지 런던에

서 발행 ; 국제 노동자 협회의 공식 기관지 ; 1866년 6월까지 맑스는 편집 위
원회 위원이었다 ; 이후에는 급진 부르주아지의 영향하에 들어갔다. 119 122

기상 나팔 Le Réveil —— 1868년 7월에 주간지로 시작하여 1869년 5월 이후 일간
지로 1871년 1월까지 빠리에서 발행된 신문 ; 공화주의 좌파의 기관지 ; 편집
자는 샤를르 들르글루즈였다 ; 국제 노동자 협회의 선전 문서들과 노동자 운
동에 관한 자료들을 게재하였다. 171

독불 연보 Deutsch-Französische Jahrbücher —— 칼 맑스와 아르놀트 루게의 공동
편집으로 빠리에서 독일어로 발행되었다 ; 1844년 2월에 합본호 제1호만 발
행되었다. 201

독일 문예 중앙 Literarisches Centralblatt für Deutschland —— 1850년부터 1944
년까지 라이프찌히에서 발행된 주간지 ; 학술 정보, 서평, 평론을 게재하였
다. 208

라 마르세예즈 La Marseillaise —— 1869년 12월부터 1870년 9월까지 빠리에서 발
행된 일간지 ; 공화주의 좌파의 기관지 ; 편집장은 앙리 로쉬포르였다 ; 국제
노동자 협회 및 노동자 운동의 활동에 관한 자료들을 게재하였다. 172

민주주의 주보 Demokratisches Wochenblatt —— 1868년 라이프찌히에서 작센 인
민당의 기관지로 창간 ; 빌헬름 리프크네히트의 편집으로, 독일 노동자 운동
의 전개에 긍정적인 역할을 했다 ; 1868년 12월 이후 독일 노동 조합 연맹의
기관지 ; 1869년 아이제나흐 대회에서 사회 민주주의 노동자당의 중앙 기관
지로 되고, 이름을 『인민 국가』로 개칭했다. 142

사회-민주주의자 Der Social-Demokrat —— 1864년 12월 15일부터 1871년 4월 21
일까지 베를린에서 주 3회 발행되었다 ; 전독일 노동자 협회의 기관지. 195

신 라인 신문. 정치-경제 평론 Neue Rheinische Zeitung. Politisch-ökonomische
Revue —— 1850년 1월부터 10월까지 6호가 발행된 잡지 ; 맑스와 엥겔스에
의해 출판되었다 ; 공산주의자 동맹의 이론적, 정치적 기관지로서 1848/49년
맑스와 엥겔스에 의해 출판된 『신 라인 신문』의 후속지였다 ; 이 잡지는 런던
에서 편집되고 함부르크에서 인쇄되었다. 154 155

신 프로이센 신문 Neue Preußische Zeitung —— 1848년 6월부터 1939년까지 베를
린에서 발행된 일간지 ; 프로이센 융커 계급과 상층 귀족의 기관지로서 극히
반동적이었다 ; 『십자 신문』이라고도 불리었다. 44

십자 신문 Kreuz-Zeitung 신 프로이센 신문을 보라.

인민 국가 Der Volksstaat —— 1869년 10월 2일부터 1876년 9월 29일까지 라이프
찌히에서 처음에는 주 2회, 1873년 7월부터는 주 3회 발행된 사회 민주주의

신문 ; 신문 편집부의 책임자는 빌헬름 리프크네히트였고, 『인민 국가』 출판
사의 책임자는 아우구스트 베벨이었다 ; 사회 민주주의 노동자당(아이제나흐
파)의 기관지 ; 맑스와 엥겔스는 창간 때부터 기고자였다. 166-167

중앙 Centralblatt 독일 문예 중앙을 보라.

타임즈 The Times —— 1785년 1월 1일에 런던에서 창간된 영국 최대의 보수적 일
간지 ; 1788년 1월 1일 이후 『타임즈』라는 이름으로 발행되었다. 128 196

인명 찾아보기

ㄱ

ㄴ

나뽈레옹 1세, 보나빠르뜨 Bonaparte Napoleon Ⅰ. (1769-1821) 프랑스의 황제 (1804-1814, 1815). 122 124 171 173 174 181 183

나뽈레옹 3세(샤를르-루이-나뽈레옹 보나빠르뜨) Napoleon Ⅲ. (Charles-Louis-Napoléon Bonaparte) (1808-1873) 프랑스 제2공화국 대통령(1848-1852), 황제(1852-1870) ; 나뽈레옹 1세의 조카. 28 29 39 53 55 119 124 125 155 158 166 170 172 174 177 178 181 182 183 185

나이애스, 존 D. John D. Nieass 영국의 날품팔이 노동자 ; 1864년 국제 노동자 협회 창립 대회의 참석자, 1864/1865년 국제 노동자 협회 중앙 평의회 평의원. 20

네로(네로 클라우디우스 케사르) Nero(Nero Claudius Caesar) (37-68) 로마의 황제(54-68). 7

뉴마치, 윌리엄 William Newmarch (1820-1882) 영국의 경제학자 및 통계학자 ; 자유 무역의 신봉자. 73

뉴먼, 프랜시스 윌리엄 Francis William Newman (1805-1897) 영국의 철학자 및 저널리스트, 부르주아 급진주의자 ; 종교, 정치, 경제와 관련된 저술들을 편찬했다. 73

ㄷ

델, 윌리엄 William Dell 영국의 도배공 ; 1864년 국제 노동자 협회 창립 대회의 참석자, 국제 노동자 협회 총평의회 평의원(1864-1869) 및 회계(1865-1867) ; 개혁 동맹의 지도자. 20

뒤느와이에, 샤를르 Charles Dunoyer (1786-1862) 프랑스의 경제학자 및 정치가. 27

뒤링, 오이겐 Eugen Dühring (1833-1921) 독일의 절충주의 철학자 및 속류 경제학자, 소부르주아 사회주의의 대표자 ; 자신의 철학에서 관념론과 속류 유물론과 실증주의를 결합시켰다 ; 형이상학자 ; 베를린 대학의 사강사私講師 (1863-1877). 200 201

뒤뽕, 으젠느 Eugène Dupont (약 1831-1881) 프랑스의 악기 제조공 ; 1848년 빠리 6월 봉기의 참가자 ; 1862년 이후 영국에 거주했다 ; 국제 노동자 협회의 공동 창립자 및 총평의회 평의원(1864-1872), 프랑스 담당 통신 서기(1865-1871) ; 맑스와 엥겔스의 친구이자 전우. 20 152 175 185

드누알, 쥘 Jules Denoual 프랑스의 소부르주아 민주주의자 ; 1864년 국제 노동자 협회 창립 대회의 참석자 ; 1864/1865년 국제 노동자 협회 중앙 평의회 평의원. 20

디드로, 드니 Denis Diderot (1713-1784) 프랑스의 철학자, 기계적 유물론의 대표자, 무신론자 ; 프랑스의 혁명적 부르주아지의 이데올로그 ; 계몽주의자, 백과전서파의 우두머리. 128

딕, 앨릭잰더 Alexander Dick 영국의 노동 조합주의자 ; 1864/1865년 국제 노동자 협회 중앙 평의회 평의원 ; 뉴질랜드로 이주한 후 그곳에서 국제 노동자 협회의 통신 서기가 되었다. 20

딸랑디에, 삐에르-떼오도르-알프레드 Pierre-Théodore-Alfred Tallandier (Talandier) (1822-1890) 프랑스의 저널리스트 ; 소부르주아 민주주의자 ; 1848년 혁명의 참가자 ; 1851년 12월 2일의 쿠데타 이후 런던으로 망명하였다 ; 1864년 국제 노동자 협회 중앙 평의회 평의원 ; 하원 의원(1876-1880, 1881-1885). 18 20

띠에르, 아돌프 Adolphe Thiers (1797-1877) 프랑스의 역사학자 및 정치가 ; 수상 (1836, 1840), 1848년 헌법 제정 국민 의회 대의원, 1848년 이후 오를레앙 파의 지도자 ; 빠리 꼬뮌의 진압을 지휘했다 ; 제3공화국 대통령(1871-1873). 27 171

ㄹ

라마, 도메니꼬 Domenico Lama 런던에 있는 이딸리아 인 노동자 조직인 상호 진보 협회의 의장 ; 1864년 국제 노동자 협회 창립 대회의 참석자, 1864/1865년 국제 노동자 협회 중앙 평의회 평의원. 20

라쌀레, 페르디난트 Ferdinand Lassalle (1825-1864) 독일의 저술가 및 소부르주아-사회주의의 이데올로그 ; 1848/49년 혁명의 참가자 ; 그 후 맑스와 엥겔스를 알게 되었다 ; 전독일 노동자 협회의 공동 창립자 및 초대 의장. 196

라우머, 프리드리히 폰 Friedrich von Raumer (1781-1873) 독일의 역사학자 ; 1848년 프랑크푸르트 국민 의회 의원(중도 우파). 29

라파르그, 뽈 Paul Lafargue (1842-1911) 프랑스의 의사 ; 사회주의자, 맑스주의의 선전가, 국제 노동자 협회 총평의회 평의원(1866-1868, 1869/1870), 에

ㅁ

250

지도자 ; 1864/1865년 국제 노동자 협회 중앙 평의회 평의원. 20

세라이에, 오귀스뜨 Auguste Serraillier (1840-약 1873) 프랑스의 구둣골 제조
공 ; 국제 노동자 협회 총평의회 평의원 (1869-1872), 벨기에 (1870) 및 프랑
스 (1871/1872) 담당 통신 서기 ; 빠리 꼬뮌 참가자 ; 1873/1874년 국제 노동자
협회 영국 연방 평의회 평의원 ; 맑스와 엥겔스의 친구이자 전우. 175 185

세미라미스 (본명은 샤무라마트) Semiramis (Schammuramat) (기원전 약 844-기원
전 약 782) 앗시리아의 왕 샴쉬-아다드 5세의 부인으로서, 그가 죽은 후 그
의 어린 아들을 대신해 섭정했다. 128

셰르뷜리에, 앙뜨완느-엘리제 Antoine-Élisée Cherbuliez (1797-1869) 스위스의 경
제학자 ; 시스몽디의 이론을 리카도 학설의 요소들과 결합시켰다. 116

셰익스피어, 윌리엄 William Shakespeare (1564-1616). 114

셰퍼드, 조제프 Joseph Shepherd 1869/1870년 국제 노동자 협회 총평의회 평의
원. 175 185

손턴, 윌리엄 토마스 William Thomas Thornton (1813-1880) 영국의 경제학자 및
저술가, 존 스튜어트 밀의 추종자. 113

솔루스뜨리, F. F. Solustri 런던에 있는 이딸리아 인 노동자 조직인 상호 진보 협
회의 지도자 ; 1864/1865년 국제 노동자 협회 중앙 평의회 평의원. 20

쇼, 로버트 Robert Shaw (1869년 사망) 영국의 노동자, 도장공 ; 영국의 노동자
운동 지도자 ; 1864년 국제 노동자 협회 창립 대회의 참석자, 국제 노동자 협
회 총평의회 평의원 (1864-1869), 회계 (1867/1868), 아메리카 담당 통신 서기
(1867-1869). 20 152

슈무츠 Schmutz 스위스의 노동자, 1870/1871년 국제 노동자 협회 총평의회 평의
원. 175 185

슈바이처, 요한 밥티스트 폰 Johann Baptist von Schweitzer (1833-1875) 독일의
변호사 및 저널리스트 ; 라쌀레주의자 ; 『사회-민주주의자』의 공동 소유자 및
편집자 (1864-1867) ; 전독일 노동자 협회의 의장 (1867-1871) ; 1872년 프로이
센 정부와 관련되어 있다는 사실이 폭로된 뒤 제명되었다. 24 29 195

슐쩌-델리쮜, 헤르만 Hermann Schulze-Delitzsch (1808-1883) 독일의 법률가, 경
제학자 및 정치가 ; 독일 협동 조합 제도의 기초자 ; 진보당의 지도자, 1861
년 이래 프로이센 하원 의원, 북독일 제국 의회 및 독일 제국 의회 의원
(1867-1883). 37

스미스, 애덤 Adam Smith (1723-1790) 스코틀랜드의 경제학자 ; 부르주아 고전
정치 경제학의 대표자. 85 91 92 116 192 201 207

스미스, 에드워드 Edward Smith (약 1818-1874) 영국의 의사, 노동자 지구의 영양 상태 조사를 담당한 추밀원의 전권 위임자. 4

스테프니, 코웰 윌리엄 프레드릭 Cowell William Frederick Stepney (1820-1872) 영국의 사회주의자 ; 개혁 동맹의 회원 ; 국제 노동자 협회 총평의회 평의원 (1866-1872) 및 회계(1868-1870), 국제 노동자 협회 영국 연방 평의회 평의원(1872). 152 175 185

스텐즈비, 윌리엄 D. William D. Stainsby 영국의 재단사 ; 노동 조합주의자 ; 1864년 국제 노동자 협회 창립 대회의 참석자, 국제 노동자 협회 총평의회 평의원(1864-1868) ; 개혁 동맹 집행 위원회의 위원. 20

스톨 Stoll 1870년 국제 노동자 협회 총평의회 평의원. 175 185

시니어, 나쏘 윌리엄 Nassau William Senior (1790-1864) 영국의 경제학자 ; 노동일의 단축에 반대했다. 10 73

시스몽디, 레오나르 시몽드 드 Léonard Simonde de Sismondi (1773-1842) 스위스의 경제학자 및 역사학자. 116

○

알도브란디, P. P. Aldovrandi 이딸리아의 노동자 운동 지도자, 1864/1865년 국제 노동자 협회 중앙 평의회 평의원. 20

알렉산드르 2세 Александр Ⅱ. (1818-1881) 러시아의 짜르(1855-1881). 182

애덤즈, 찰즈 프랜시스 Charles Francis Adams (1807-1866) 아메리카의 외교관 및 정치가, 공화당원, 런던 주재 아메리카 대사. 18

애플가스, 로버트 Robert Applegarth (1833-1925) 영국의 목수 ; 노동 조합의 개량주의적 지도자, 국제 노동자 협회 총평의회 평의원(1865, 1868-1872) ; 후에는 노동자 운동에서 떠났다. 152 175 185

어커트, 데이비드 David Urquhart (1805-1877) 영국의 외교관, 반동적 저널리스트 및 정치가, 친투르크 인사, 토리 당원. 76

에어랑어, 라파엘 폰 Raphael von Erlanger 1860년대 프랑크푸르트(마인)의 은행가 45.

에카리우스, 요한 게오르크 Johann Georg Eccarius (1818-1889) 독일의 재단사, 저널리스트 ; 1846년 런던으로 망명 ; 의인 동맹 및 공산주의자 동맹의 회원 ; 1864년 국제 노동자 협회의 공동 창립자 및 총평의회 평의원(1864-

1872), 총서기(1867-1871), 아메리카 합중국 담당 통신 서기(1870-1872) ;
1872년까지는 맑스와 엥겔스의 전우, 후에는 노동 조합에 가담했다. 20 119
122 152 175 185 186

엘베시우스, 끌로드-아드리엥 Claude-Adrien Helvétius (1715-1771) 프랑스의 유
물론 철학자, 프랑스의 혁명적 부르주아지의 이데올로그. 27

엥겔스, 프리드리히 Friedrich Engels (1820-1895). 3 14 31 119 125 130 142 154-
156 164 169 177 189 193 195 198-202 206

예까쩨리나 2세 Екатерина Ⅱ. (1729-1796) 러시아의 짜르(1762-1796). 128

오도노반 로사, 제레마이아 Jeremiah Rossa O'Donovan (1831-1915) 아일랜드의
피니어 협회의 공동 창립자 및 지도자 ; 1865년에 종신 금고형을 선고받았다
가, 1870년에 사면되었다 ; 아메리카 합중국에서 망명 ; 80년대에는 정치 활
동을 중단했다. 212

오웬, 로버트 Robert Owen (1771-1858) 영국의 공상적 사회주의자. 11 74 142
168

오저, 조지 George Odger (1820-1877) 영국의 제화공 ; 노동 조합의 지도자 ;
1864년 국제 노동자 협회 창립 대회의 참석자, 총평의회 평의원(1864-1871)
및 의장(1864-1867) ; 1871년에 빠리 꼬뮌과 맑스에 반대했으며 총평의회와
국제 노동자 협회에서 탈퇴했다. 20 152 175 185

오즈본, 존 John Osborne 영국의 날품팔이 노동자 ; 노동 조합주의자, 1864년 국
제 노동자 협회 창립 대회의 참석자, 총평의회 평의원(1864-1867). 20

오토, 루드비히(본명은 오토 루드비히 브라이트슈베르트) Ludwig Otto (Otto Ludwig
Breitschwert) (1836-1890) 독일의 저널리스트 ; 1864년 국제 노동자 협회
중앙 평의회 평의원, 1866년 에스빠냐 담당 통신 서기. 20

우어, 앤드류 Andrew Ure (1778-1857) 영국의 화학자 및 경제학자, 자유 무역
의 신봉자. 10 73

워렌, J. J. Warren 영국의 노동자, 트렁크 제조공 ; 1869년 국제 노동자 협회 총
평의회 평의원. 152

월리, 윌리엄 C. William C. Worley 영국의 인쇄공 ; 1864년 국제 노동자 협회
창립 대회의 참석자, 국제 노동자 협회 총평의회 평의원(1864-1867) ; 개혁
동맹의 회원. 20

월프, 루이지 Luigi Wolff 이딸리아의 육군 소령 ; 런던에 있는 이딸리아 인 노동
자 조직인 상호 진보 협회의 회원 ; 1864년 국제 노동자 협회 창립 대회의 참
석자, 1864/1865년 국제 노동자 협회 중앙 평의회 평의원 ; 1871년에 보나빠

ㅌ

ㅍ

ㅎ

한젠, N. P. N. P. Hansen 덴마크의 노동자 운동 지도자, 국제 노동자 협회 중앙 평의회 평의원(1864-1867), 덴마크 담당 통신 서기(1866), 덴마크 및 네덜란드 담당 통신 서기(1867). 20

해리스, 조지 George Harris 영국 노동자 운동의 대표자, 차티스트인 제임즈 오브라이언(브롱떼르)의 사회 개량주의적 견해의 추종자 ; 국제 노동자 협회 총평의회 평의원(1869-1872) 및 재정 서기(1870/1871). 175 185

핼즈, 윌리엄 William Hales 국제 노동자 협회 총평의회 평의원(1867, 1869-1872). 175 185

핼즈, 존 John Hales (1839년생) 영국의 직공, 노동 조합의 지도자 ; 국제 노동자 협회 총평의회 평의원(1866-1872) 및 서기(1871/1872) ; 1872년 초반 이후 국제 노동자 협회 영국 연방 평의회에서 개량주의적인 편의 선두에 섰다 ; 1873년 총평의회의 결의에 따라 국제 노동자 협회로부터 제명되었다. 152 175 185

헤겔, 게오르크 빌헬름 프리드리히 Georg Wilhelm Friedrich Hegel (1770-1831) 독일 부르주아 고전 철학의 주요 대표자 ; 객관적 관념론자. 21-23 167

헤쓰, 모제스 Moses Heß (1812-1875) 독일의 저널리스트 및 철학자 ;『라인 신문』의 공동 창립자 및 기고가, 40년대 중반 '진정한' 사회주의의 창시자 ; 의인 동맹의 회원, 이후 공산주의자 동맹의 회원 ; 1846년 이래 맑스 및 엥겔스와 대립했다 ; 1862년 이래 라쌀레 파. 195

호엔쫄레른 Hohenzollern 브란덴부르크 선제후들의(1415-1701), 프로이센 국왕들의(1701-1918), 독일 황제들의(1871-1918) 왕조. 172

호웰, 조지 George Howell (1833-1910) 영국의 미장이 ; 노동 조합의 개량주의적 지도자 ; 1864년 국제 노동자 협회 창립 대회의 참석자, 국제 노동자 협회 총평의회 평의원(1864-1869) ; 개혁 동맹의 서기. 18 20

홀또르쁘, 에밀 Emile Holtorp 런던 주재 폴란드 인 망명자 ; 국제 노동자 협회 중앙 평의회 평의원(1864-1866), 폴란드 담당 통신 서기(1864/1865). 20

홉스, 토마스 Thomas Hobbes (1588-1679) 영국의 철학자, 영국 유물론 및 초기 부르주아 자연법 이론의 대표자. 94

문학 작품과 신화에 나오는 인명 찾아보기

이 책은 각각의 글 뒤에 밝힌 것처럼
최인호, 김태호가 번역,
김태호의 책임 아래
김형수, 정선희, 정숙정, 이수흔이 공동 교열하였다.
편집에는 권혁주 책임 아래
김태호, 김형수, 정선희, 정숙정, 이수흔이 참여하였다.

칼 맑스/프리드리히 엥겔스 저작 선집 제3권

발행처	박종철출판사
주소	(10497) 경기도 고양시 덕양구 화중로104번길 28 704호(화정동)
전화	031-968-7635(편집), 969-7635(영업), 964-7635(팩스)

신고번호	제 2013-000045호 (구: 제12-406호)
신고연월일	1990년 7월 12일

초판 1쇄 발행일	1993년 6월 15일
초판 10쇄 발행일	2018년 11월 30일

값 18,000원

ISBN   978-89-85022-05-7   04300
       978-89-85022-01-9   (전6권)